"누구나 러시아에 관해 말한다.
하지만 누구도 잘 말하지 못한다."

러시아 대평원

모스크바는 하루아침에 세워지지 않았어요.
모스크바는 눈물을 믿지 않지만
사랑을 믿었어요.

- 비즈보르, 「모스크바는 눈물을 믿지 않는다」 영화 주제곡 중에서

18세기 러시아 목조 교회

자유와 예술을 향한 인간의 열정

7일간의 모스크바 여행

||||||||||||||||||||||||||||||

강평기 지음

아르바트
Aroat

프롤로그(Prologue)

그해, 잊히지 않는 추억이 있다. 7일간의 모스크바 여행이다. 러시아 유학을 시작하고 처음으로 맞이한 긴 겨울의 짧은 방학. 겨우 보름이다. 날씨도 추운데 방학이 이렇게 짧다니 한국에서는 상상도 못 했다. 상상은 자유지만 겨울 방학이 석 달은 되는 줄 알았다. 예상이 빗나가도 한참 빗나갔다.

"날씨가 추우니까 방학이 길어야 하지 않나요?"라고 물으면 곰같이 우직하고 뚱뚱한 아저씨, 비너스 몸매의 미스 월드, 몸짱 발레리노, 포근하거나 때론 우락부락한 할머니, 상냥하고 가냘픈 소녀 등등. 내가 만난 러시아 사람은 한결같이 말한다. "방학요? 당연히 겨울은 추우니 공부하고 여름에 놀아야지요. 여름이 얼마나 환상적인데요."

짧은 방학, 뭔가 의미 있는 걸 하고 싶었다. 청년 시절의 의미? 모른다. 뭐가 의미인지. 인생의 어느 시점에 기억에 남는 일이 의미이지 않을까.

밀린 숙제하듯 가보고 싶은 곳이 많았다. 세계에서 가장 큰 국가의 수도인데 얼마나 볼 게 많을까? 한국에서 온 지 다섯 달이 지나도 크렘린궁은커녕 붉은 광장도 못 갔다. 마음속에 뭔가 준비되면 가보고 싶었다. 아마도 러시아어 실력이지 않았을까.

모스크바에 살면서 모스크바 여행이라고? 의아하게 생각하겠지만 교실과 여행은 하늘과 땅 차이다. 여행 가이드북을 빌리고 귀동냥으로 주섬주섬 여행 정보를 얻었다. 키오스크에서 모스크바 지도와 지하철 노선도를 사고 며칠 동안 갈 곳을 종이 위에 적어보고, 지우고, 다시 쓰고, 다시. 이레 정도면 모스크바를 충분히 볼 수 있지 않을까.

러시아어는 아직 어눌하지만 훌리건을 피할 정도는 되었다. 머리를 빡빡 민 스킨헤드는 일단 피하고 보는 게 상책. 낯선 땅에서 낯선 사람을 만나는 것만큼 무서운 게 있을까. 검은 머리 인간만큼 무서운 것도 없다고 하지 않는가! 호랑이보다 더.

하지만 답답한 교실보다 즐거운 여행. 끓어오르는 뇌 속 도파민을 무엇으로 제어할 수 있겠는가, 흥분되지 않는가. 낚싯줄에 물고기가 줄줄이 꿰어 오듯 언어 실습은 덤으로 공짜로 할 수 있으니 더좋고. 볼 건 확실히 보고 일정에 여유를 두어 거리를 배회하며 궁금한 것을 묻고, 또 묻고 막 돌아다니기로 했다. 막. 막. 막….

얼음이 깨질 때의 날카로움, 살을 파고드는 추위를 견디기 위해 두툼한 장갑과 목이 긴 양말, 그리고 하얀 털모자도 샀다. 피곤할 때 먹기 위해 초콜릿과 사탕도 사고 화폐도 바꾸고 돈을 나누어 옷에 넣었다. 여행하면 늘 그랬듯 양말에도 돈을 숨겼다. 당시 카드는 없었고 달러를 조금씩 환전하여 사용할 때였다. 환율은 널뛰기였고 아침저녁으로 공식 환율이 달라져서 손아귀에 쥐고 있으면 돈이 돈을 물고 왔다. 그만큼 달러는 러시아 화폐 루블에 비해 황금의 가치였다. 여권과 거주증을 복사하여 예비로 지니고, 필요하면 급히 전화하기 위해 대사관과 지인들 전화번호도 수첩에 적었다. 행동 하나하나가 무서움을 대비한 안전망이었다.

이렇게 한편으로는 꼼꼼하게 계획을 세우고, 한편으로는 여유롭게 일정을 조정했다. 세월이 지난 언젠가 나의 일거수일투족이 기억될 수 있도록 의미를 부여하며 답사하듯 하나씩 하나씩 여행하기로 했다.

출발 전날은 설레어 잠이 오지 않았다. 동짓날, 새해를 기다리는 꼬마 아이처럼 긴 밤이었다. 뜬눈의 기다림을 경험한 적이 있는가! 붉은 광장과 크렘린궁을 상상하는 것, 그것만으로도 행복이었다. 아프리카에서 온 룸메이트는 잠들기 전에 말했다. "피옹기(평기), 즐거운 여행이 되길 기원해. 조심해. 경찰! 알겠지. 응?"

나의 눈에 펼쳐질 모스크바가 어떤 의미로 다가올지 나 자신도 몰랐다.

일러두기:
- 러시아어 표기는 국립국어원에서 지정한 한글 표기 규정에 따라 썼으며 명칭은 역사적으로 통용되는 지명을 사용했다.
- 그림은 모스크바 트레티야코프 미술관에서 받은 원본으로 저작권 계약을 맺은 것이다. 저작권법에 따라 한국 내에서 보호받는 저작물이기에 무단 전재 및 복제를 금한다.
- 그림에는 화가 이름, 제작 연도, 제작 방법, 실물 크기, 소장처를 기재했다.
- 번역 시 최대한 오역을 피했지만, 잘못된 부분도 있으리라 생각한다. 너그럽게 양해해 주기 바란다.

바실리 성당

차례

프롤로그(Prologue)   4

01
첫째 날, 붉은 광장과 크렘린궁

오호트니 랴드 ǀ 새벽을 알리는 옛 도시무역의 중심지	14
붉은 광장 ǀ 모스크바의 심장이자 국민의 영혼이 깃든 곳	19
레닌 묘 ǀ 사회주의 혁명은 어디로, 혁명가 레닌!	22
바실리 성당 ǀ 러시아 랜드마크 1번, 건축가의 눈을 뽑은 성당	29
처형대 ǀ 신이시여 차르를 구원하소서, 황제와 민중의 대결	32
굼 백화점 ǀ 1893년, 하늘을 볼 수 있는 유럽 최대의 백화점	37
카잔 성당 ǀ 민중과 대공이 혼연일체가 되어 조국을 수호하다	45
국립 역사박물관 ǀ 러시아 역사를 항아리에 담다	47
무명용사의 묘 ǀ 영원히 타오르는 불이자 백학의 안식처	53
크렘린궁과 크렘린 대회궁 ǀ 개혁과 개방, 그리고 자유의 함성	57
대통령 집무실 ǀ 서기장과 대통령이 만나다, 크렘린 1번지	63
대통령 도서관 ǀ 푸틴과 철학자 일린의 대화	67
이반 대제 종탑 ǀ 하느님의 복음을 전달하는 황금 종탑	70
성모안식 성당 ǀ 화려한 황제와 피 묻은 예수님의 옷자락	74
대천사 성당 ǀ 전쟁터로 나가는 차르, 조용히 기도하다	80
수태고지 성당 ǀ 러시아는 예수님의 탄생을 어떻게 표현했을까	83
크렘린궁 무기고 ǀ 황실의 보물고, 가지 않으면 평생 후회할 곳	88

02

둘째 날, 볼쇼이 극장과 푸시킨 광장

마야콥스키 박물관 ǀ 세계에서 가장 독창적인 아방가르드의 고향	94
비블리오 글로부스 ǀ 누구나 가보는 모스크바 최대의 서점	100
볼쇼이 극장 ǀ 러시아 공연예술의 화려한 신전	103
볼쇼이 발레단 ǀ 전설의 발레리나와 발레리노의 요람	108
오스트롭스키 ǀ 러시아의 셰익스피어, 『뇌우』와 『눈 아가씨』	111
국가두마 ǀ 국민의 대표인가 권력의 시녀인가	117
트베르 거리 ǀ 제국의 수도를 잇는 중심축	121
스타니슬랍스키 ǀ 배우로, 연출로 신(神)과 대화하다	125
트베르 광장 ǀ 자유가 없는 자유의 여신상, 그리고 혁명을 외치다	128
솔제니친 집 박물관 ǀ 노벨 문학상 수상자, 소련을 무너뜨리다	131
엘리세예프 상점 ǀ 1901년, 러시아제국의 배달서비스	135
카페 푸시킨과 델레스 ǀ 무에서 유를 창조한 사업가와 그의 고급 카페	139
푸시킨 동상 ǀ 투르게네프와 도스토옙스키의 맞대결	142
푸시킨 광장 ǀ 푸시킨의 영혼과 함께하는 자유	151
이즈베스티야 신문사 ǀ 러시아 언론의 미래를 말하다	156
시틴 ǀ 위대한 출판업자, 인쇄로 세상 모두를 이롭게 하다	163
혁명 박물관(근현대사 박물관) ǀ 두 제국의 번영과 쇠망을 담다	171

03

셋째 날, 고리키 공원과 조각 공원

고리키 공원 ǀ 스콜피언스의 휘파람, 「Wind Of Change」	178
조각 공원 무제온 ǀ 러시아의 자코메티, 소련을 조각하다	183
에이넴 ǀ 초콜릿 왕, 무뚝뚝한 러시아를 녹여버리다	188
아브리코소프 ǀ 러시아제국의 제과 왕, 나는 농노였다	191

04 넷째 날, 아르바트 거리와 빅토르 초이

- 아르바트 거리 | 러시아의 몽마르트르, 젊은 예술인의 거리 — 198
- 푸시킨 집 박물관 | 삶이 그대를 속일지라도 — 201
- 오쿠자바 | 통기타 하나로 러시아를 노래하다 — 207
- 빅토르 초이 | 전설의 록, 그리고 담배꽁초 하나 — 212
- 스크랴빈 | 프로메테우스(『Prometheus』), 소리에 색을 입히다 — 221
- 바흐탄고프와 투란도트 공주 | 연극을 창조하다! 사실, 그리고 환상 — 228
- 마트료시카와 모스크바 메디치가 마몬토프 | 프랑스로 간 목각인형 — 235
- 도자기 그젤카와 쿠즈네초프 | 흙으로 아름다움을 빚은 사업가 — 241

05 다섯째 날, 승리공원과 전쟁 기념관

- 승리공원 | 고개 숙인 언덕에서 승리를 기념하다 — 246
- 대조국전쟁 기념관 | 기억과 슬픔의 전당, 2,660만 명을 기리다 — 249
- 조국전쟁 기념관과 보로디노 전투 | 나폴레옹을 물리친 러시아의 영웅들 — 254

06 여섯째 날, 트레티야코프 미술관과 차이콥스키 음악원

- 트레티야코프 | 황제에 맞선 수집광 — 266
- 페로프와 그의 작품 | 세상은 그림 하나로 바꿀 수 있다 — 279
- 페로프와 도스토옙스키 | 도스토옙스키의 지혜와 영혼을 그리다 — 286
- 크람스코이와 톨스토이 | 소설과 그림에서 대화하는 두 거장 — 290
- 레핀과 톨스토이 | 30년간 이어진 천재들의 우정 — 294
- 레핀과 무소르그스키 | 러시아 이동파 화가와 국민악파가 만나다 — 298

쿠르스크 지방의 십자가 행렬	신에 대한 인간의 믿음과 끝없는 갈망	300
이반 4세와 아들	저 그림을 없애주세요! 난도질당한 그림	305
'자포리자 코사크'	불후의 명작, 무려 13년간 함께하다	311
알렉산드르 3세의 연설	황제의 그림 속으로 숨어버린 화가	318
차이콥스키 음악원	러시아 음악이 살아 숨 쉬다	322
차이콥스키의 삶과 작품	천상의 소리를 인간 세상에 들려준 작곡가	325
차이콥스키의 마지막 길	국민의 열광 속으로 소리 없이 사라지다	347

07

일곱째 날, 꽝!

구세주 그리스도 성당	신이시여 민중을 보호하소서	352
푸시킨 박물관	러시아에 잠들어 있는 트로이	358
노보데비치 수녀원	호숫가에 비친 모스크바 바로크 예술	361
노보데비치 묘지	영웅들의 영원한 안식처	364
모스크바국립대학	파스테르나크와 고르바초프의 대학	366

에필로그(Epilogue)

| 3관 · 3장 · 3실 | 국가의 흥망성쇠를 말하다 | 372 |
| 나의 모스크바 | 여행의 마침표, 그리고 시작 | 376 |

모스크바 트래블맵

| 한 장으로 보는 러시아, 모스크바 트래블맵 | | 381 |

칸딘스키(Kandinsky), 1916년, 「붉은 광장」, 캔버스에 유채, 60.5X58.5cm, 트레티야코프 미술관, 모스크바

01

첫째 날,
붉은 광장과 크렘린궁

"실개천이 흐르는 듯 흐르지 않는 듯, 은색의 달빛으로 가득하네요.
이 고요한 밤에, 노랫소리는 들리는 듯 들리지 않는 듯.
사랑하는 이여, 고개를 숙이고 곁눈질로 무엇을 보고 있나요.
말하기도 말하지 않기도 어렵네요. 내 마음속 모든 걸."

- 마투소프스키, 1956년, 「모스크바 근교의 밤」 중에서

오호트니 랴드

| 새벽을 알리는 옛 도시무역의 중심지

누구나 그러하듯, 첫날은 붉은 광장과 크렘린궁이다. 이른 아침, 식사라고 할 것도 없는 걸 간단히 먹은 후 일정을 되새기며 출발했다. 유학 생활이 5개월쯤 접어드니 버스 타는 건 익숙했다. 문이 열리면 앞뒤 상관없이 아무 문으로 타고, 서면 아무 문으로 내렸다. 기숙사는 모스크바의 남서쪽에 있는데 가까운 역에서 지하철을 탔다. 시내까지는 약 13킬로미터이다. 모스크바는 원형으로 붉은 광장과 크렘린궁이 정중앙에 있다. 로마가 그러하듯 모든 길은 크렘린궁으로 향한다.

굉음을 내는 지하철! 쾌속선이다. 안 타본 사람은 모른다. 철커덩 철커덩. 쇳소리가 심장을 후벼판다. 좌석은 울퉁불퉁. 전철이 달리면 울렁울렁. 드디어 붉은 광장 근처 오호트니 랴드역에서 내렸다.

'오호타'는 러시아어로 사냥이라는 뜻이고 '랴드'는 물건을 파는 가판대의 열을 뜻한다. '옛날 옛적에' 붉은 광장에는 재래시장이 있었고 그곳은 도시무역의 중심지였다. 표트르 대제(Peter the Great, 1672~1725)가 지금의 굼 백화점으로 시장을 깔끔하게 정돈하기 전까지 곳곳이 판매대였다.

최초의 지하철이 여기서 시작했다. 모스크바에서 생활하면서 음유시인 비즈보르(Vizbor, 1934~1984)가 부른 「오호트니 랴드」를 좋아했다. 그는 3백여 곡을 썼고 대표곡으로 영화 「모스크바는 눈물을 믿지 않는다」의 주제곡인 「알렉산드라」를 작곡했다. 1980년 한 해 동안 9천만 명이 이 영화를 보았고 오스카상을 받았다. 러시아에서 살게 되면 누구나 볼 수밖에 없는 영화 중 하나이다. 곡은 이렇게 시작한다.

알렉산드라

모든 게 바로 이루어지지 않았어요.
모스크바는 하루아침에 세워지지 않았어요.
모스크바는 눈물을 믿지 않지만
사랑을 믿었어요.
눈으로 덮여 있고 단풍에 매료되어,
지나가는 사람들에게 따뜻함을 주고
그리고 나무와 땅을….
알렉산드라. 알렉산드라.
이 도시는 당신과 함께 우리의 것이에요.
우리는 도시의 운명이 되었고
당신은 도시의 얼굴을 늘 들여다보았어요.

- 비즈보르, 1979, 유튜브 'Moscow doesn't believe in tears' 중에서

국립역사박물관

　그렇다. 모스크바는 하루아침에 세워지지 않았고 눈물을 믿지 않지만 사랑을 믿는다. 사랑만큼은.
　지하철을 나오니 넓은 광장이다. 마네시 광장. 정면으로 크렘린 궁의 성벽이 보이고 은빛 지붕에 붉은 첨탑이 눈에 들어온다. 책에서 본 국립 역사박물관인데 양파 모양의 바실리 성당과 예술적 조화를 이루고 있다. 유네스코 세계문화유산에 등재된 건물로 '마법의 성' 같다. 알렉산드르 3세(재위: 1881~1894)가 자신의 대관식 날에도 건설 현장을 살펴볼 정도로 애정을 담은 박물관이다.
　나에게 강렬한 인상을 준 최초의 러시아 건물로 빨간 첨탑이 아름다워 누구나 감탄한다. 가까이 가보고 싶어 걸음이 빨라졌다. 개선

장군처럼 다가가니 어울리지 않는 검은 동상. 아름다움에 대한 반란일까, 아니면 예술에 대한 모독일까. 말 위에 누군가 있다.

"저 동상은 누구예요?"

"전설의 장군 주코프. 제2차 세계대전의 영웅이지."

흥미로운 건 주코프의 동상에 가까워졌을 때였다. 누군가 눈에 들어왔는데 자세히 보니 익히 알고 있는 사람, 책에서 많이 본 그 사람, 바로 레닌(Lenin, 1870~1924)이다. 러시아제국의 황제 복장을 한 니콜라이 2세(재위: 1894~1917)와 나란히 앉아 있다. 깜짝 놀랐다. '아니 이 사람들이 살아있다니.' 두 사람이 사이좋게 앉아 있다. 만일 그들이 정말 사이가 좋았다면 역사는 완전히 다른 길로 향했을 텐데….

레닌의 손에는 소련 깃발, 니콜라이 2세의 손에는 쌍두독수리 문양의 러시아제국 깃발이 있다. 황당한 표정으로 "레닌이 맞아요?"라고 물으니, 히틀러처럼 손을 높이 들며 "타바리시(동무여)!"라고 답한다. 친근함을 표현하는 관용구다. 죄다 타바리시! 타바리시! 동무도 아닌데 왜 나를 동무라 하지? 친구라고 하면 몰라도. 내가 어리둥절하니, 옆에 있는 니콜라이 2세가 큰 소리로 웃으면서 말했다.

"사진 찍고 가!"

"사진요? 얼마인데요?"

"50루블."

어떻게 저렇게 닮았을까? 잠시 후 또 한 사람이 걸어온다. 그 유명한 카를 마르크스다. 흰 턱수염이 덥수룩하고 옷도 똑같다. 심오한 표정으로 말했다. "만국의 노동자여 단결하라!" 난 큰 소리로 외쳤다. "안녕하세요. 마르크스 아저씨!" 자신의 이름을 외치니 너무도 좋아한다.

언젠가 다시 왔을 때 또 다른 레닌이 있었다. 이번에는 어라, 한 명이 아니었다. 세 명이었다. 신기해서 턱수염의 길이, 눈빛, 키 등등을 자세히 보니 조금씩 차이가 나지만 거의 똑같다. 한 나라에 닮은 사람이 여러 명이라니 정말 러시아는 큰 나라인가 보다.

동상 옆에 긴 줄이 있다. 아침 댓바람부터 무슨 줄이지? 마르크스 아저씨에게 그곳을 손가락으로 가리키며 물었다. "마르크스 아저씨, 저 줄은 뭔데요?" 다시 손을 높이 들며 "타바리시 레닌 묘로 가는 줄이지."라고 당당히 대답한다. 정말이냐는 듯이 "진짜 레닌이 있어요? 가짜죠?"라고 말하니, 아니란다. 레닌을 볼 수 있다고? 두근거리는 마음에 긴 줄을 섰고 지방에서 온 러시아 관광객이 북적거린다. 손에는 그 유명한 만능 가방인 '비닐봉지'를 들고 있다.

1999년 당시 러시아 사람에게 비닐봉지는 생필품이요, 가방이었다. 책을 넣기도 하고 길거리에서 좋은 물건이 있으면 즉시 구매하여 담는 봉지였다. 지나치고 나면 물건이 없어지니 있는 족족 사야 했다. 간혹 검은 봉지나 포대에 돈다발을 넣어 다니는 사람도 있었다. 비닐봉지가 저렇게도 사용되는 것에 놀라웠고 학교 가방이라는 게 특이했다. 시간이 되자 줄이 움직이기 시작했다.

붉은 광장
| 모스크바의 심장이자 국민의 영혼이 깃든 곳

줄에 이끌려 레닌 묘가 있는 붉은 광장으로 천천히 들어갔다. 붉은 광장! 회색빛 굼 백화점 외에 온 광장이 붉은색이다. 아! 이곳이 그 유명한 붉은 광장이로구나. 텔레비전으로만 보았던 그곳. 대학 입학 무렵, 모든 방송국의 텔레비전 앵커는 연일 고르바초프(Gorbachev, 1931~2022)의 개혁과 개방에 대해서 말했다. 그때 텔레비전만 보지 않았어도 난 러시아 유학길에 오르지 않았을 거다. 냉전에서 해빙으로의 전환이었다.

러시아어 '붉은'이라는 단어는 예전에 '아름다운'이라는 뜻이었다. 광장 주변으로 붉은색이 많아서 붉은 광장이 아니고, 아름다운 건물이 많기에 붉은 광장이다. 광장에 들어서면 멀리 바실리 성당이 보이고 오른편으로 크렘린궁의 붉은 벽이 길게 쭉 뻗어있으며 레닌 묘가 보인다. 성벽 위 높은 시계탑이 있고 왼쪽으로는 회색빛 굼 백화점이 자태를 뽐낸다. 광장의 길이는 360미터, 폭은 120미터이다. 가로세로 한 뼘 크기의 검은 돌이 광장에 쫙 깔려있는데 얼마나 많은 사람이 다녔는지 돌에서 윤택이 난다.

붉은 광장

한 걸음 한 걸음 광장으로 들어갈 때 그 느낌은 낯섦이었다. 오지 않으면 느낄 수 없다. 발이 빨라지고 가슴이 열리며 숨통이 트인다. 바로 여기였군, 러시아의 랜드마크! 햇빛이 비치니 온 광장이 환하다.

황제도, 서기장도, 나도 걷는다. 모든 이의 발자취가 아로새겨져 있다. 흔적을 남기기 위한 인간의 처절한 몸부림이 세월의 덧없음에 모두 씻겨나가듯, 언젠가 역사라는 시간의 비에 씻기겠지만. 광장을 밟고자 하는 염원은 승리의 깃발을 꽂고자 하는 마음이다.

붉은 광장은 모스크바의 심장이다. 심장을 뜨겁게 하는 군사 퍼레이드와 콘서트를 열기도 한다. 새해맞이 날, 승리기념일, 그리고 모스크바 날이면 어김없이 온 광장에 사람이 모이고 노래를 부른다. 가즈마노프의 「모스크바」라는 곡이다.

모스크바

전쟁과 화재, 수 세기를 지나

검붉은 울림이 하늘에 퍼지네

저 멀리서도 들린다네

이건 러시아의 심장이 울리는 것

성스러운 지붕의 찬란한 황금빛에

자랑스럽게 태양의 얼굴이 자라네

쌍두독수리의 부활과 함께 러시아어는 계속된다네

모스크바! 종이 울리네, 모스크바! 황금 돔 지붕

모스크바! 황금 이콘에 따라 시간의 연대기가 흘러가네.

광장의 바닥을 따라

사병의 종대가 지나갔네

아이의 이름으로 죽음을 맞이하고

조상의 영광을 위해 불멸의 몸으로 떠났네

붉은 광장은 영원하다네

강철처럼 모스크바의 행진은 강하다네

수도가 굳건하면 러시아의 강은 마르지 않으리

모스크바! 종이 울리네, 모스크바! 황금 돔 지붕

모스크바! 황금 이콘에 따라 시간의 연대기가 흘러가네.

- 가즈마노프, 1996, 유튜브 'Oleg Gazmanov Moscow' 중에서

레닌 묘

| 사회주의 혁명은 어디로, 혁명가 레닌!

　붉은 광장을 150여 미터 가니 레닌 묘가 나왔다. 붉은 대리석으로 쌓은 피라미드 형식이다. 생각보다 크지 않고 정면에 'Ленин(레닌)'이라는 글자가 새겨져 있다. 경비병이 입구를 지키고 조용히 하라고 주의를 주자, 사람들은 옷깃을 여미며 경건한 마음으로 들어간다.
　계단을 따라 한 계단 한 계단 내려가니 경비병이 레닌 주위에 서 있다. 내부가 캄캄하여 발을 헛디딜 뻔했다. 핏기가 없는 레닌이 누워있다. 진짜 레닌이다. 하얀 밀랍 인형 같다. 키가 너무 작다. 저렇게 작은 사람이 어떻게 세상을 좌지우지했을까. 혁명가여서 커 보였군. 땅에도 묻히지도 못하고 불쌍하다. 위대함이 아닌 초라함과 연민이 몰려왔다. 어둠 속 불그스름한 불빛이 얼굴을 비춘다. '어, 저건 뭐지?' 시선을 사로잡는 것이 있다. 왜 오른손은 주먹을 쥐고, 왼손은 펴고 있을까? 세상을 쥐락펴락했다는 의미일까. 이상하다. 왠지 모르게 인위적이다. 얼굴을 한 번 더 보고 나왔다. 뒷사람이 빨리 이동하라는 듯 밀쳤다. 사색할 시간도, 공감할 시간도 없다.

레닌은 혁명 후 수도를 상트페테르부르크에서 모스크바로 이전하고 모스크바 크렘린궁을 집무실로 사용했다. 많은 것을 바꾸었는데 우선 달력을 율리우스력에서 그레고리우스력으로 교체했다. 1917년 세계 최초로 하루 8시간 노동을 입법화하고 노령연금제를 시행했으며 공식 휴가를 주었다.

그는 전문가와 미숙련 근로자의 급여를 3.5배 이상 초과할 수 없게 했으며 여성에 대한 차별을 폐지하고 남녀 보수를 동등하게 했다. 심지어 공장에서 일하는 노동자와 농장에서 일하는 노동자와의 임금도 같았다. 학령기 아동에게 무료 공교육을 실시하고 모든 사람이 평등하게 의료 혜택을 받을 수 있게 노력했다.

이렇게 레닌은 모든 억압과 사회적 불평등을 제거하는 급진적인

레닌 묘

사회개혁을 시도했고 그 수단이 혁명이었다. 차르가 아닌 이상 그렇게 개혁할 방법은 혁명밖에 없었다.

하지만 현실은 이상적인 모습과 다르게 흘러갔다. 혁명 후 잠간, 공산당 내 자유토론이 있었지만 10차 전당대회 이후 레닌은 모든 분파주의의 완전한 철폐를 요구했다. 당에서 결정하면 무조건 복종이었고 이 규정을 위반하면 제명이었다. '단일대오'만 남고 생각이 다른 당원을 숙청했다.

사형제도를 부활시키고 비밀경찰 요원 체카(Чека)를 만들어 일반인뿐 아니라 좌파 계열의 사회혁명당, 노동자와 농민을 즉결 처형했다. 후에 볼셰비키의 잔학 행위를 조사한 특별위원회에 따르면 사망자 수가 혁명 후 2년에만 1,766,188명으로 밝혀졌다. 여기에는 마지막 황제와 공주 아나스타샤도 포함되었다. 당시 레닌의 집무실 옆방에는 은행에서 털어온 돈 자루가 있었는데 자신의 통치 자금으로 썼다. 결국 국가재정이 빈털터리가 되자 인쇄기로 돈을 찍었다.

혁명 그 어디에도 진정한 '노동자 해방'은 없고 민중의 평등이라는 실체 또한 모호했다. 오직 죽고 죽이는 전쟁만 있고 가난한 국민은 차르 시절보다 더 빈궁했다. 레닌은 권력층이 하나둘 새롭게 만들어질 때 프롤레타리아 독재를 말하면서 실은 전제군주정을 구축했다. 통치 수단은 사형을 통한 위협과 협박이었다.

권력이 빠르게 관료화되기 시작한 그 초기에 그는 죽었고 그의 후임은 더욱더 철저하게 1인 독재를 강화했다. 스탈린은 1937~1938년 사이 대숙청 기간에 681,692명을 사살했다.

혁명을 일으킨 세력은 국가를 어떻게 운영해야 할지를 몰랐다. 그들은 사회주의 이상과 평등이라는 가치를 선포하면 잘될 줄 알았다. 1922년 레닌은 뇌졸중을 앓았고 결국 1924년 1월 21일 고르키 마을에서 사망했다. 그의 관이 모스크바로 이송되었고 수많은 군중이 모여들었다.

1924년 1월 26일 토요일, 붉은 광장엔 눈보라가 휘몰아친다. 군중은 추위도 아랑곳하지 않고 나무로 만들어진 묘 위 레닌의 관을 쳐다보고 지나간다. 그 누구도 성호를 긋지 않으며 아내 크룹스카야는 레닌 곁을 지키고 있다. 드디어 오후 4시 예총이 발사되고 예포가 울리자, 나무 위에 있는 관이 아래로 내려와서 묘 속으로 들어간다. 광장에 있는 모든 사람이 추위와 상관없이 모자를 벗는다.

레닌은 상트페테르부르크에 있는 어머니 곁에 묻히고 싶어 했다. 하지만 그의 행적은 우상화되었고 주검의 껍데기마저 우상화되었다. 지금도 그의 1,340그램 뇌는 모스크바의 신경과학연구소 유리관에 보관되어 있다. 물론 스탈린, 마야콥스키, 파블로프, 고리키, 스타니슬랍스키의 뇌 등도 그곳에 있다.

사회주의 혁명! 그 뜨거운 열정과 세상을 바꾸고자 한 바람은 차디찬 쓴 술잔에 들어갔다. 하지만 오늘도 누군가는 어디에선가 상상의 나래를 펼치며 서서히 혁명의 술잔을 데우고 있을지도 모른다. 그람시(Gramsci, 1891~1937)는 과학자들의 가설과 비교하며 말했다.

"만약 정치가가 제시한 가설이 틀리게 되면 사람들의 삶은 위험으로 내달리고 반란이 일어나며 기근이 넘쳐 굶어 죽지 않기 위해 이들은 혁명을 일으킨다."

혁명에 대한 반(反)혁명이다. 그 속에는 인간에 대한 실험정신이 투철한 혁명가만 남고 민중은 비참하다. 애초부터 민중과 시민을 위한 국가는 없었는지도 모른다. 상상의 거울 속에 꼭꼭 숨겨둔, 권력자와 혁명가의 일그러진 속셈만 존재했던 건 아닐까.

레닌 묘를 나와서 뒤쪽 크렘린궁 벽 쪽으로 갔다. 소련 서기장이었던 스탈린, 브레즈네프, 안드로포프, 체르넨코의 묘가 있다. 스탈린(재임: 1922~1953)은 예전에 레닌 옆에 나란히 있었는데 흐루쇼프(재임: 1953~1964)가 스탈린을 격하하면서 레닌 묘 뒤쪽으로 옮겼다. 그곳에는 스탈린의 조각상이 있다. 눈은 야릇한 웃음을 머금은 채 뭔가를 응시하는 듯하다. 눈은 못 속인다고 했는데 스탈린은 자기 눈마저 속이는 모양이다.

브레즈네프(재임: 1964~1982) 조각상은 아주 근엄한 표정이고, 안드로포프(재임: 1982~1984)의 것은 KGB 요원답게 큰 안경을 쓰고 쫓기는 듯 불안해 보인다. 그는 소련 망국의 원인 중 하나였던 아프가니스탄 전쟁을 결정했다. 언젠가 아프가니스탄 전쟁을 결정한 '톱 시크릿(Top Secret)' 1급 비밀문서를 보았는데 그곳에는 안드로포프와 브레즈네프의 서명도 있었다. 러시아에서 전쟁 결정 문서는 표트르 대제 이후 여러 명이 서명한다. 원로원(국무회의)에서 만장일치로 결정한다.

왜 흐루쇼프 묘는 없을까? 옆에 가던 할머니께 여쭈어보았다.
"흐루쇼프 묘는 어디 있나요?"
"노보데비치 묘지에 있지."
소련의 영웅은 모두 레닌 묘 뒤에 있었다. KGB 창시자 제르진스키, 주코프 장군, 작가 고리키, 우주비행사 가가린…. 고르바초프가 죽게 되면 어디로 가야 하나, 소련 해체를 선언했으니 붉은 광장으로는 못 올 것 같다. 이 글을 쓰는 중에 고르바초프는 사망했고 노보데비치 묘지에 묻혔다.

스파스카야탑

스파스카야탑은 고딕 양식의 건물로 윗부분은 꽃이 핀듯하다. 탑에는 소련을 상징하는 붉은 별이 있는데 러시아제국 시기에는 황금 쌍두독수리가 있었다. 별 아래 종탑이 있고 시계가 있다. 새해와 주요 행사의 시작을 알리며, 모스크바 표준시가 여기에서 연유한다.
스파스카야탑은 '차르의 문'으로, 차르가 법령을 공포하기 위해 크렘린궁에서 붉은 광장으로 나오는 문이다. 또한 차르가 대관식을 위해, 대통령이 취임식을 위해 크렘린궁으로 들어가는 문이다. 그만큼 상징성이 크다. 외국의 사절단이 크렘린궁으로 들어가면 탑에 있는 「구세주」이콘 앞에 모자를 벗고 고개를 숙였다. 오늘날 러시아인들도 이곳을 지날 때면 성호를 긋는다.

1987년 5월 28일, 스파스카야탑과 바실리 성당 사이에 경비행기가 착륙했다. 서독의 10대 청년 루스트가 조종했다. 국민은 깜짝 놀랐다. 어떻게 이런 일이, 영공이 그대로 뚫린 것이다. 군부는 정체불명의 경비행기를 새 떼로 오인했다. 너무도 허술한 방공망이었다. 루스트는 이런 말을 당당하게 했다. "저는 고르바초프와 세계평화에 관해 이야기를 나누기 위해 왔어요."

이 사건은 소련 붕괴의 신호탄이었다. 고르바초프는 해외 순방 중이었는데 귀국하자마자 '별'들을 수없이 떨어뜨렸고 군부를 개혁하려고 했으니, 그들과의 갈등은 고조되었다. 국가의 붕괴는 사소한 것을 보고도 알 수 있는데 국민이 신뢰했던 그 방공망은 엉망투성이였고 국가의 존재가치는 사라졌다.

스파스카야탑

바실리 성당

| 러시아의 랜드마크 1번, 건축가의 눈을 뽑은 성당

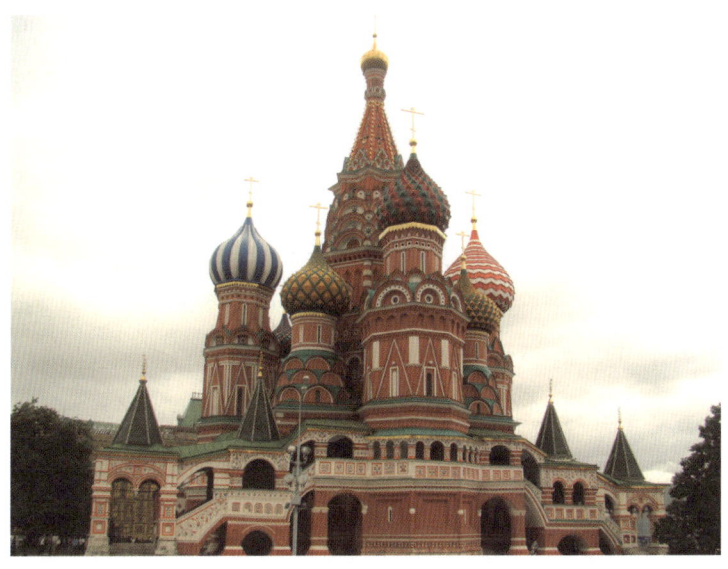

바실리 성당

　한 눈으로 보아도 아름다운 성당이 눈앞에 있다. 뾰족뾰족한 교회 첨탑만 보다가 둥글둥글한 양파 모양을 보니 특이하다. 콘스탄티노플의 소피아 대성당처럼 지붕이 둥글다. 황금빛 둥근 지붕이 중앙에 있고 주변으로 아홉 개의 작은 둥근 지붕이 있다. 불꽃처럼 타오르는 모양, 솔방울 모양도 있으며 색깔도 다양하다.

　건물의 기단과 주춧돌은 러시아 전통 양식이다. 세밀하다. 한 단한 단 건축가의 혼이 묻어있다. 성당은 어디에서 보아도 대칭이 아니다. 불균형의 조화라고 할까? 우리의 눈은 대칭에 익숙하지 않은가. 안정감을 주기 때문이다. 하지만 바실리 성당은 대칭이 아닌데도 조화롭고 안정감을 준다.

붉은 광장에서 편안하게 앉아서 성당을 보면 건축가의 시선을 따라갈 수 있다. 성당이 세워질 때보다 붉은 광장이 무려 5미터가량 높아졌기에 최대한 낮춰서 보아야 아름다움과 웅장함을 볼 수 있다. 안타깝게도 지금은 동상 하나가 시선을 가로막는다.

성당은 1561년 이반 4세(재위: 1533~1584)가 카잔 칸국을 정복한 기념으로 세웠는데, 동방정교회에서 존경받는 바실리 성인의 이름을 붙였다. 바실리는 일 년 내내 누추한 옷을 입고 맨발로 모스크바 거리를 거닐며 하느님의 자비와 복음을 전달하고 가난한 자를 구원했다. 성인의 행적처럼 일 년 내내 밤낮으로 성당은 열려있고 기도하는 성전이었다.

구전에 따르면, 바실리 성당이 너무도 아름다워 다시는 이와 같은 건물을 짓지 못하게 건축가의 눈을 뽑았다고 한다. 건축가 이름은 바르마와 포스닉이다. 왜 눈을 뽑았을까? 눈이 없어도 그 정도 건축가라면 설계를 충분히 할 수 있었을 텐데. 예전 비잔틴에서는 눈을 뽑는 형벌이 있었다지만, 죄를 짓지도 않은 건축가의 눈을 왜 그랬을까? 그만큼 아름답다는 걸 알리기 위해 지어낸 이야기가 아닌지.

한때 소련은 이 성당이 차량 통행에 지장을 준다고 없애려고 했으니, 하마터면 우리는 유네스코 세계문화유산에 등재된 이 아름다운 예술품을 보지 못할 뻔했다.

성당을 나오니 앞에 동상이 있다. 미닌(Minin, 미상~1616)과 포자르스키(Pozharsky, 1578~1642)이다. 17세기 폴란드가 모스크바를 침공했을 때 조국을 구한 영웅이다. 미닌은 니즈니 노브고로드 상인으로 시민들로부터 존경받았다. 상인을 연합하여 반폴란드 민병대에 자금을 지원하고 포자르스키 대공에게 군을 통솔해달라고 요청했다. 포자르스키는 이를 승낙하고 모스크바로 진군하여 폴란드군을 포위했다. 폴란드군은 크렘린궁에 갇혔고 식량이 모자라서 인육을 먹을 지경에 이르자, 결국 1611년 9월 1일 폴란드는 9천여 명의 병사를 보내어 포위를 풀려고 했다. 하지만 번번이 러시아 민관군에 막혀 결국 항복했다.

동상을 보니 손을 쫙 펴고 당당히 서 있는 미닌이 외치고 있다. '지금 모스크바가 유린당하고 있습니다. 민중이 죽어갑니다. 빨리 진격해야 합니다. 돈은 걱정하지 마십시오. 우리 상인들이 모으겠습니다.' 포자르스키는 칼과 방패를 지니고 앉아, 모스크바를 응시하며 민병대를 이끌고 도시를 어떻게 수복해야 할지 고민한다. 이 전쟁은 민중과 대공이 혼연일체가 된 민관 화합의 상징이다. 동상은 러시아가 중시하는 기념물 중 하나로 니즈니 노브고로드에도 같은 동상이 있다.

처형대

| 신이시여 차르를 구원하소서, 황제와 민중의 대결

영웅들의 동상 앞에 하얀 대리석으로 된 원형의 대가 있다. 옆에 있는 아저씨에게 물었다. "아저씨, 이건 뭐예요?" 무슨 말을 하는데 못 알아들었다. 고개를 갸우뚱하니 잠시 후 손으로 표현한다. 목을 자르는 시늉이다. "처형대."

원형의 대 안에 작은 원형이 또 있고 죽은 자의 영혼을 달래듯 수없이 많은 동전이 던져져 있다. 한때 차르가 이곳 단두대에서 죄인을 처벌하기도 했다. 처형대는 17세기부터 처형장, 공론장, 종교의식 등을 행한 곳이다. 차르가 이곳에서 칙령을 내리기도 했다.

1698년 소총수 연대가 표트르 대제에 대항하여 폭동을 일으켰다. 그들은 대제의 이복누이인 소피아 공주를 즉위시키고자 했다. 표트르는 당시 유럽 시찰 중이었고 누이는 노보데비치 수녀원에 감금되어 있었다. 차르 군대는 반란군을 진압하고 소총수를 처형했다.

1881년 화가 수리코프(Surikov, 1848~1916)는 「소총수 처형의 아침」이라는 작품을 그렸다. 처형대와 바실리 성당이 그림의 중심이었다. 그림을 보면, 처형대 앞에 소총수들이 흰옷을 입고 누르스름한 촛불을 들고 있다. 그들은 수레에 실려 크렘린궁 성벽 가까이에 세워져 있는 교수대로 나온다. 초겨울 이른 아침인데 촛불을 들고 있다.
화가는 생명을 상징하는 촛불을 소총수에게 주었다. 전제군주에 대항할 수 있는 유일한 무기가 칼과 총이 아닌 촛불이었다. 제일 앞에 끌려가는 죄수의 촛불은 이미 광장에 떨어져 연기만 난다. 소총수의 가족은 절망에 빠져있고 엄마의 치마폭에 얼굴을 묻은 아이의 등과 절규하는 여인을 보면 감정이입이 된다. 화가는 그림의 중앙에 빨간 스카프를 머리에 두른 한 꼬마의 절망과 공포의 눈빛을 그렸다. 아이를 기준으로 왼쪽에는 빨간 모자를 쓴 소총수가 원망의 눈빛으로 표트르 대제를 째려보고, 오른쪽에는 백마를 탄 표트르 대제가 날카로운 눈빛으로 소총수를 노려본다. 눈빛의 대결이다.
화가는 바실리 성당과 크렘린궁의 간격을 실제보다 좁게 하여 눈빛의 긴장도를 높였다. 스파스카야탑 위에는 죽음의 전령사인 까마귀 떼가 난다. 광장은 질퍽질퍽하고 죽음의 검정 빛깔이다.
화폭의 왼쪽은 소총수를 지지하는 민중과 가족이 슬픔에 젖어있고, 오른쪽은 차르의 신하와 귀족, 그리고 외국 사신들이 숨죽인 표정으로 황제와 죄인들을 지켜보고 있다.

수리코프는 그림을 그리기 위해 도서관에서 모든 사료를 구해서 읽고 철저하게 고증했다. 표트르 대제는 소총수 처형에 대한 자료를 역사에 남기지 못하게 하고 이 사건을 기술한 오스트리아 특사의 일기도 금서로 분류했다. 사건의 요약본만 존재했다.

수리코프(Surikov), 1881년, 「소총수 처형의 아침」, 캔버스에 유채, 223X383.5cm, 트레티야코프 미술관, 모스크바

화가는 고향 크라스노야르스크에 있는 어머니와 가족들에게 사건 당시의 의상을 문의하기도 하고 외삼촌을 그림 중앙에 있는 검은 수염의 소총수로 그렸다. 그림 속에 자신을 완전히 몰입시켜 무려 3년간 그렸다. 이 그림은 그의 유명한 첫 번째 작품이 되었다.

화가 레핀(Repin, 1844~1930)은 이 그림을 보고 수집가 트레티야코프에게 이런 글을 썼다. "수리코프의 그림은 모든 이에게 놀랍고 심오한 인상을 줍니다. 강렬한 그림입니다!"

수리코프는 어떻게 이것을 그렸을까? 표트르 대제를 어떻게 저토록 잔인하게 그릴 수가 있었을까? 그림이 그려진 시기는 표트르의 후손이 통치하던 제국이지 않았는가. 흥미롭게도 그림이 전시된 그 날, 1881년 3월 13일에 알렉산드르 2세(재위: 1855~1881)는 인민주의자의 테러로 목숨을 잃었다. 제국의 어두운 그림자가 드리워졌다.

나의 눈이 결정적으로 머문 곳은 처형대 위, 회색 외투를 입은 인민주의자이다. 이 사람은 표트르 대제와 대결 구도로 그려진 빨간 모자의 소총수와 닮았다. 결국 오늘은 황제가 소총수를 처형하지만 미래의 혁명가가 세상을 구하기 위해 나오리라는 걸 암시한 것일까. 또 하나의 의문이 있다. 화가는 1889년에 자화상을 그렸는데 자세히 보면 표트르 대제에게 대항한 그 인물과 비슷하다. 바로 이 사람이 수리코프 본인이 아닐지 생각이 들 정도이다. 물론 그는 이렇게 말했다. "빨간 모자의 소총수는 장의사입니다. 묘지에서 만난 사람입니다." 수리코프는 혁명이 일어나기 1년 전에 죽었다.

1968년 8월 25일 정오, 소련 반체제 인권운동가 8명이 처형대에서 소련의 체코슬로바키아 침입에 반대하는 평화운동을 펼쳤다. 그들은 "신의 이름으로 우리와 당신의 자유를 위해"라는 슬로건을 들고 외쳤다. "우리는 친한 친구를 잃고 있습니다. 침략은 수치입니다."
레닌 묘에 있던 경비병들이 호루라기를 불며 긴급히 뛰어와서 그들을 체포하고 법원판결에 따라 정신병원과 감옥으로 보냈다. 이 사건은 소련 자유주의 운동과 반체제 인권운동의 중요한 사건이었다. 그들이 사용한 표어는 이후 러시아 자유주의 인권 운동가의 구호가 되었다. 초대 체코 대통령 하벨은 이런 말을 했다.

"1968년 8월, 붉은 광장에서 소련의 체코슬로바키아 점령에 항의한 시민들은 인간관계의 공감대와 가장 위대한 용기를 보여주었습니다. 나는 그들의 행동을 매우 높이 평가합니다. 그들은 소련 정권이 자신에게 어떤 일을 벌일지 잘 알고 있었습니다. 체코슬로바키아 시민에게 이들은 소련의 양심이었습니다."

분명, 억압 속에서도 희망의 불꽃은 핀다. 자유의 영혼이 살아 숨 쉬기에 자유를 찾기 위한 러시아인의 긴 노정은 현재도 진행형이다. 그런 의미에서 광장은 아름다워서 붉은 광장이 아닌 "자유에 대한 붉은 투쟁의 역사"가 아로새겨져 있기에 붉은 광장이다.
크렘린궁 옆 '넴초프 다리'에는 오늘도 자유주의 인권 운동가 넴초프(Nemtsov, 1959~2015)를 기리는 꽃바구니가 외로이 놓여있다.

굼 백화점

| 1893년, 하늘을 볼 수 있는 유럽 최대의 백화점

붉은 광장을 둘러보고 회색빛 굼 백화점으로 갔다. '굼(ГУМ)'은 러시아어로 국영상점을 뜻하며 소련 최고의 상점이었다. 한때 백화점 앞을 가로지르는 도로가 있어 차들이 광장을 지나 바실리 성당으로 지나갈 수 있었다.

19세기 지금의 백화점 자리에는 수많은 상가가 즐비했다. 대화재로 모두 불탔고 고전주의 양식의 건물을 지었지만 낡아져서 건축 공모전을 개최했다. 광장의 건물과 조화롭게 짓는 것이 과제였다. 건축가는 역사박물관처럼 두 개의 첨탑을 세우고 하늘이 보이는 유리천장으로 마감했다. 오늘날엔 유리천장이 흔하지만, 당시에는 최고의 건축양식으로 창의적이고 획기적이었다.

1893년 12월 2일 백화점 문을 열었다. 유럽의 상점과 비교해도 규모 면으로 제일 컸으며 예술적 가치도 있었으니 러시아의 자부심을 보여주는 상점이었다. 하지만 혁명 후 문은 닫히고 물품은 압수되었으며 식량 인민위원회 사무실로 사용되었다. 백화점이 퀴퀴한 업무 공간으로 바뀌다 보니 비실용적이라는 평가를 받아 철거 대상이었다. 다행히 우여곡절 끝에 겨우 살아남아 스탈린 사후 재개장하면서 소련의 번영을 알리는 상점이 되었다.

하지만 고르바초프 시기 한때 진열할 물건이 부족했고, 간혹 생필품을 팔 땐 줄이 백화점 문밖까지 이어졌다. 물건은 어둠 속에서 거래되었다. '지하경제'였다. 국가는 물건을 땅속으로 숨기는 어처구니없는 일을 아무렇지 않게 자행했다. 국민을 위한다는 명분으로 국민을 굶겼다. 하지만 소련 붕괴 후 백화점은 민영화되고 다시 물건이 쌓였다. 시장은 숨겨진 물건을 햇빛에 나오게 하는 마력이 있는가 보다.

백화점 문 앞에 서니 자동으로 열린다. 언젠가 유학 시절에 들은 이야기이다. 시베리아에서 러시아 여인을 만나 사귀게 된 한국 청년이 그녀를 모스크바로 초대했는데 백화점의 문이 자동으로 열리는 걸 보고 그녀가 깜짝 놀랐단다. 당시 시베리아는 다른 나라였나 보다.

드문드문 유명 브랜드들이 진열되어 있다. 당시 난 한 푼도 벌지 못하고, 아껴 둔 유학경비를 쓰는 가난한 유학생이다 보니 살 수 있는 거라곤 없었다. 건물 내부와 유리천장을 본 후 간 곳이 있었다. 화장실이었다. 화장실 입구에 들어가니 할머니 한 분이 계셨다. 그냥 바람처럼 휙 들어가니 할머니께서 화난 표정으로 주먹을 내리치는 듯 강하게 고함쳤다.

"돈 내!"

"돈을? 왜요?"

굼 백화점

어처구니없다는 표정을 지으며 말했다.

"백화점 화장실에도 돈을 내나요?"

"당연하지."

"얼마인데요?"

가격에 대해 무슨 소리를 하는데 못 알아들었다. 가격이 두 개다. 화장실 사용료가 왜 두 개지? 아뿔싸! 큰 것과 작은 것의 비용이었다. 너무도 황당했다. 백화점에서 화장실 사용료를 받는 것도 못마땅한데 가격까지 다르다니. '남자 화장실이야 그렇다고 치더라도 여자 화장실은 어떻게 구별할까? 큰 것과 작은 것을.' 난해한 러시아 화장실이었다.

들어가자마자 다시 불쑥 튀어나왔다. 휴지가 없지 않은가! 할머니에게 물었더니 주신다. 똘똘 말은 회색빛 휴지 뭉치였다. '아니 이것을. 그래도 명색이 백화점인데 이런 휴지를.' 줄줄 풀어서 가져가

굼 백화점 유리천장

니 할머니가 화난 표정으로 말씀하셨다.

"왜 많이 사용하니?"

"…"

할 말이 없었다. 이날 이후부터 러시아 할머니는 조심해야 할 상대였다. 완고한 그들만의 법칙이 있으니 러시아 문화를 모르는 난 고양이 앞에 놓인 생쥐 꼴이었다. 그날, 백화점에서 물건 하나 사지 않고 화장실만 갔다가 도망치듯 부리나케 나올 수밖에 없었다.

시간이 흘러, 2019년 여유로운 중년의 아저씨가 되어 이곳에 왔을 때는 주변이 많이 바뀌어 있었다. 소련의 향수를 자극하는 식당도 있고 식료품점도 있었다. 물론 화장실은 바뀌었고 만남의 장소인 중앙 분수대는 그대로였다. 분수대 옆에는 최신식 람보르기니도 전시되어 있었다.

「57번 식당(Столовая 57)」에 갔다. 백화점의 3층이다. 소련 시절의 음식을 맛볼 수 있는 곳인데 셀프서비스로 저렴하다. 셀프서비스는 스탈린의 특명을 받은 미코얀이 1936년 미국을 방문하여 음식문화, 식품 가공업, 제과와 제빵 공장 등을 견학하고 소련에 도입한 것이다. 그전까지 러시아는 셀프서비스가 없었다. 스탈린은 그에게 말했다. "미국에 가서 좋은 것! 최고만 우리에게로 가지고 오시오." 미코얀은 귀국 후 스탈린에게 냉장고를 만들 것을 말했지만 받아들여지지 않았다. 스탈린이 한때 시베리아로 유형을 다녀와서 냉장고는 필요 없다고 생각했을까.

미코얀은 미국 햄버거를 소련식으로 만들었다. 그 유명한 커틀릿이다. 소련 사람은 '미코얀 커틀릿'이라고 불렀다. 커틀릿을 으깬 감자와 메밀과 함께 먹으면 맛있다. 유학 시기 많이 먹은 음식 중 하나이다. 57번 식당에서는 1인당 10달러면 충분하니 소련을 상기하며 맛보아도 좋다. 발효음료 케피르를 홍보하는 소련 시기의 포스터도 벽에 붙어있었다.

백화점의 1층에 있는 식료품점 「가스트로놈 1번가(Гастроном №1)」에 갔다. 2008년에 재개장한 이 가게는 상당히 인기를 끌었다. 소련 매장과 비슷하게 꾸며 놓았다. 각 코너 이름도 소련식이다. 판매대에는 소련 과자, 사탕, 와인, 소시지 깔바사, 음료 등등. 생선 판매대에는 살아있는 캄차카 게와 캐비아도 있다. 1번가는 미코얀이 말한 '맛있고 건강한 음식'들이다.

백화점의 명당자리는 어디일까? 먹고 마시는 곳이다. 아늑한 「카페 푸시킨」은 커틀릿, 사과파이, 샐러드, 수제 디저트, 허니 케이크로 유명하다. 「벨루가 캐비아 바」는 러시아 보드카와 다양한 종류의 캐비아를 맛볼 수 있는 곳으로 맛깔나고 고급스럽게 보드카를 마실 수 있다.

「커피 매니아」는 가맹점인데 러시아 전통 요리와 유럽의 다양한 요리를 맛볼 수 있다. 커피와 조각 케이크를 선택하여 간단하게 먹기에 좋다. 「카페 페스티발」은 3층에 있는데 러시아 팬케이크와 샐러드, 청어 요리가 좋다. 중앙아시아 요리 라그만, 만두, 삼사 등을 저렴하게 먹을 수 있다. 「바르보스코(BARBOSCO)」는 우아한 레스토랑으로 고기와 생선을 맛볼 수 있으며 칵테일을 마시기에 좋다.

내가 가장 좋아하는 곳은 「보스코 카페(BOSCO Cafe)」이다. 최고의 서비스와 훌륭한 이탈리아 요리를 맛볼 수 있는 곳이다. 홀에 그랜드 피아노도 있다. 무엇보다 붉은 광장을 볼 수 있어 경치와 분위기가 최고급이다. 밤늦게까지 영업하니 붉은 광장의 야경을 보기에도 좋다. 여행의 마지막 날이면 늘 이 카페에 들러 모스크바 야경을 보는 나만의 여행 레퍼토리가 있다.

언젠가 러시아 친구들과 야밤에 붉은 광장에 간 적이 있었다. 모두가 잠든 그 시각 우리는 「모스크바 근교의 밤」을 불렀다. 모스크바 세계청년 축제에서 1등을 수상한 곡이다. 후에 영어 방송인 「러시아의 소리」의 멜로디로 사용되면서 전 세계에 알려졌고 누구나 모스크바에 가면 한 번쯤 듣는다. 감미로운 곡이다.

모스크바 근교의 밤

정원에는 바스락거리는 소리조차 들리지 않네요.
여기 있는 모든 건 아침까지 멈추어 있어요.
모스크바 근교의 밤이 나에게 얼마나 소중한지,
당신이 안다면
모스크바 근교의 밤이 나에게 얼마나 소중한지,
당신이 안다면

실개천이 흐르는 듯 흐르지 않는 듯
은색의 달빛으로 가득하네요.
이 고요한 밤에, 노랫소리는 들리는 듯 들리지 않는 듯
이 고요한 밤에, 노랫소리는 들리는 듯 들리지 않는 듯

사랑하는 이여, 고개를 숙이고 곁눈질로 무엇을 보고 있나요.
말하기도 말하지 않기도 어렵네요. 내 마음속 모든 걸
말하기도 말하지 않기도 어렵네요. 내 마음속 모든 걸

벌써 새벽이 오네요. 그러니 제발 들어주세요.
잊지 마세요. 이 여름날 모스크바 근교의 밤을
잊지 마세요. 이 여름날 모스크바 근교의 밤을

- 마투소프스키, 1956, 유튜브 'Hvorostovsky Moscow Nights'

우락부락한 할머니가 계신 화장실만 갔다가 백화점 출구로 나오니 아이스크림을 파는 곳이 있다. 돈이 없어도 이것 하나만큼은 사 먹어야겠다고 생각했다. 할머니에게 여쭈었다. "아이스크림 하나 주세요. 얼마인데요?" 퉁명스럽게 대답하셨다. "7루블." 1달러가 채 되지 않았다. 바로 미코얀의 아이스크림이다. 정말 맛있다. 겨울에 웬 아이스크림이냐고 말하겠지만, 여기 와서 먹어보면 안다. 저렴하고 맛있는 바닐라 아이스크림을.

모스크바 야경

카잔 성당

| 민중과 대공이 혼연일체가 되어 조국을 수호하다

굼 백화점 옆에 성당이 있다. 1612년 폴란드를 물리친 기념으로 세운 카잔 성당이다. 성당 안에는 할머니들이 옹기종기 모여 예배를 드리고 있다. 나도 양초를 하나 사서 두 손을 모으고 꽂았다. 러시아는 흰 양초가 아닌 누르스름한 양초를 쓴다. 그것도 아주 가늘다.

성당 안에는 향냄새가 그윽하다. 하얀 미사포를 쓴 할머니들이 연신 성호를 긋고 간절히 기도한다. 흥미로운 건 성당에 의자가 없다. 우리라면 다닥다닥 앉을 수 있는 긴 의자들이 놓여있는데 모두 서서 기도를 드린다. 성호도 다르게 긋는다. 머리, 가슴, 오른 어깨, 왼 어깨 순이다. 바를 정(正)자 정교회라서 오른쪽이 먼저일까.

사람들이 모여 있는 곳에 가니 이콘이 있다. 「카잔의 성모」 이콘이다. 이콘 속 성모 마리아는 아기 예수님 방향으로 얼굴을 약간 기울이고 예수님은 정면을 보며 오른손 검지와 중지를 펴고 있다. 아, 그런데 얼굴을 보니 예수님은 이미 성인의 얼굴이지 않은가! 러시아에서는 아이 얼굴을 그릴 때 어른의 모습으로 그린다는 걸 후에 알았다.

카잔 성당

　이 이콘은 적이 침입했을 때 조국을 수호하는 이콘으로 전쟁터에서도 깃발에 그려져 출전할 정도로 상징성이 높다. 왜 성모 마리아와 예수님 모습이 그려진 깃발을 사용할까? 제2차 세계대전 당시에도 사용했다. 소련은 종교를 부정했다고 하지 않나. 국가방위를 위해서 종교와 이념이 혼연일체가 된 것일까.

국립 역사박물관

| 러시아 역사를 항아리에 담다

카잔 성당 맞은편에 빨간 벽돌로 지어진 역사박물관의 입구가 보인다. 문 앞에 옛날 수문장의 복장을 한 문지기들이 긴 칼과 긴 창을 들고 있고 수문장 옆에는 산타할아버지와 푸른 옷을 입은 '눈 아가씨'도 있다. 갑자기 긴 칼을 나에게 주었다. 왜 나에게 주는지 어리둥절했다. 사진을 찍으란다. "얼마예요?" 눈 아가씨가 대답했다. "50루블." 두 손을 쫙 펴며 돈이 없다는 듯이 웃으면서 지나쳤다. '매번 50루블이군.' 박물관도 지나쳤다. 누구나 쉽게 지나치듯.

하지만 시간이 흘러, 학교에서 주최한 역사 탐방의 하나로 박물관에 왔는데 어마어마했다. 고대사부터 혁명 전까지의 전시물 하나하나가 차르 제국과 고고학의 저력을 보여주듯 철저하게 관리되고 전시되어 있었다.

입구부터 환상적이다. 들어서는 순간 러시아 왕실에 들어온 느낌을 준다. 벽과 천장에 그려진 그림을 한번 보라. 러시아 전통 문양과 색감을. 각 홀의 디자인이 모두 다르다. 35개 홀이 각 시대를 상징한

국립 역사박물관

다. 이걸 보고 실감했다. 제국이 무엇인지.

고대 유물관으로 갔다. 특이한 유물이 있다. 여전사이다. 여자가 전사라고! 그렇다. 한 번도 본 적이 없었다. 투구를 쓰고 갑옷을 입고 방패를 든 황금 여인이다. 벌거벗은 남자 병사의 머리채를 잡고 있다. 표범을 탄 여전사 아래에는 적의 목이 잘려있다.

연도를 보니 기원전 2세기 사르마티아인 유물이다. 고대 유목민으로 초원을 호령했던 종족이다. 이 시기 사르마티아인은 돈강을 건너 스키타이 종족을 공격하여 영토를 확장하고 있었다. 스키타이의 후기 제국은 기원전 3세기 크림반도와 드네프르강을 차지하고 있었고 수도는 크림반도에 있는 심페로폴이었다.

유물이 발굴된 곳은 러시아 남부 쿠반이다. 설명을 보니 아니 이럴 수가? 황제의 장신구도 아닌 말 장식품이라니, 지름 한 뼘 크기의 황금 장식이다.

특이한 지도가 있다. 나라별 동물이 그려져 있다. 러시아를 보니 땅 크기만큼 큰 곰이다. 프랑스는 나폴레옹 모자를 쓴 호랑이, 제일 인간답게 멋있게 그렸다. 영국은 괴물 물고기, 세상의 모든 물을 다 먹는 욕심쟁이 물고기다. 독일은 화살 맞은 매머드, 꼼짝달싹 못하게 곳곳에 화살을 맞았다. 미국은 원숭이, 망원경으로 유라시아 대륙을 보고 있다. 중국은 돼지, 바짝 웅크리고 있다. 인도는 코끼리, 상아의 왕국이다. 일본은 사무라이, 칼을 들고 비스듬히 누워있다. 칼을 든 여인이다. 한국을 보았다. '아니 열 받게 작은 사무라이로 그려져 있지 않은가?' 그림의 연도를 보니 20세기 초의 그림이다. 하필 이때 그리다니.

대개 관람객들은 붉은 광장만 구경하고 다 본 듯이 지나간다. 그러면, 껍데기만 보는 것이다. 러시아의 알맹이를 보려면 박물관에 가야 한다. 러시아 역사를 파노라마처럼 한눈에 볼 수 있는데 어찌 지나칠 수 있겠는가. 박물관 주소가 '붉은 광장 1번지'이다. 숫자 1이 말하는 그 가치를 만끽하기를 바란다.

부활의 문

박물관을 뒤로하고 크렘린궁으로 가기 위해 붉은 광장을 나왔다. 그 길목에 지금은 부활의 문이 있고 문 옆에 조그마한 예배당이 있다. 소련이 파괴한 걸 다시 세웠다. 이 문이 붉은 광장의 정문이다. 차르는 이곳을 지나기 전에 예배당에서 늘 기도했다. 모스크바 사람도 여행을 가거나 멀리 떠날 때면, 성모 마리아께서 자신을 보호해 준다고 믿었기에 여기에서 기도했다.

언젠가 부활의 문 위 첨탑을 보니 독수리는 한 마리인데 머리가 두 개인 문양이 있었다. 행인에게 물었다.

"저건 자주 보았는데 뭐지요?"

"국가 문장(紋章)이에요."

"러시아 전통인가요?"

부활의 문

러시아 국가 문장

"비잔틴에서 온 것이에요. 이반 3세 때요."

1453년 비잔틴 제국이 무너지고 마지막 황제의 조카 소피아가 러시아 차르 이반 3세(재위: 1462~1505)의 아내가 되었다. 러시아는 비잔틴의 문물과 문명을 받아들였다. 이 시기를 '제3의 로마'라고 칭한다. 당시 러시아를 '모스코비야'라고 불렀다.

1497년 모스크바가 국가 인장으로 사용한 쌍두독수리는 비잔틴 제국과 닮았다. 러시아는 독수리 머리에 작은 왕관이 있고 양발에 권력을 상징하는 왕 홀과 황금 구가 있었다. 독수리 가슴에는 성 게오르기우스가 창으로 용을 찌르는 모습을 넣었다.

성 게오르기우스(Georgius, 미상~303)는 초기 기독교 성인이다. 그는 튀르크의 카파도키아에서 태어나서 우연히 어느 마을의 연못 근처로 지나가다가 용에게 제물이 되는 공주를 만났다. 용은 마을주민에게 양을 제물로 바치도록 했고 양이 없어지자, 드디어 본색을 드러냈다. 공주를 요구했다. 게오르기우스는 창으로 용을 찔러 죽이고 후에 사람들은 그를 성인으로 추앙하고 신성시했다.

오늘날은 황금 쌍두독수리가 날개를 펴고 큼직한 황금 왕관 아래에 두 개의 왕관이, 가슴에는 성 게오르기우스가 있다. 러시아에서 독수리는 악에 맞서는 투쟁과 어둠에 대항하는 빛으로 국가를 수호하는 신성한 동물이다.

부활의 문을 통과하여 붉은 광장을 나오니 사람들이 청동으로 된 원판 위에서 동전을 던지고 있다. 행운을 점치는 것일까? 자세히 보니 원판 바깥으로 동물 모양의 청동판이 동서남북으로 있는데 동쪽에는 호랑이, 서쪽은 들소, 남쪽은 독수리, 북쪽은 사슴이 있다. 정중앙에는 0킬로미터라고 적혀 있다. 바닥에 떨어진 동전을 보니 루블보다 화폐 단위가 낮은 코페이카이다. 큰마음을 먹고 1루블을 머리 위로 던졌다. 떨어지기 무섭게 걸인이 낚아챘다. '이런, 어떤 방향이 좋을지 알 수 없잖아!'

걸인의 얼굴을 보니 하나 더 던지라는 표정이다. 히쭉히쭉 웃는다. 옷은 누추하기 그지없다. 역시 손에는 만능 가방 '비닐봉지'를 들고 있다. 다른 걸인들도 이번에는 자신이 주우려는 듯 기대를 잔뜩 품고 있다. 말한다. "다바이, 다바이(던져, 던져)"

무명용사의 묘

| 영원히 타오르는 불이자 백학의 안식처

무명용사의 묘

크렘린궁으로 들어가기 위해 알렉산드로프 정원으로 가니, 경찰 두 명이 정원으로 들어가는 입구에 있다. 갑자기 온몸에 아드레날린이 분비되고 긴장된다. 다행히 앞쪽에 걸어가던 외국인이 잡혔다. 그물망에 걸린 물고기다. 뭔가를 묻는 것 같다. 거주증이 있는지 어디서 공부하는지 등등. 용돈 달라는 소리로밖에 들리지 않았고 살금살금 경찰 옆을 지났다. 유학 시절, 그들 앞에만 서면 나는 약하디약한 존재였다. 늑대 같은 그들은 가련한 학생들의 돈을 뜯어 월급을 대신하는 것 같았다. 룸메이트가 경찰을 피하라고 한 말을 여러 번 곱씹었다. 외국인에게 경찰은 토끼를 잡는 늑대였다.
  정원 안으로 들어가니 사람들이 모여 있다. 웅성거린다.
"저 불은 뭐예요?"
"영원히 타오르는 불이지."
"그럼, 눈과 비가 와도 꺼지지 않나요?"
"그렇지."
"어떻게 꺼지지 않죠?
"가스 불이야."

  제2차 세계대전 당시 무명용사의 영혼을 기리기 위한 영원한 불이다. 우리에게 익숙한 「백학」이라는 노래에도 나오듯이 전선에서 죽은 병사가 백학이 되어 돌아오기를 바란다. 이곳 무명용사의 묘에도 올 것 같다. 백학의 가사는 러시아 다게스탄공화국의 민족시인인 감자토프(Gamzatov, 1923~2003)의 「학」이라는 시이다. 시인은 일본 소녀 사다코의 이야기에서 영감을 얻었다. 소녀는 히로시마 원폭으로 백혈병에 걸렸는데 종이학을 천 마리 접으면 병이 나을 수 있다고 믿었다. 시인은 히로시마 공원에 있는 그녀의 동상을 보고 전쟁을 영원히 반대한다는 뜻에서 썼다.
  1968년 베르네스(Bernes, 1911~1969)가 이 시를 노래로 불러 유명해졌다. 이듬해 베르네스는 노보데비치 묘지에 묻혔는데 유언에 따라 장례식에서 「백학」이 연주되었다. 내가 가장 좋아하는 베레네스의 노래는 첫 번째 히트곡인 「캄캄한 밤」이다. 이 노래는 1943년 전쟁 중에 작곡되었으며 러시아 국민이 사랑하는 곡 중 하나이다.

캄캄한 밤

캄캄한 밤, 총알만이 대초원을 가로질러 휘파람을 불고
바람만이 전선에서 윙윙거리며 별은 희미하게 반짝여요.

캄캄한 밤, 사랑하는 이여, 잠들지 않았다는 걸 알아요.
아이들 침대 곁에서 당신은 몰래 눈물을 닦고 있네요.

내가 당신의 부드러운 눈동자를 얼마나 깊이 사랑하는지,
지금 내가 얼마나 당신에게 키스하고 싶은지!

캄캄한 밤은 우리를 갈라놓네요. 사랑하는 이여,
침울한 어둠에 짙은 초원이 우리 사이에 놓여있네요.

- 아카토프, 1943, 유튜브 'Dark is the Night'

병사들이 영원한 불을 지키고 있다. 간혹 드레스 입은 신부가 신랑과 함께 꽃을 헌화한다. 특이하다. 결혼하면 신혼여행을 가든지 해야지. 왜 여기서 꽃을 헌화하지? 후에 알았다. 제2차 세계대전 당시 가장 많은 국민이 죽은 나라가 소련이었다는 것을. 무려 2,660만

명이 죽었다. 이곳에 와서 추모하지 않을 수 없다. 러시아 국민에게 전쟁은 끝나지 않은 영원한 아픔이다.

저쪽 멀리에서 병사 세 명이 오고 있다. 관광객이 웅성거린다. 텔레비전에서만 보았던 러시아 병사 특유의 걸음걸이다. 발을 높이 높이 하늘을 향해 올리면서 쭉 펴며 걸어온다. 순간 교대한다. 교대 병사들이 고개를 획 돌려 서로 쳐다본 후 이동한다. 교대식은 화려하진 않지만 절도가 있다.

교대가 끝나자 뚱뚱한 유럽의 할아버지들이 흉내를 낸다. 옆에 있던 할머니들이 배꼽을 잡는다. 병사처럼 발을 쭉 쭉 올리는 사람이 한두 명이 아니다. 나도 교대 병사를 따라 발을 높이 높이. 병사를 따라가다 보니 허물어진 벽이 있다. 옛 크렘린궁의 성벽이다.

무명용사의 묘 - 교대식

교대 병사들

크렘린궁과 크렘린 대회궁

| 개혁과 개방, 그리고 자유의 함성

크렘린궁 트로이츠키탑

크렘린궁 입구로 가니 관광객들이 깃발을 들고 기다리고 있다. 화살표를 따라 표 사는 곳으로 가니 특이한 게 적혀 있다. 외국인과 내국인의 푯값이 다르다. 성인과 어린이를 구별하는 것이야 관례라 이해가 되지만 왜 국적을 차별할까? 러시아와 가까운 외국은 저렴하고 먼 외국은 비싸다. 이 황당함에 웃어야 하나 말아야 하나.

"왜 거리에 따라 다르죠?"

표 파는 할머니께서 웃으면서 대답했다.

"먼 나라는 잘살고 가까운 중앙아시아 국가들은 못 살지."

부(富)에 따른 형평이다. 러시아에서 공부하냐고 물으셨고 난 그렇다고 대답했다. 학생증을 보여주고 티켓을 저렴하게 샀다. 외국에서 공부하는 학생보다 러시아에서 공부하는 학생이 더 저렴했다. 흥미로운 가격제이다.

크렘린이라는 단어는 성벽을 의미하는 '크렘닉'이라는 단어에서 유래되었다. 모스크바 외에도 여러 지역에 성벽을 뜻하는 크렘린이 있다. 1156년 모스크바강을 끼고 보로비츠 언덕에 850미터 둘레의 요새를 세웠다. 자연 지형을 이용하여 해자를 파고 나무 성벽을 쌓았다. 이 시기 모스크바는 조그마한 도시였고 동북쪽으로 194킬로미터 떨어져 있는 수즈달·블라디미르 공국의 영토였다.

1238년 1월 15일, 혹독한 겨울 추위에 칭기즈칸 손자 바투(Batu, 1205~1255)는 크렘린궁을 공격했다. 5일간 항전했지만 결국 함락되었다. 병사들은 전멸했고 크렘린궁을 사수하던 대공의 아들은 포로로 잡혔다. 이후 몽골군은 블라디미르를 공격하여 공국을 무너뜨렸다.

1367년 돈스코이(재위: 1359~1389)가 크렘린의 나무 성벽을 흰색 돌로 교체했다. 오늘날과는 다른 흰색 크렘린이었다. 그는 모스크바에서 남쪽으로 281킬로미터 떨어진 쿨리코보에서 몽골군과 싸워, 처음으로 승리했다. 러시아 역사에 남은 눈부신 전투였다.

15세기 후반 이반 3세는 이탈리아 건축가들을 크렘린궁으로 초빙하여 성당과 종탑을 세우고 성벽을 붉은 벽돌로 교체했다. 오늘날 크렘린궁의 모습은 대부분 이 시기에 갖추어진 것이다. 삼각형 모양의 성벽 길이는 2,235미터이며 높이는 5~19미터이고 성문은 총 4개이며 탑은 20개이다.

　1712년 5월 표트르 대제는 모스크바를 뒤로하고 상트페테르부르크로 수도를 이전했다. 크렘린궁은 제국 시기 일반인에게 공개되었으며 무료로 관람할 수 있었다. 하지만 볼셰비키 혁명 후 레닌은 수도를 모스크바로 이전하고 크렘린궁 내 황실 상징물과 기적의 수도원 등 일부 성당을 파괴하고 폐쇄했다. 궁에는 공산당 간부들이 살았는데 레닌, 제르진스키, 스탈린, 몰로토프 등이다. 스탈린 사후 일반인에게 크렘린궁 일부가 공개되었다.

　크렘린궁 입구가 있는 트로이츠키탑으로 가니 탑 위에 빨간 별이 유독 커 보였다. 무려 3.5미터 크기의 빨간 루비 별이다. 플라스틱으로 만든 건 줄 알았는데 자연석 루비란다. 와! 저렇게 큰 루비를. 러시아는 정말 보석 왕국인가보다.
　앞으로 걸어가면서 바닥을 보니 한 뼘도 안 되어 보이는 검은 돌이 미끌미끌하게 포장되어 있다. 왕자가 백마를 타고 고대 왕국으로 들어가는 느낌이다. 오르막길로 된 트로이츠키 다리를 지나 궁으로 가니 검은 철문이 열려있다. 만일 이곳에 붉은 옷을 입은 궁정 수비대가 큰 칼을 들고 있다면 그 안에는 왕이 살고 있을 거라 착각했을 정도이다. 중세의 고즈넉한 성이다.
　성문을 지나 드디어 입성했다. 누구나 와보고 싶은 곳이다. 제일 먼저 눈에 들어온 것은 차르의 집무실도 아닌 대포였다. 대포는 일렬로 쭉 전시되어 있다. 1812년 나폴레옹이 모스크바를 침공할 때 사용한 대포이다. 조그맣다. 저것으로 어떻게 전쟁했을까? 톨스토이(Tolstoy, 1828~1910)의 『전쟁과 평화』에 나오는 그 대포이다. 나폴레옹은 크렘린궁으로 들어온 날 밤, 잠자다가 화재로 궁을 떠났다.

크렘린 대회궁

맞은편을 보니 현대식 건물이 있다. 크렘린 대회궁이다. 소련 공산당 전당대회 장소로 무려 6천여 명을 수용한다. 가장 역사적인 장면은 언제일까? 나에겐 이날이었다.

1989년 5월 25일, 소련 대의원 대회가 열렸다. 선거 과정에서 텔레비전 토론도 있었으니 소련 역사상 처음으로 자유로운 분위기에서 선출된 인민 대의원이 참석했다. 공산당원 외에도 학자, 연구자, 예술가, 교육자 등이 대거 선출되었고 진보성향이 강한 도시인 상트페테르부르크에서는 공산당이 전멸했다.

국민이 텔레비전 생중계로 지켜보는 가운데 고르바초프는 최고 대의원회 의장으로 선출된 후 연단으로 이동했다. "우리의 가장 위대한 일은 페레스트로이카(개혁)를 추진하고 민주주의와 글라스노스트(개방)를 확대하여 국민의 삶과 개인의 지위를 높이는 겁니다." 그의 목소리는 확신에 차 있고 세상을 바꾸고자 한다.

6월 9일, 사하로프(Sakharov, 1921~1989)가 힘주어 연설했다. 그는 노벨상 수상자로 공산당에 대항한 인물이다. "현행 헌법에 따르면 소련 최고 소비에트 의장은 사실상 무한한 권력을 가지고 있습니다.

한 사람의 손에 힘이 집중되는 건 매우 위험합니다. 개혁을 주장하는 사람일지라도. 이건 개인의 문제가 아닌 정치의 문제입니다."

대단한 용기다. 공산당이 득세하는 그곳에 외로이 핀 한 송이 장미였다. 사하로프는 두 팔을 높이 들고 힘주어 말했다. "나누어라! 그러면 통치할 것이다.'라는 제국주의 사고방식을 스탈린에게서 물려받았습니다. 희생자는 힘이 약한 소수 공화국과 소수 민족이었습니다. 그들은 국가로부터 억압받았습니다."

방송을 지켜보던 국민은 놀랐다. 연설이 길어지자 마이크는 완전히 꺼지고 종은 계속 울려댔다. 하지만 그 누구도 떠나지 않았다. 박수와 야유가 동시에 나왔다. 우여곡절 끝에 마치고 퇴장하자 그를 지지한 대의원들이 환호를 보냈다. 몇 달 후 그는 심장병으로 죽었다. 이 연설은 조국에 주는 그의 마지막 선물이었다.

사하로프는 26세에 물리학자 이고리 탐과 함께 수소폭탄 개발에 성공하여 과학아카데미 정회원이 되었다. 회원에게는 자동차, 별장, 휴양지를 제공했으니 명예와 부가 한 손에 들어왔다. 1961년 흐루쇼프가 그에게 1백 메가톤급 열핵폭탄을 시험하도록 지시하자 강하게 반대했다. 방사능 낙진 피해를 잘 알고 있었기 때문이다. 1968년 그는 『진보, 평화로운 공존, 지적 자유에 대한 묵상』에세이를 브레즈네프에게 보냈지만 거절당하자, 뉴욕 타임스에서 출간했다.

"인류의 분열은 세상을 멸망으로 이끌고 문명을 위협하고 있습니다. 핵전쟁, 빈곤, 대중문화의 중독, 관료적 독단, 대중 신화의 확산,

교활한 선동, 지구환경의 급격한 변화에 따른 죽음…. 인간 사회는 지적 자유가 필요합니다. 정보를 주고받을 자유, 공정하고 두려움 없이 토론할 자유, 권위의 압박과 편견에서 벗어날 자유입니다."

1970년 그는 소련인권위원회를 만들고 자유와 인권운동을 했으며 바이칼호수 근처에 공장을 세우는 걸 반대했다. 일거수일투족이 정보요원의 감시 대상이었다. 1975년 노벨 평화상을 수상했지만 아내가 수상식 연설을 대독했다. "평화, 진보, 인권, 이 세 가지는 떼려야 뗄 수 없습니다. 그중 하나만 달성하는 건 불가능합니다."

사하로프는 결국 소련의 아프가니스탄 침공을 비판한 후 니즈니노브고로드로 유배되었으며 무려 네 번이나 단식투쟁했다. 1986년 고르바초프가 그를 유배에서 풀어주었고, 그는 올림픽 경기장에서 대국민 연설을 했는데 사람들이 구름처럼 모였다.

그가 죽었을 때 자유와 인권을 존중한 수천 명이 장례식에 참석했다. 그의 삶은 지식인이 어떤 행동을 해야 하는지 보여주었다. 사회를 밝히는 등불이었으며 억압과 압제 속에서 빛나는 빛과 소금이었다.

제1차 대의원 대회를 텔레비전으로 지켜보던 국민은 이제 그들에게 자유가 왔다고 생각했다. 닫힌 입이 열리는 순간, 세상의 모든 희망을 품었다. 소련 국민은 누구보다 공정과 평등의 가치를 잘 알고 있었다. 다만, 침묵했을 뿐이다. 대의원들 역시 이제 스스로 정책을 결정하고 국가를 운영할 수 있다는 장밋빛 그림을 그렸다. 장밋빛! 하지만 고르바초프는 자신이 원한 개혁이 자신의 권력을 스스로 무너뜨리고 있는지는 꿈에도 몰랐다.

대통령 집무실

| 서기장과 대통령이 만나다, 크렘린 1번지

크렘린궁 대회궁을 지나 앞으로 가니 저 멀리 안전요원이 보인다. 두 명이 방망이를 옆에 끼고 서 있다. 사람들이 그쪽으로 가더니 모여서 한 건물을 본다. 붉은 광장에서 보았던 둥근 지붕에 러시아 깃발이 꽂혀있는 옛 원로원이다. 오후의 햇살이 원로원 광장을 비추고 있다. 생각 없이 도로를 지나 쑥 들어가니 호루라기 소리가 난다. 삑. 삑. 안전요원이 다가오며 말한다. "그쪽으로 가면 안 돼!"

방망이가 가리키는 방향을 보니 에스코트차가 여러 대 있었다. '오늘은 와 있군. 병약한 대통령이 업무를 보는 모양이네.' 1999년 옐친은 병으로 텔레비전에도 잘 나오지 않았다. 모라토리엄 이후 경제는 최악으로 치닫고 올리가르히와 러시아 민주주의에 대한 국민의 피로도는 높았다.

사람들이 모여 있는 곳으로 다시 와서 원로원에 있는 대통령 집무실을 보았다.

원로원은 표트르 대제가 1711년에 만들었는데 최고의 행정기관이자 사법기관으로 감사원의 기능을 가지고 있었고 후계자도 선출

크렘린 대통령 집무실(옛 원로원)

했다. 예카테리나 2세(재위: 1762~1796)는 상트페테르부르크의 원로원 기능을 일부 분리하여 이곳으로 옮겨왔다. 여제의 지시로 건축가 카자코프(Kazakov, 1738~1812)는 고전주의 양식으로 원로원을 설계했다. 건축가는 붉은 광장의 건물들과 조화를 맞추기 위해 고심했는데, 특히 원로원이 국민의 이상과 사법적 정의를 실현하기를 원했다.

카자코프는 원로원을 삼각형 모양으로 크렘린궁 외벽에 붙여 3층으로 설계했다. 외부 둘레는 450미터, 내부 둘레는 360미터였고 붉은 광장에서 보이는 돔 지붕에는 성 게오르기우스를 상징하는 승리의 조각상을 올렸다. 안타깝게도 지금은 조각상을 볼 수 없다. 나폴레옹이 퇴각하면서 파리로 가져갔고 소련 시기 붉은 깃발은 내려지고 지금은 러시아연방 국기가 게양되어 있다.

볼셰비키 혁명 후 법원의 1호 명령이 원로원 폐지였으며 「노동자·농민 정부의 1번」 건물로 명칭을 바꾸었다. 레닌의 집무실과 주거지로 사용하였고 소련 정치국과 각료회의실도 여기에 있었다. 지금은 「크렘린궁 1번」 건물이라고 부른다.

레닌은 원로원에 집무실을 포함하여 4개의 방을 3층에 별도로 마련했다. 4만여 권의 책을 소장한 그는 방마다 책장을 두었다. 레닌이 사용한 면적은 총 170평이며 침실은 6평, 아내 크룹스카야의 방은 7평, 부엌 6평, 개인 도서관 20평, 집무실은 15평 등이었다. 집무실에는 평범한 책상 위에 탁상용 달력, 초, 스탠드, 연필, 인장, 전화기 등이 있고 책장이 3개가 있었다. 지금은 고르키 마을의 박물관에 옛 집무실을 똑같이 재현해 두었다.

스탈린은 1922년부터 크렘린궁에 살았는데 1933년 1층에 방 다섯 개를 새로 꾸미고 그중 하나를 가정용 집무실로 사용했다. 영국 총리 처칠을 이곳으로 초대한 적도 있었다. 그의 공식 사무실은 2층에 45평 규모로 따로 있었는데 1층 방에서 2층 집무실로 오르내릴 수 있는 비밀 사다리가 있었다.

흐루쇼프는 3층에 집무실을 새롭게 마련했다. 약 30평 규모였지만 특이하게도 책장은 없었다. 책을 싫어했다. 벽에는 자신의 초상화를 걸어 두고 비행기, 증기기관차 모형, 꽃병을 놓아두었다.

브레즈네프 역시 전임자가 사용한 곳을 싫어하여 3층에 30평의 집무실을 별도로 만들었다. 3층에서 승강기를 타고 긴급히 이동할 수 있는 지하 비밀 통로를 두었다.

고르바초프 또한 3층에 30여 평 규모로 창문이 5개 있는 집무실을 새로 조성했다. 노란색 실크로 벽을 장식했다. 책상 뒤에 붉은 깃발이, 책상 앞에는 의자 두 개가 있는 단조로운 사무실이었다. 1991년 소련 붕괴 직전, 하필이면 집무실 천장에서는 비가 샜다.

옐친(재임: 1991~1999)은 1991년 9월 소련 군부 쿠데타 이후 크렘린궁 비서실인 「크렘린궁 14번」 건물에서 업무를 보다가, 고르바초프 퇴임 후 원로원 건물로 이전했다. 1993년 러시아제국 스타일로 원로원을 수리했으며 자신의 집무실을 2층에 23평 규모로 만들었다. 전체적으로 갈색 나무 벽으로 된 집무실에는 폭 205센티미터 크기의 책상이 있고, 그곳에는 우랄에서 온 에메랄드빛 공작석과 연필, 컴퓨터, 전화기 등이 놓여있었다. 책상 앞에는 대통령과 상의할 수 있는 조그마한 테이블이 있었는데 대통령과 독대하는 자리였다.

1999년 12월 31일, 푸틴은 옐친의 집무실을 그대로 물려받았다. 그는 전임자의 책상과 책장 등을 바꾸지 않는 스타일이었다. 연필 한 자루도 그대로 사용했다. 물론 밤 한두 시까지 사용하는 대통령의 전용 업무 공간은 집무실 옆에 별도로 있다. 그곳에는 자신이 존경하는 표트르 대제의 초상화가 지금도 걸려있다. 보통 푸틴은 크렘린궁 외에 모스크바 인근 노보-오가료보에 있는 별도의 대통령 집무실에서 업무를 본다.

대통령 도서관
| 푸틴과 철학자 일린의 대화

현재 원로원에는 대통령의 개인 도서관이 있다. 1996년 옐친의 지시로 3층 북동쪽에 원형 홀을 도서관으로 꾸몄다. 건축가는 카자코프의 고전주의 양식을 보존하면서 18세기 제국의 황실 도서관을 재현했다. 원래 이곳은 황제의 비서실이었고 소련 각료회의실이었다.

옐친은 때론 이곳에서 외국의 언론과 인터뷰하기도 하고 귀빈을 초대하기도 했다. 최초로 방문한 대통령은 클린턴이었다. 열두 명이 앉을 수 있는 원형 테이블이 도서관 정중앙에 있고 테이블 가운데에는 꽃을 놓을 수 있게 분리된다. 창가에는 책을 읽을 수 있는 책상이 있고 유리 캐비닛의 책장이 외벽으로 있으며 복층처럼 보이게 설계되어 2층에도 책이 있다. 출입구 위에는 둥근 황금 시계가 있다.

책장에는 대통령 취임식에 사용하는 「러시아연방 헌법」이 있다. 이 헌법에 손을 올리고 선서한다. 빨간색 바탕에 황금 글씨로 "러시아연방 헌법"이라고 새겨져 있다. 첫 장을 펼치면 현 대통령의 서명이 있고 그다음 장은 직전 대통령의 서명이 있다. 그다음이 헌법 내용이다. 이 헌법은 대통령 취임식 외에는 일체 이곳에서 나가지 못한다. 딱 한 번 나간 경우가 있었는데 1999년 12월 31일, 옐친이 스스로 사임하면서 대통령 집무실에서 후임자 푸틴에게 보여줄 때였다.

현재 도서관에는 2백만 권의 책이 있고 러시아 대통령 관련 책은 모두 수집한다. 책장에는 차르들이 보관한 책과 표트르 대제의 편지와 칙령서, 제국 법령집, 소련 헌법 등이 있다. 백과사전과 대내외 정책서도 있으며 『꼬레야(코리아)』라는 파란색 표지로 된 대한민국을 알리는 책도 있고 한국어로 번역된 푸틴의 자서전도 있다.

푸틴은 러시아 학자들의 말을 인용하는데 베르댜에프, 레온티에프, 솔로비요프, 스톨리핀, 일린 등이다. 푸틴은 특히 일린(Ilyin, 1883~1954)의 사상과 글을 좋아한다. 일린은 모스크바국립대를 다녔고 헤겔에 관한 글을 쓴 철학자였다. 그의 유명한 어록이 있다.

"사회주의는 전체주의이고 테러리스트이다. 공산주의는 사회주의의 이런 특징을 부끄럼도 없이 공개적으로 맹렬하게 드러낸다."

일린은 러시아 혁명을 러시아 역사에서 가장 끔찍한 재앙이라고 평가했다. 푸틴 역시 그렇게 평가한다. 일린은 혁명 후 사형 선고를 받은 상황에서 철학자 베르댜에프, 트루베츠코이와 함께 1922년 9월 29일 '철학 기선'을 타고 해외로 추방되었다. 추방자들은 바지 하나, 양말 두 켤레, 재킷, 모자, 신발 두 켤레만 들고 떠났다. 재산과 책, 그리고 개인 도서관은 모두 압수되었다. 레닌은 헤겔에 관한 책을 쓴 일린을 사형시킬 수 없어 추방한 것이다.

일린은 전체주의뿐 아니라 혼란한 민주정에 대해서도 비판적이었다. 2005년 일린의 유해는 스위스에서 모스크바 돈스코이 수도원으로 옮겨졌다. 그는 푸틴 시대 최고의 철학자로 대통령은 2014년 연두교서에서 그의 말을 인용했다.

"러시아를 사랑하는 사람은 당연히 러시아를 위해 자유를 갈망해야 합니다. 우선 러시아 자신의 자유, 국제적 독립과 자주권입니다. 러시아인과 모든 민족의 통합으로 이루는 러시아의 자유입니다.…… 끝으로 국민의 자유와 우리 모두의 자유입니다. 신앙의 자유, 진리·창의성·노동·재산권 추구입니다."

푸틴이 좋아하는 일린의 책은 『우리의 과제』이다. 위 인용문도 이 책의 소제목 "러시아는 자유가 필요하다."의 첫 구절이다. 러시아에서 정치하려면 일린의 『우리의 과제』, 베르댜예프의 『불평등의 철학』, 솔로비요프의 『선(善)의 정당화』, 다닐렙스키의 『러시아와 유럽』, 레온티예프의 『비잔틴과 슬라브주의』 책 정도는 읽어야 한다.

원로원의 가장 아름다운 방은 예카테리나 홀이다. 붉은 광장에서 보이는 둥근 지붕 아래가 바로 이 홀이다. 직경 25미터, 높이 27미터의 원형 돔으로 전반적으로 흰색과 파란색 느낌을 준다. 사회주의 노동 영웅 훈장과 레닌 훈장 등을 수여했던 곳으로 오늘날에도 훈장 수여식이나 대통령이 참여하는 국가 회의를 이곳에서 진행한다.

2022년 2월 21일, 특별군사작전(우크라이나 전쟁)을 논의할 때도 여기서 회의를 진행했고 외무장관을 필두로 각자 자신의 의견을 공개적으로 표명했다.

이반 대제 종탑

| 하느님의 복음을 전달하는 황금 종탑

이반 대제 종탑

원로원을 뒤로하고 앞을 보니 하얀 탑이 눈에 들어왔다. 황금 왕관을 쓴 종탑으로 왕관 위에는 십자가가 있다. 이반 대제 종탑으로 탑은 세 개의 건물이 하나로 합쳐진 앙상블이다. 이반 대제 종탑이 가장 높고 가운데 우스펜스키 종탑과 대주교의 집무실이 있다. 종이 곳곳에 달려있고 제일 높은 이반 종탑에는 전망대가 있다.

1329년 칼리타(Kalita, 재위: 1325~1340)는 크렘린궁에 종탑을 세웠다.

그는 킵차크 칸의 비위를 맞추면서 모스크바를 권력의 중심지로 만든 위대한 인물로 별명이 '돈주머니'였다. 칼리타는 킵차크 칸에 바치는 공물을 여러 공국에서 수금하여 대납하는 일로 돈을 모았고, 결국 그가 모은 재산으로 손자 돈스코이가 후에 몽골을 공격할 수 있었다.

1508년 이탈리아 건축가가 종탑을 새롭게 건축했는데 종탑의 2층 팔면체가 추가되었다. 우선, 건축가는 땅속에 참나무 말뚝을 4.3미터 깊이로 박고 그 위에 돌을 올린 후 탑을 세웠다. 60미터의 종탑이었다. 이후 1600년에 높이 81미터의 종탑으로 증축하고 러시아에서 이보다 더 높은 종탑을 짓지 못하게 했다. 황금 지붕 아래에 교회 슬라브어로 황금 글자를 새겼다.

"삼위일체의 은총에 따라, 모든 루시(러시아)의 위대한 통치자이며 대공인 보리스 표도로비치(고두노프)와 표도르 보리소비치 왕자(고두노프 아들)이자 전제군주의 지시로 성당은 재위 두 번째 여름(1600년)에 세우고 황금으로 칠했다."

언젠가 이반 종탑의 종소리를 들었을 때 놀라웠다. 이렇게 아름다울 수가! 클래식을 듣는 것 같았다. 종지기가 손가락과 연결된 줄을 당겨쳤다. 물론 발로도 쳤다. 종과 줄로 연결된 판을 밟으면 소리가 나게 되어 있었다. 종지기는 한 명이 아니었다. 큰 종과 작은 종을 치는 사람이 별도로 있었다. 이렇게 여러 사람이 종을 치니 오케스트라가 연주하듯 종들이 제각각 소리를 낸다. 소련 시기 잠시 멈췄던 종은 다시 울리고 하느님의 은총을 전달하고 있다.

황제의 대포

앞으로 걸어가니 관광객이 큰 대포 앞에서 사진을 찍고 있었다. 황제의 대포이다. 이 대포 하나면 세상을 지배할 듯하다. 대포는 차르 표도르(Fyodor, 재위: 1584~1598) 명령으로 1586년에 제작했는데 구경은 890밀리미터, 무게는 40톤이 나가는 청동이다. 세계에서 가장 크고 화려하다. 대포의 양옆에는 사자와 뱀이 싸우는 모습이, 정면에는 사자가 입을 벌리고, 총구에는 차르 표도르가 말을 탄 모습으로 조형되어 있는데 글귀가 새겨있다. "하느님의 은총을 받는 위대한 러시아 전제군주이자 대공이고 황제인 표도르 이바노비치."

가이드에게 네 개의 큰 대포알을 보며 "이 알의 무게가 얼마예

황제의 대포

요?"라고 물으니, "비어 있어요."라고 답했다. 전시용 대포알이다.

황제의 종

저쪽 멀리 큰 종이 있었다. 태어나서 이렇게 큰 종은 처음 봤다. 높이는 6.14미터, 지름은 6.6미터, 무게는 202톤이다. 1730년 안나 (Anna, 재위: 1730~1740) 여제의 지시로 모토린이 주조했다. 러시아에서 종은 단순한 종이 아니다. 국가의 위상, 국왕의 권위, 하느님의 복음의 상징이자, 위기를 알리는 신호, 국민 화합과 의견 수렴을 뜻한다.

1733년 모토린은 크렘린궁에 10미터 깊이의 땅을 파고 네 개의 용광로를 만들고 구리와 주석을 넣은 후, 주조물을 용광로에 부었다. 하지만 화재가 발생하여 찬물을 부었는데 균열이 생겼고 종 조각이 떨어져 나갔다. 안타깝게도 한 번도 소리를 내어보지 못한 비운의 종이다.

황제의 종

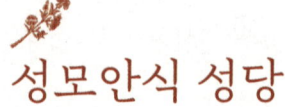
성모안식 성당

| 화려한 황제와 피 묻은 예수님의 옷자락

　동서남북으로 성당이 병풍처럼 펼쳐져 있는 성당 광장으로 왔다. 동쪽에는 이반 종탑, 서쪽에 수태고지(블라고베셴스크) 성당과 12사도 교회, 남쪽에 대천사(아르한겔) 성당, 북쪽에 성모안식(우스펜스키) 성당이 있다.

　성당 광장은 모스크바 공국의 대관식, 결혼식, 장례식, 그리고 외국 귀빈 접대 시 퍼레이드를 했던 곳이다. 수도가 상트페테르부르크였을 때도 러시아제국의 대관식 행렬은 이곳 광장을 지나갔다. 오늘날 대통령의 취임식과 퇴임식을 할 때 근위병이 사열하는 곳으로 대국민 연설도 여기서 종종 한다.

　광장에서 고풍스러운 성모안식 성당을 보았다. 다섯 개의 황금 지붕 아래, 네 개의 아치형 황금 눈썹이 걸려있다. 고즈넉하다. 성당 외벽 중앙에 성모 마리아와 아기 예수님의 성화가 있는데, 너무도 인간적이고 인간적이다. 엄마의 품에서 다정하게 뺨을 맞대고 있는 꼬마 아이이다. 멀게만 느껴진 종교가 가까이 다가온 순간이었다.

　1479년 이탈리아 건축가 피오라반트가 이반 3세의 지시로 세웠다. 차르의 대관식, 결혼식, 세례식을 거행하고 대주교를 선출하는 장소이다. 건축가는 성당을 건축하기 전에 옛 도시 블라디미르로 가서 그

성모안식(우스펜스키) 성당

곳에 있는 성모안식 성당을 살펴보고 고민에 빠졌다. 왕후 소피아가 이탈리아 건축양식을 요청했기 때문이다. 그녀는 비잔틴 제국의 마지막 황제의 조카로 자신을 모스크바로 초빙한 사람이었다. 피오라반트는 돌아오는 길에 과감하게 블라디미르의 성당을 모델로 결정했다. 쉽지 않은 선택이었지만 왕후도 건축가의 의견을 존중했다.

크렘린궁에 있는 원로원이 국가의 머리이면 성모안식 성당은 국가의 심장이었다. 원로원이 인간의 영역이면 성당은 신의 영역이었다. 흥미롭게도 톨스토이가 여기서 세례를 받았고 파문당했다.

성당의 서쪽 문으로 갔다. 3단의 아치형 문설주가 단계적으로 점차 좁아진다. 문 위에는 예수님의 성화, 오른편에는 하얀색 깃털 펜을 든 천사, 왼편에는 칼과 목판을 든 천사가 있다. 특이하다. 성자의 옷자락에 해골과 X 모양의 뼈가 그려져 있다. 저건 무슨 의미일까? 성자가 해적은 아니지 않은가. 후에 알았다. 죽음과 부활을 통해 인류의 구원을 이루신 하느님의 사랑을 나타낸다. 그리스도의 죽음과 부활로 모든 사람이 구원받을 수 있다는 희망을 전한다. 인간이 스스로 해골뿐임을 깨달을 때 비로소 생명의 원천인 하느님을 찾게 된다는 것이다.

입구에는 하얀 돌계단 하나가 단조롭게 놓여있고 검은 철문이 있는데 밀기 힘들 정도의 큰 나무 문이다. 낑낑거리며 문을 열고 들어가니 스카프를 쓴 할머니께서 표를 검사했다.

들어오니 형언할 수 없을 정도이다. 성당의 중앙에 서면, 이 위대한 성당을 가슴으로 품을 수 있는데 종교를 믿고 안 믿고를 떠나서 하나의 예술을 감상하게 된다. 벽에는 프레스코화로 그려진 벽화와 목판에 그려진 이콘이 진열되어 있다. 네 개의 원기둥에도 그림이 빽빽하게 그려져 있는데 뭐가 뭔지도 모르겠다. 나의 종교적 무식함을 어떻게 변론할 수 있겠는가.

이날 이후 이 성당을 자주 방문하면서 성화들을 하나씩 알게 되었고 가슴속에 새기게 되었다. 성당 정면에는 아치형 황금 문이 있다. 그 위에는 「전능한 예수님」 이콘이 있는데 러시아의 다른 성당에 가도 전능한 예수님을 볼 수 있다. 이게 표본 성당이다.

네 개의 원기둥이 만나는 천장의 중앙에 예수님께서 양손을 펼치고 승천하신다. 네 명의 천사가 푸르스름한 유리구슬에 있는 예수님을 모시고 승천을 돕고 있다. 천사들 얼굴에는 기쁨이 가득하다. 앞의 두 천사는 어깨와 두 손으로 구슬을 받치고 있고 뒤에 있는 두 천사는 한 손으로 구슬을 잡고 다른 한 손은 펴고 있다. 지상에는 12명의 제자가 예수님을 배웅하고 있다. 엎드린 제자, 무릎 꿇은 제자, 예수님에게 손을 펼치는 제자, 무표정의 제자도 있다.

황금 문 왼편에 성모 마리아와 예수님의 다정다감한 모습을 담은 「블라디미르 성모」이콘이 있다. 그 옆에 다섯 명의 성화가 있는데, 바로 테베의 바울, 모세 무린, 테오도시우스, 시리아인 이삭과 에브라임이다. 이들의 얼굴을 보면 평온하고 깊숙한 내면에서 나오는 성찰의 모습이다. 엄격하고 간결하게 그려져 있다. 손은 최대한 억제되어 겸손하다. 그들에게 올바른 삶이 무엇이냐고 물으면 어떻게 말할까. 자신들처럼 살아가는 삶이라고 알려줄 거다. 무린은 도둑이었는데 회개한 후 성자가 되었다. 이들 다섯 명은 현명한 성자의 상징이다.

정면 왼쪽 기둥에 빨간색 천으로 싸인 아름다운 황금 의자가 있다. 의자에는 검은 쌍두독수리의 휘장이 있고 의자의 지붕에는 황금 쌍두독수리가 있다. 차르의 옥좌인 줄 알고 여러 번 물었지만 돌아온 대답은 하나같이 왕후의 의자라고 말했다.

정면 오른쪽 기둥에 하얀 돌로 된 총대주교님의 의자가 있고 위에는 황금 십자가가 있다. 그 옆에는 이반 4세가 만든 「모노마흐 왕좌」가 있는데 조각이 정교하며 지붕에는 쌍두독수리가 있다. 차르는 매일 새벽 네 시면 이 성당에서 기도를 두 시간가량 드렸다.

성당의 남쪽인 오른쪽 벽으로 왔다. 대주교의 석관들이 벽을 따라 쭉 놓여있는데 특이한 이콘이 있다. 하늘은 반원이다. 그 안에 에덴동산이 있다. 왜 반원일까? 반원은 자궁을 상징한다. 성모 마리아는 하늘보다 더 넓은 공간을 우리 세상에 주었다는 의미이다. 반원에는 하느님의 영광으로 둘러싸인 보좌가 있고 성모 마리아의 품 안에는 아기 예수님이 있다. 이콘 이름은 바로「당신 안에 기쁨」이다.

그 옆에는 「표트르 대주교」이콘이 있다. 이반 3세의 명령으로 1480년 디오니시우스가 그린 이콘이다. 표트르는 최초로 모스크바에 거주한 대주교이다. 전설에 따르면, 그는 차르 칼리타의 품에서 죽었다고 한다. 숨이 멈추기 전, 칼리타에게 말했다.

"거룩한 성모안식 성당을 세우고 그곳에 나를 묻으시오. 나의 뼈가 이 도시에 머물러 있는 한, 당신은 모든 러시아 공국 위에서 영광을 누릴 것이고 자손 대대로 그 영광이 이어질 것이오. 내가 적을 물리칠 수 있도록 도울 것이오."

그는 성당이 지어지기 전, 1326년에 죽었지만 지금까지 이 성당에 묻혀 있다. 성당의 황금 문 안에 그의 무덤이 있어 일반인은 볼 수 없다. 그의 무덤이 이곳에 있는 이상, 러시아는 슬라브 국가 중 가장 위에서 영광을 누리며 어떤 위기에도 적을 물리칠 수 있을 것이다. 러시아 국민은 이 전설을 믿고 있다.

성당의 서남쪽 모퉁이에 묘처럼 보이는 곳이 있다. 성물 보관소로 1624년 차르 미하일의 지시로 만들었다. 예루살렘의 성묘에 있는 제단을 상징하는데 지붕은 금도금이다. 안에는 황금 상자가 있어 무엇이 있는지 물어보니 예상치 않은 답변이 돌아왔다.

1625년 페르시아의 샤흐 압바스 대왕이 조지아에서 보낸 '예수님의 옷'이었다. 정말 예수님의 옷이냐고 여러 번 물었다. 성당의 할머니는 매번 그렇다고 대답했다. 바로 기적의 옷이다. 만지기만 해도 병이 낫는다는 그 옷이다. 나도 인간이기에 예수님 옷을 만져 보고 싶은 욕구가 샘솟았다. '있는 병 없는 병을 다 나을 수 있다고 하니⋯.'

성모안식 성당을 나오면서 생각했다. 이 성당에서 러시아 정교의 참모습을 발견할 수 없으면 러시아를 영원히 모르는 것이다. 천년의 러시아 역사에 볼셰비키 혁명은 찻잔 속 태풍에 불과했다. 러시아 정교는 암흑의 시공간을 비추는 태양이었고 공산주의 사상은 잠시 지나가는 새벽이슬이었다.

대천사 성당
| 전쟁터로 나가는 차르, 조용히 기도하다

광장을 가로질러 하얀 성당으로 갔다. 처마는 조개껍데기처럼 부채꼴이다. 하나의 황금 지붕과 네 개의 회색 지붕으로 차분한 느낌을 준다. 왜 모두 황금이 아니고 회색 지붕일까? 성당을 들어서는 순간 알게 되었다.

1508년 이반 3세는 크렘린궁에 웅장한 건축물을 지어 국제적 명성을 얻고 국가의 변혁을 시도하고 싶었다. 이탈리아 건축가 알로시오에게 고대 러시아 공국의 유산을 간직하면서 유럽과 어깨를 견줄 수 있는 성당을 건축하라고 지시했다. 건축가는 러시아 남쪽 크림 칸에게 붙잡혀 궁전을 짓고 있었는데 이반 3세의 줄기찬 요청으로 우여곡절 끝에 모스크바로 와서 대천사 성당을 건축한 것이다.

차르는 전쟁 전에 항상 이 성당에 와서 영적인 힘을 얻었다. 어떤 성당이기에 힘을 얻었을까.

출입구가 있는 북문으로 갔다. 너무도 단순하여 이상한 느낌이 들었다. 역시 낑낑거리며 두 개의 문을 겨우 열고 들어갔다. 뚱뚱한 할머니께서 검은 안경을 쓰고 표를 검사했다. 시베리아횡단 열차표를 검사하듯 위아래로 훑으면서 한 말씀 하셨다.

"사진 찍으면 안 돼!"

들어오니 성당 곳곳이 무덤이었다. 몇 개냐고 물었더니 자그마치 50개란다. 차르들의 영원한 안식처였다. 기둥도 사각형이다. 인간 세상은 사각이고 하느님 세상은 원형일까. 성모안식 성당과는 구조적으로 확연히 차이가 났고 벽화도 불그스름하다. 황금 문이 있는 정면에만 이콘이 있는데 그 외는 프레스코화로 그려진 성당이다.

성당 앞쪽으로 갔다. 황금 문의 문양은 찬란하다. 문설주의 포도나무는 황금으로 도금되어 있고 문 위에 「전능한 예수님」 이콘이 있다.

황금 문 왼편에 이콘이 있는데 성모 마리아와 아기 예수님은 왕관을 쓰고 있다. 예수님은 한 손으로 성모 마리아의 옷깃을 잡고 있고 다른 한 손으로 이콘을 들고 있다. 「축복받는 천국」 이콘이다. 진리를 밝히듯 두 분이 태양 같은 후광의 정중앙에 있다. 전설에 따르면 이 이콘 앞에서 기도하면 정신이 치유되며 죄를 뉘우치고 복음을 받는 단다. 삶을 치유 받고 싶은 분이라면 이곳에서 기도하고 복음을 받기 바란다.

황금 문 오른편에 오래된 이콘이 있다. 큰 날개를 달고 당당하게 서 있는 천사가 있다. 바람에 휘날리는 빨간 망토를 걸치고 있어 불타오른다. 몸은 왼쪽으로 서 있는데 얼굴은 오른쪽으로 돌려 힘이 느껴진다. 한 손으로 칼집을 잡고 철갑을 두르고 있다. 영웅이요, 사령관이다. 어떻게 이토록 자신감 넘치게 서 있을까!

분명 큰일을 한 천사임이 틀림없을 것이다. 성당에서 가장 유명한 「미하일 대천사」 이콘이다. 이건 14세기 말에 제작한 것으로 고대 러시아 미술의 백미를 보여주는 이콘이다. 그림의 표현이 풍부하고 탁월하다. 감탄하지 않을 수 없다. 찬찬히 보고 있으면 영성을 불러일으킨다. 강력한 힘을 받을 수 있는 이콘이다.

러시아 황실 관행에 따르면 차르들은 전쟁터로 출발하기 전에 반드시 이 이콘 앞에서 기도했다. 미하일 천사에게서 강력한 힘을 얻기 위한 종교의례였다. 나도 기도했다. '사악한 무리로부터 연약한 저를 굽이굽이 보살펴 주세요.' 여행가라면 이곳에서 여행 내내 무사하도록 기도해도 좋다.

이 성당에 최초로 묻힌 사람은 이반 칼리타 왕이다. 옆에 있는 사람에게 칼리타 무덤과 이반 4세 무덤이 어떤 것이냐고 물으니 칼리타는 오른쪽 벽 제일 앞에 있는 무덤이고, 이반 4세는 성당의 황금문 안에 있다고 했다. 하지만 진짜 무덤은 성당 지하에 있다. 1964년 고고학자 게라시모프는 이 성당에 있는 이반 4세의 무덤을 열었다. 그가 이반 4세의 관을 열자, 놀라지 않을 수 없었다. 아니, 차르의 수의가 수도승의 옷이었다. 차르는 죽어가면서도 자신의 죄를 사죄하고 복음을 받고 천국에 가고 싶어 했다.

성당을 나오면서 생각했다. '인걸은 간데없고 무덤만 덩그러니 놓여있구나. 부유하고 천함도 없이 명예도 욕심도 사라지고 구름과 바람처럼 찰나의 인생이요, 하룻밤 놀다 가는 짧디짧은 인생이다.' 지나가는 까마귀도 크렘린궁의 황금 지붕에 앉지 못한다. 앉는 즉시 죽는다. 훈련된 크렘린궁 매가 두 눈을 부릅뜨고 지켜보고 있다.

수태고지 성당

| 러시아는 예수님의 탄생을 어떻게 표현했을까

대천사 성당을 나오니 맞은편에 아기자기한 성당이 있다. 둥근 황금 지붕이 무려 아홉 개인데 입구마저 황금 처마로 되어 있다. 석양에 비친 성당은 황금 나라에 도착한 느낌을 준다.

1489년 이반 3세의 명을 받은 프스코프 공국의 건축가가 성당을 재건축했다. 크렘린궁의 성당은 대부분 이탈리아 건축가가 세웠는데 이 성당만큼은 러시아인이 설계했다. 러시아 전통 양식을 따랐기에 성당의 기층 부분이 상당히 높고 햇살이 잘 들어오게 창문이 많다. 외벽은 하얀 벽돌로 되어 있고 단순하다. 성당은 사람이 사는 목조가옥 같다.

이름은 수태고지 성당이다. 가브리엘 대천사가 성모 마리아에게 예수님의 탄생에 대해 말씀한 날을 기념하여 봉헌했다. 차르 가족이 예배드리는 가정성당으로 차르의 처소와 연결되어 있고 차르가 사용한 황금 성경과 이콘 등이 있다. 차르가 아침저녁으로 기도를 드리고 고해하는 장소였다. 혁명 후 성당은 폐쇄되고 1993년 수태고지 축일 날, 다시 기도를 드리기 시작했다.

계단을 올라가서 문을 열고 들어가니 또 계단이 있었다. 왼편에 성당 내부로 들어가는 문이 있지만 닫혀있다. 닫힌 문 옆에는 화려한 이탈리아 양식의 문설주에 장미꽃이 새겨있고, 그 옆 벽화에는 특이하게도 큰 물고기가 두 마리가 그려져 있다. 아래 물고기는 사람을 먹고, 위 물고기는 성자를 토해낸다. '나도 피노키오처럼 물고기에 잡혀 성자가 되어야 하나.'

복도를 따라 들어가니 왼편에 성당으로 들어가는 문이 있고 한두 명이 다닐 정도의 좁은 문이지만 청색의 문설주와 화려한 꽃문양들이 예술의 극치를 보여준다. 드디어 들어갔다. 한 발 들어서는 순간 감탄사가 나왔다. "와!" 바닥을 보니 매끈매끈하다. 박물관 도슨트에게 물었다.

"이 돌은 뭐예요?"

"보석이랍니다."

"보석이라고요? 보석을 바닥에?"

"마노와 벽옥입니다."

마노와 벽옥이라는 러시아 단어를 못 알아들었다. 난 여행 시 조그마한 수첩을 들고 다니며 모르는 단어가 나오면 또박또박 한 자 한 자 적어 달라고 요청했고 집에 와서 사전을 보았다. 이렇게 하면 잘 외워졌다. 러시아 사람들은 필기체로 막 적어주는데 그럴 땐 이렇게 말했다. "빠 부끄바미 빠잘루이스따!(한 글자씩 써주세요!)"

그때까지 난 귀금속만 보석인 줄 알았다. 거의 본 적이 없었으니. 알록달록한 보석들이 크기도 모양도 다양하다. 모자이크처럼 서로 서로 의지하며 보석돌이 꽉 물고 있다. 보기도 아까운 보석이 바닥에 깔려있다니 감탄하지 않을 수 없다.

차르의 가정성당답게 스무 명 정도만 수용할 것 같다. 정면 앞쪽에 황금 문이 있고, 문 왼편에「부드러운 성모」이콘이 있다. 성모 마리아와 아기 예수님이 서로 눈을 바라보고 있는데 따스한 눈길이다. 아기 예수님의 옷이 특이하다. 하얀색 배냇저고리다.

문 위에는 약 2미터 크기의「전능한 예수님」이콘이 있고 왼편으로 성모 마리아와 미하일 천사가 배치되어 있다. 오른편으로 사도 요한과 가브리엘 천사가 있다.

14세기 세계적 거장인 그리스인 그렉(Grek, 1340~1410)이 그린 이콘들이다. 인생에서 하나만 보기도 힘든데 이 성당에는 그의 작품이 가득하다. 이것만 보아도 푯값은 생각나지 않을 정도이다. 그렉은 전설의 화가 루블료프(Rublyov, 1360~1430)의 스승이다. 그는 주로 단색으로 그림을 그렸는데 타의 추종을 불허했다. 단색이어서 단순해 보이지만 작품의 깊이를 헤아리기 힘들 정도이다. 표현 하나하나가 살아 움직인다. 이곳에 있는 그의 작품들은 모스크바 이콘의 효시이다.

사람들이 한곳에 모여 이콘 하나를 뚫어져라 보고 있었다. 관람하는 사람에게 조용히 물었다.

"저것은 무슨 이콘인데요?"

"루블료프가 그린 「예수님 탄생」 이콘이지."

"정말, 루블료프가 그린 이콘이 맞아요?"

"그래 맞아. 4단 왼편 두 번째에 있단다."

희미하게 보인다. 주홍빛 융단에 갈색 옷을 입은 성모 마리아가 왼쪽으로 누워있는데 팔베개하고 있다. 특이했다. 태어나서 한 번도 성모 마리아가 배가 볼록한 것을 본 적이 없다. 벽화나 이콘에서도. 그런데 배가 볼록하다니! 곧 출산을 앞두고 있다. 바로 눕지 못하고 옆으로 비스듬히 누워있다. 아니, 성모 마리아의 손이 없지 않은가! 러시아에서 손을 그리지 않는 것은 겸손과 경건한 마음을 상징한다. 얼굴은 사색에 젖어있다. 성모 마리아의 발밑에는 약혼자인 요셉이 앉아 있고 깊은 상념에 빠져있다. 모피를 입은 한 노인이 요셉에게 와서 말을 건네 보지만 요셉은 전혀 반응이 없다.

그 옆으로 한 여인은 나체의 아이를 안고 있고 다른 여인은 목욕통에 물을 붓고 있다. 너무도 진지한 얼굴이다. 성모 마리아 곁에는 여물통이 있고 말과 소가 그곳에 들어 있는 아이를 바라보고 있다. 세 명의 천사도 아이의 안녕을 바라며 유심히 보고 있다.

이콘의 왼편 위에는 세 명의 동방박사가 말을 타고 오고 있는데 앞에 있는 한 명이 손가락으로 가리키고 따라오는 동료에게 말하고 있다. "저쪽인 것 같아요." 가운데 있는 한 명은 경례하듯 손을 눈썹에 붙이고 저 멀리 산등성이를 보고 있다.

이콘의 오른편 위에 세 명의 천사가 있는데 두 명은 서로 얘기하고 있고 한 명은 두 명의 목자에게 기쁜 소식을 말하고 있다. 목자들은 천사의 얘기를 주의 깊게 듣고 있다. 지구상에서 처음으로 예수님의 탄생에 대한 놀라운 비밀을 들었다.

루블료프 역시 스승처럼 단색의 이콘을 그렸는데 화려하지는 않지만 그림의 균형감과 주홍색으로 강조한 생동감이 있었다.

성당을 나와 하늘을 보니 벌써 짧은 겨울 해가 마지막 불꽃을 피우고 있다. 988년 러시아에 들어온 정교는 '제3의 로마' 시기 화려한 꽃을 피웠다. 소련의 종교적 탄압에서 벗어나 새로운 황금시대를 맞이하고 있었다. 마지막 햇살이 성모안식 성당의 황금 돔을 비추었다. 사색에 잠겼다. 러시아의 흥망성쇠에 관한.

소련 붕괴 후 제일 많이 바뀐 건 성당이다. 모스크바 곳곳에 황금 지붕이 다시 채색되고 있으며 그만큼 러시아인의 가슴에 예수님의 사랑과 복음이 전달되고 있다.

크렘린궁 무기고

| 황실의 보물고, 가지 않으면 평생 후회할 곳

크렘린궁 대궁전

크렘린궁 대궁전을 지나 아래로 내려오니 사람들이 모여 있었다. 줄이 엄청 길다. 물어보니 무기고로 가는 줄이라고 했다. '러시아 사람들은 무기를 좋아하나? 어떤 무기들이 있기에 저렇게 줄을 서지?' 그냥 지나쳤다. 후에 사람들이 그렇게 길게 줄을 선 이유를 알고서는 악착같이 무기고로 갔다. 크렘린궁에서 이곳을 보지 않으면 앙금 없는 앙금빵을 먹은 것과 같다. 이름만 무기고였다.

무기고는 수 세기 동안 황실의 귀중품을 보관하는 박물관으로 외국 사신으로부터 받은 선물을 보관하는 곳이다. 안으로 들어가니 황제가 된 느낌이다. 2층으로 곧바로 올라가니 문고리가 특이했다. 황금 곰이 고리를 물고 있다.

첫 번째 홀부터 예사롭지 않다. 12~13세기 러시아 공국들, 키에프, 수즈달, 랴잔, 노브고로드의 대공이 사용한 성물, 축배의 잔, 황금 벨트에 루비, 에메랄드 등이 있다. 이반 4세가 사용한 황금 십자가, 황금 성경, 황금 접시, 황금 이콘 등등. 황금이라는 황금은 모두 모아두었다. 성경책도 책이라기보다 황금 보물이다. 크기도 엄청나게 큰데 가로 40센티미터, 세로 60센티미터는 되어 보인다. 이건 완전 황금 덩어리다. 고대 러시아 예술의 금자탑을 하나씩 보는 느낌이다.

두 번째 홀에서는 17~20세기 초까지 거장들의 황금 예술작품을 볼 수 있다. 파베르제의 황금 계란이 있는데 아주 세밀하다. 1793년에 만든 황금 벽장 시계를 보는 순간 숨이 멈춘다. 제국의 예술품! 말로 표현할 수 없다. 인간의 언어로 표현한다는 것은 교만이다.

세 번째 홀로 갔다. 중세의 기사가 된 기분이다. 돈키호테가 떠올랐다. 철갑을 입고 투구를 쓴 중세의 기사가 전시되어 있다. 15~17세기 유럽에서 러시아 차르에게 보낸 선물로 최고의 장인이 만든 예술품이다. 창과 총이 이렇게 아름다울 수가! 아랍어로 적힌 황금투구도 있다. 중앙아시아에서 온 칼, 이란에서 보낸 황금 도끼도 있다.

네 번째 홀. 차르의 유물이 있다. 로마노프 왕조의 초대 미하일 차르가 착용했던 칼과 갑옷, 폴란드를 물리친 포자르스키 대공의 칼과 칼집, 전쟁영웅에게 수여하는 상, 배지와 목걸이가 놓여있다. 표트르 대제의 얼굴이 그려진 예쁜 영웅 배지도 있다.

다섯 번째 홀로 들어가니, 13~19세기 유럽의 장인이 만든 공예품들이 가득하다. 촛대, 컵, 그릇, 향로, 주전자, 꽃병, 장식품 등등.

다시 1층으로 내려갔다. 여섯 번째 홀. 황제와 황후가 입은 최고급 드레스가 전시되어 있다. 대관식에 입은 옷이 있는데 황금독수리 문양이 새겨있다. 하나의 예술이다. 예카테리나 2세가 입은 옷을 보았을 때 놀랐다. '아니 어떻게 허리가 저렇게 가늘지?' 개미허리 같다. 신발은 마치 전족용 신발처럼 너무도 작다. 틀림없이 가짜라고 생각했는데 딱 적어 놓았다. "여제가 입고 신은 것."

표트르 대제가 사용한 신발도 있다. 긴 부츠가 내 허리만큼 왔다. 그는 개혁 군주답게 걸음도 빨랐다. 신하들은 황제와 함께 걸어갈 때 뛰어야 했다. 황제가 입은 빨간 의복도 있다. 지팡이는 내 키만하다. 저 무거운 것을 어떻게 들고 다녔을까? 대단한 황제이다. 그는 키가 무려 2미터 3센티미터였다.

안으로 들어가니 대주교와 황제가 예배드릴 때 입는 예복이 있었다. 황금빛 자수다. 3~4백 년 되었지만 변질된 게 없다. 드디어 모스크바 공국의 차르가 쓴 모노마흐 왕관, 차르를 상징하는 방패와 홀을 보았다. 표트르 대제가 앉은 의자와 다이아몬드 왕관도 있었다.

마지막 홀로 들어가니 감탄! 그 자체이다. 이것만 보아도 러시아 제국이 얼마나 강했는지 한눈에 알 수 있다. 16~18세기 서유럽의 장인이 만든 황금 마차가 무려 17대가 있다. 바퀴는 철로 둥글게 덮여있고 황금으로 도금되어 있다. 황제가 상트페테르부르크에서 모스크바로 올 때 탔던 마차라고 하니 경이롭다. 궁중의 의례가 있을 때 황제의 위엄을 보이기 위한 마차였다. 크렘린궁의 무기고는 말이 무기고이지 무기는 거의 없고 황실의 모든 물건을 죄다 모아두었다. '궁전 보물고'라고 해야 맞지 않을까. 누군가가 나에게 "새로운 디자인을 구상하는 데 도움을 주실 수 있나요?"라고 물으면, 나는 "크렘린궁 무기고에 가보세요. 그곳의 공예품에 흠뻑 젖어 보세요. 마른 하늘에 번개가 치듯 영감을 받을 수 있어요."라고 말할 것이다.

크렘린궁을 나왔다. 모스크바의 절반을 구경한 느낌이다. 하루를 마무리하며 알렉산드로프 정원에 있는 키오스크로 갔다.

"블린과 커피 주세요."

"어떤 블린과 커피 줄까요?"

"스메타나 들어 있는 블린과 우유 없는 커피 주세요."

러시아 음식에 익숙한 듯 술술 말했다. 당시에는 커피 종류가 딱 두 개였다. 우유 있는 커피와 없는 커피! 아메리카노와 카페라테는 없었다. 블린은 케밥 샤우르마와 함께 유학 시기 좋아한 음식인데 얇은 팬케이크이다. 마치 맷돌처럼 큰 돌 판에 밀반죽을 얇게 펼치고 굽는다. 다 굽고 나면 그 위에 발효 크림 스메타나와 고기를 넣어 계란말이처럼 말아서 먹는데 맛있다.

추운 겨울날! 피곤한 몸을 이끌고 겨우 기숙사로 들어오니 벌써 저녁 7시가 넘었다. 온몸에 니베아 크림을 바르고 있던 룸메이트는 뭘 봤냐고 묻고 난 답하고…. 첫날 여행은 추위 속 낭만이었다.

푸시킨(Pushkin, 1799~1837)

02

둘째 날,
볼쇼이 극장과 푸시킨 광장

"예술은 가장 높은 의미에서 살아 숨 쉬는 인간의
영혼이며 사상이자 언어입니다. 예술이 완전한 표현에 다다르면,
그것은 과학보다도 훨씬 더 소중한 인류의 자산이 됩니다.
바로 그런 예술이 울림을 주고 인간적이며
사색하는 정신이자 불멸의 영혼입니다."

-- 투르게네프, 1880년 6월 7일, 푸시킨 동상 제막식 연설문에서

마야콥스키 박물관
| 세계에서 가장 독창적인 아방가르드의 고향

첫날 여행이 너무 힘들었는지 일어나니 벌써 아홉 시다. 오늘은 모스크바 최대 서점 중 하나인 비블리오 글로부스, 볼쇼이 극장과 푸시킨 광장을 비롯하여 트베르 거리로 가기로 했다. 지하철 루뱐카 역에 내리니 이상한 동상이 있는데 머리만 있어 그런지 인상이 강렬하다. 머리카락이 하나도 없지 않은가! 철인을 닮았다. 행인에게 물었더니 마야콥스키(Маяковский)란다.

"왜 여기 있는데요?"

"근처에 그가 살았던 집이 있어요. 지금은 박물관으로 되어 있죠. 꼭 가보세요."

"꼭"이라는 단어가 머릿속에 맴돌았다. 그래! 오늘은 시내를 돌아다니기로 했으니 가보자. 박물관에 도착하니 이건 비뚤비뚤하다. 정상이 하나도 없다. 입구 조형물이 술을 한잔 마셨나. 비딱한 빨간 철제가 눈에 들어왔다. R자 반대의 'Я(야)'자가 크게 걸려있었다. 러시아어 Я는 '나는'이라는 뜻이고 그가 쓴 시 제목이다.

박물관에 들어가니 외투를 벗으란다. 러시아 사람은 겨울이 되면

밍크 옷과 모자를 쓴다. 난 겨우내 한 벌뿐인 스키복을 입고 다녔다. 솔직히 스키복 하나면 겨울나기에 충분했다. 옷의 모양새는 중요하지 않았다. 눈이 많이 오니 따뜻하기만 하면 됐다.

옷 보관소에서 점퍼를 받은 할머니께서 이리저리 보더니, 점퍼를 걸어 둘 수 있는 고리가 없다고 짜증을 팍 낸다. 러시아에서는 겨울에 공연장이나 박물관에 들어가면 외투를 벗는데 외투에 고리가 있어야 걸 수가 있다. 간혹 한국에서 만든 옷에는 고리가 없었다. 러시아와 문화가 다르니 불필요했다. 여러 번 당하는 것이어서 무뚝뚝한 표정으로 있으니 그냥 아무렇게나 걸었는지 번호표를 주었다.

마야콥스키(Mayakovsky, 1893~1930)는 혁명 시인이자 시나리오 작가, 배우였다. 전통을 거부하고 새로운 것을 추구했다. '대중의 취향에 뺨을 때려라.'라고 선언한 미래파이다. 첫 시집 『나는(Я)』을 출간했다. 예술 좌파 레프를 조직하고 대중을 선동하는 작품 활동을 했으며 강렬한 포스터를 만들었다.

시인은 볼쇼이 극장에서 「레닌」 시를 낭독하기도 했으며, 프랑스, 독일, 미국, 멕시코 등을 자유롭게 여행하고, 공산당 신문인 「콤소몰스카야 프라우다」 협찬으로 소련 전역을 돌아다니며 공연했다. 항상 노란색 재킷을 입었는데 옷 자체가 대중의 뺨을 때리는 것이었다.

대중의 뺨을 때리는 것 중 남녀관계도 있었다. 혁명 시기에는 결혼에 대한 전통적인 생각을 버리고 자유로운 신념에 따라 행동하는 이들이 있었다. 타간카역 근처에서 마야콥스키는 연인 릴리야 브릭과 그녀의 남편 브릭과 함께 세 명이 동거하기도 했다.

그는 죽기 2년 전, 프랑스에서 만난 여인과 사랑에 빠졌고 결혼을 약속했다. 하지만 소련 당국에서 그에게 출국 비자를 발급해 주지 않아 그녀는 다른 사람과 결혼했다. 좌절감을 느낀 그는 자신이 새장의 새처럼 갇혀 있다는 걸 깨닫고는 레프를 떠난 후 자살했다.

그날, 1930년 4월 14일 오전 8시, 시인의 또 다른 연인인 폴론스카야는 그가 사는 이곳 루뱐카역 4층 집으로 갔다. 10시 30분에 발표회가 있어 시인을 잠시 만나고 돌아올 예정이었다. 얘기를 나누고 돌아갈 시간이 되자 시인은 갑자기 문을 열쇠로 잠그고는 그녀를 못 가게 했다. 연인에게 호소했다. "이혼하고 나랑 함께 살자." 그는 37세, 그녀는 22세로 그들은 2년간 사귀었다. 연인이 안 된다며 울어버리자 할 수 없이 문을 열어주었다.

벌써 10시. 시인이 택시비가 있냐고 물었다. 없다고 하자 20루블을 주었다. 연인이 1층 현관으로 나오는 순간 '탕'하는 총소리가 울렸다. 뭔가 직감했을까. 연인이 계단으로 뛰어 올라가니 시인의 하얀 셔츠 위로 빨간 피가 흐르고 있었다. 그를 일으켜 세우자 고개가 뒤로 젖혀졌다. 시인은 권총으로 자살했다.

벌써 두 번째

벌써 두 번째, 당신은 잠자리에 들었나 봐요.

은하수 가득한 밤에.

나는 번개처럼 서두르지 않아요.

당신을 깨우거나 방해하지 않아요.

사람들은 말하죠. 모든 게 엉망이 되었다고.

일상 속에서 사랑의 배는 산산조각이 났죠.

나는 당신과 함께 고통과 서러움을 말하고 싶지는 않아요.

세상이 얼마나 조용한지 보세요.

밤은 빛나는 별들로 하늘을 덮었네요.

이 시간 깨어나, 셀 수 없이 긴 역사와 우주에 관해 얘기를 나눠요.

- 마야콥스키, 1928

    입장표를 보여주고 들어가니 4층부터 가라고 한다. 러시아 박물관은 대부분 위에서부터 아래로 내려오면서 관람하게 되어 있다. 이렇게 관람하면 편안한 마음에서 전시물을 볼 수 있고 피곤하지 않다.

    중앙계단을 따라 시인이 마지막으로 살았던 방에 들어섰다. 책상 위에는 램프와 전화기가 놓여있고 책상 앞에는 레닌의 사진이 붙어 있으며 소파 겸 침대가 하나 있다. 너무도 작은 방이다. 기껏해야 서너 평도 안 될 것 같다. 이런 좁은 공간에서 그 많은 창작 활동을 했다니 놀라울 뿐이다.

    방을 나와서 이제 전시관으로 들어섰다. 그 순간 모든 게 비정상이다. '비정상.' 반듯한 것이라고는 하나도 없다. 그가 남긴 5만 5천여 개의 창작품과 삶의 흔적을 재구성해 놓았다.

아방가르드가 이런 것인가! 순간 알 수 있다. 엄청나게 큰 의자도, 한쪽 다리가 없는 책상도, 공중에 달린 책상도 있다. 파란 천장에 빨간 사람이 걸어가기도 하고 파란색 통에 빨간 페인트가 들어 있고 큰 노란 깡통에 작은 노란 신발이 있고, 혁명을 상징하는 만평도, 총을 들고 가는 혁명군도 있다. 작가 고골의 얼굴에 알 수 없는 사람이 들어 있고 곳곳에 연극 포스터가 어지럽게 놓여있지만 뭔가 규칙이 있다. 자유의 여신상도 입체적으로 그려져 있고 US라는 푯말도 있다. 초현실적 둥근 공간에 그의 작품이 어지럽게 놓여있다. 모든 게 철학적 사유의 대상이다.

그가 해외여행을 갈 때 사용한 여권과 티켓, 시집과 습작 노트도 구겨 놓았다. 빨강, 파랑, 노랑 등 원색의 공간에 기하학적 도형으로 그의 유품을 설치해 두고, 전시장을 따라 쭉 내려오는데도 계단이 없고 방이 없다. 정상인 것이 없다. 오! 시조차도 이해 불가이다. 해독하기 어렵다. 필기체를 보니 뒤틀려 있고 꽈배기처럼 배배 꼬여있다. 문장도 문장인지 그림인지. 글자도 앞으로 갔다, 뒤로 갔다. 중간에 있기도 하고 숫자가 나오기도 하고 난해하다. 러시아어도 어려운데 이렇게 쓰면 누가 알까?

글을 보면 난해하지만, 포스터를 보면 명확하다. 색채가 강렬하고 함축적이다. 기하학 도형이 나오고 비대칭이며 그림이 입체적이다. 몽타주 기법을 동원하여 대중의 호응을 유도한다. 일반인의 시선을 꽉 잡아둔다. 그의 포스터들은 군중의 심리를 움직이는 마력을 지니고 있다. 마야콥스키처럼 광고하면 글자는 몰라도 눈에 확실히 들어올 것이다.

전시관 곳곳에 움직이는 키네틱 아트도 있다. 이건 타틀린(Tatlin, 1885~1953)이 중요시한 기법인데 대중에게 명확하게 전달하고 한 번 보면 잘 잊히지 않는다. 타틀린은 에펠탑보다 높은 4백여 미터의 「제3 인터내셔널 기념비」를 기하학적 도형, 비대칭성과 율동감을 살려서 세우려고 했지만 9미터 모델만 만들었다.

한 번이라도 마야콥스키 박물관에 와본 사람은 강한 인상에 매료되어 절대 잊을 수 없다. 그의 시선은 한 사람의 생각만으로 된 게 아닌 러시아의 아방가르드이다.

시와 문학은 마야콥스키와 흘레브니코프, 음악은 스크랴빈, 영화는 예이젠시테인, 연극은 메이에르홀트, 미술은 칸딘스키, 라리오노프와 말레비치, 건축은 타틀린 등이다. 그들은 창조적 시선으로 세상을 훔쳤다. 천재 작곡가 스트라빈스키 역시 「불새」(1910년)와 「봄의 제전」(1913년)을 발표할 시기 전위예술에 심취했다.

마야콥스키는 사회주의 주형틀이 자신을 점점 옥죄고 혁명의 꼭두각시인 걸 알게 되었을 때, 아방가르드 예술이 위협을 느꼈을 때, 사랑의 배가 침몰했을 때, 자신의 몸을 던졌다. 또는 타살되었다. 확실한 건 그가 죽은 후 러시아 아방가르드도 죽고 미래파 예술도 침체했다.

마야콥스키 박물관은 전 세계에서 가장 독창적이고 아방가르드적이다. 크렘린궁보다 더 인상에 남았다. 왜일까? 그것이 러시아의 미래파였다.

비블리오 글로부스
| 누구나 가보는 모스크바 최대의 서점

박물관 출구에 작은 서점이 있었다. 러시아의 서점은 박물관이나 연구소에 찰떡처럼 딱 붙어있다. 도서 가격은 뒷장 표지에 연필로 적혀 있고 바코드는 없다. 주로 헌책이 이런 박물관 한구석에 있었다. 당시 루블화가 폭락하여 제일 싼 게 책이었다. 한 보따리를 사더라도 기껏해야 3만 원이면 충분했다. 헌책은 그냥 밥알 줍듯 주웠다. 여러 권을 산 후 책 파는 할머니께 여쭈었다.

"근처에 비블리오 글로부스가 있다는데요?"

"응, 오른쪽으로 돌아가면 있단다."

인도가 좁다. 지난밤에 눈이 많이 와서 그런지 더 좁다. 눈을 치우지 않아 세 명이 지나가면 어깨가 닿을 정도이다. 고드름 폭탄만 맞지 않게 치워두었다. 겨울이면 수백 명이 고드름에 치명상을 입는 나라이니 정말 칼같이 제거했다. 얼마 못 가 서점을 찾았다.

비블리오 글로부스는 모스크바 최대 서점이다. 19세기 이 건물에는 약국, 빵집, 악기와 전등 가게 등이 있었다. 사람들은 책을 사고 싶으면 당연히 니콜스카야 거리로 갔다. 흥미 있는 거리 중 하나였으며 인기 서적, 과학 도서와 고문헌이 모여 있었다. 자유롭게 출판되고 거래되던 책 시장은 혁명 후 마침표를 찍었고 레닌의 신경제정책 시기 잠깐 시장이 열렸지만 이후 종말을 고했다. 니콜스카야 거리의 책 시장은 완전히 폐쇄됐다. 제국 시기 혁명가는 지하에 숨어서 금지 도서를 읽고 토론했는데 막상 혁명 후 그들은 제일 먼저 출판의 자유를 없앴다. 또한 도서를 국유화했다. 개인 서재의 책을 공공 도서관으로 강제로 '끌어' 모았다.

묵직한 나무 문을 열고 서점으로 들어가니 사람들이 붐볐다. 책을 마음대로 볼 수 있다는 것. 얼마 만에 느낀 기분인가. 서점에서 책을 마음대로 보는 건 당연한 게 아니냐고 묻겠지만, 1999년 당시 책을 사려면 직접 볼 수 없었다.

"저쪽 3단에 있는 책을 주세요."라고 말하면, 코너에 있는 점원이 건네주고 책을 보고 맘에 들어 사겠다고 말하면 점원은 종이에 도서명과 가격을 적어준다. 그 종이를 들고 계산대에 가서 돈을 지급하고 영수증을 받고 다시 와서 그 점원에게 주면 책을 주었다. 이 복잡함에 양손을 들게 된다. 판매자가 왕이다.

글을 읽지 못하면 책도 못산다. 무슨 책을 달라고 말할 수 없으니. 띄엄띄엄 이라도 읽어야 살 수 있었다. 곳곳이 줄이었다. 만일 계산원이 화장실이라도 가면 마냥 기다려야 했다. 자신의 줄 앞에서 계산원이 "휴식 15분"이라는 푯말을 딱 올리는 순간, 아뿔싸! 다른 줄로 가서 처음부터 줄을 서든지, 기다리든지. 속은 부글부글 끓어올랐지만 할 수 없었다. 소련 최대 서점인 돔 크니기가 이렇게 팔고 있었다.

비블리오 글로부스에서는 이 책 저 책을 자유롭게 보고 샀다. 한국에서 당연한 것이 러시아에서는 특별한 가치가 있었다. 아무리 사소한 것이라도 크게 느껴지는 것이 서비스 차이었다. 책의 속지는 좋지 않았고 인쇄술이 한참 못 미쳤다. 지금은 서점 안에 문학 카페, 독서클럽「비블리오샤」, 작가 초청 강연 등 다양한 이벤트와 도서 할인도 한다.

러시아에서 최초의 인쇄본 책은 16세기에 나왔다. 1564년 3월 14일 표도로프(Fyodorov, 1510~1583)는 러시아 최초로「사도행전」을 인쇄했다. 그는 폴란드에서 대학에 다니며 인쇄술을 배웠다. 그가 인쇄하기 전까지 러시아는 필사했고, 인쇄는 유럽보다 무려 한 세기가 늦었다. 유럽에서는 1445년 독일의 인쇄업자 구텐베르크가 활자를 만들고 1450년에『구텐베르크 성경』을 인쇄했다. 대중이 쉽게 책을 읽을 수 있게 되었고 루터의 종교개혁은 인쇄술로 대중들에게 쉽게 전달되었다. 이처럼 인쇄술은 르네상스의 토양이었다.

난 여행하면 특이한 버릇이 있다. 나만의 레퍼토리이다. 해당 국가의 언어로 된 노벨상 수상작을 기념으로 산다. 읽지도 못하는 책을 왜 사냐고 묻겠지만 책을 수집하는 재미도 쏠쏠하다. 우표와 화폐, 그리고 기념 마그넷도 모으면 여행 당시의 기억을 회상할 수 있기에 즐겁다. 솔제니친의『이반 데니소비치의 하루』와 도스토옙스키의『죄와 벌』을 구매하고 다음 행선지인 극장 광장으로 이동했다.

볼쇼이 극장

| 러시아 공연예술의 화려한 신전

　서점에서 나와 루뱐카역을 지나 극장 방향으로 이동했다. 악명 높았던 소련 KGB 건물을 지날 수밖에 없었다. 무슨 일이 일어날지도 몰라 죄지은 것도 없는데 걸음이 빨라졌다. 옛말에 도둑은 들어올 때는 천천히 걷고 나갈 때는 빨리 걷는다고 했는데 딱 그 꼴이다. 신변의 위협을 느끼면 모든 감각이 곤두서는 모양이다. 5백 미터가량 큰길을 따라 서쪽으로 내려오니 넓은 광장과 극장이 있다.

　러시아 국립 아카데미 대극장, 볼쇼이 극장이다. 러시아어로 '볼쇼이'라는 말은 '크다'라는 뜻이고 '말리'라는 말은 '작다'라는 뜻이다. 1776년 예카테리나 여제 시기 극장을 설립하였고 여러 번의 화재 후 이탈리아인 보베가 볼쇼이 극장과 말리 극장을 세웠다.

　혁명 후 볼셰비키들은 극장을 파괴하려고 했다. 심의 결과, 경제적으로 비효율적이라고 판단하여 회의 장소로 사용했다. 극장을 회의 장소로! 말도 안 되지만 그들은 그런 결정을 스스럼없이 했다. 모든 게 효율 아니면 비효율이다. 그들의 효율에는 예술이란 없었다.

　볼쇼이 극장 양옆으로는 말리 극장과 청소년 극장이 있고, 극장들로 둘러싸여 있는 곳을 극장 광장이라고 부른다. 광장의 중앙에는 분수대가 있는데 쟁반과 보드카 잔을 닮았다. 겨울에는 볼 수 없었지만 여름에 갔을 때 분수는 하나의 예술이었다. 물이 흘러넘치는 모습이 마치 배우가 연기하듯 매력적이다. 분수에서 흐르는 물이 잔잔한 호수에 돌을 던져 퍼져나가는 것처럼 울림을 준다.

광장에 서서 극장을 보니 아름답다. 아테네 신전처럼 8개의 원기둥이 있고 중앙에는 아폴로가 전차를 이끌고 하늘을 가로질러 날아가고 있다. 극장으로 다가가니 뭔가 이상했다. 내부 공사 중이었다.

언젠가 피곤한 하루, 그날도 한겨울이었다. 우연히 극장을 지나치는데 암표상이 표를 보여주며 졸졸 따라왔다. "백조의 호수! 백조의 호수! 절호의 기회야." 백조의 호수를 공연한다고? 얼마냐고 물었더니 티켓 금액보다 10배가 넘었다. 어이가 없어서 그냥 지나치고 조금 더 걸어가니 매표소가 보였다. 당시에는 지하철역 근처에 조그마한 매표소가 많았다.

"오늘, 볼쇼이 극장 티켓이 있나요?"

"네. 있어요. 백조의 호수예요. 오랜만에 공연해요."

볼쇼이 발레단은 주로 겨울에 무대에 오르고 여름에는 휴가를 보내거나 해외로 공연간다.

"얼마인데요?"

"1백 루블이에요."

암표상이 파는 것보다 싸다. 잠시 고민하다가 극장 구경이나 한번 해보자는 마음에 샀다. 한참 후에야 공식 매표소가 어디 있는지 알았다. 어느 날 러시아 친구와 함께 극장에 갔는데 극장 광장의 구석진 곳으로 갔다. 긴 줄을 선 후 표를 싸게 샀다. 그전까지 볼쇼이 극장표는 길거리에서만 사는 줄 알았다. 워낙 곳곳에서 많이 팔기에.

근처 카페에서 피로시키와 립톤 홍차로 간단하게 요기했다. 피로시키는 고기, 감자, 삶은 달걀, 파, 과일 등을 빵 안에 넣어 굽거나 튀겨 먹는 요리이다. 발칸, 동유럽, 중앙아시아 등의 길거리에서 먹을 수 있는 음식이다. 맥도날드에서 체리 피로시키를 팔기도 했다.

극장으로 들어가니 할머니들이 공연 프로그램을 팔고 있었다. 옷을 맡기는 기둥에 망원경 모양의 그림이 있고 20루블이라고 적혀 있다. 궁금해서 여쭈었다. "이 망원경은 뭔데요?" 뜬금없이 티켓을 보자고 했다. 보여드렸더니 무조건 망원경을 빌려 가라고 했다. 망원경을 들고 올라가면서 '아니 공연을 보는데, 왜 망원경이 필요하지?'라고 생각했다. 홀에 들어가는 순간 함성이 절로 나왔다. 빨간 홀이 엄청나게 컸으며 무대와의 거리는 상당했다. 6층은 약 5달러 정도였고 명당 좌석은 2백 달러가 넘었다. 평생 처음으로 발레를 구경하는 순간이었다. 그것도 볼쇼이 극장에서! 백조의 호수를!

안내 방송 후 공연이 시작되었다. 사람들은 대부분 정장을 입었고 꼬마 아이도 넥타이를 매고 있었다. 난 대충 입고 들어갔다. 후에 알았다. 정장을 입고 보는 건 열심히 공연하고 있는 배우에게 표하는 예의라는 걸. 이후 난 공연을 볼 때 최대한 깔끔하게 입고 간다.

망원경으로 이리저리 보았다. 동작은 잘 보이는데 무대가 주는 생동감을 받을 수 없었다. 결국 작게 보이더라도 망원경을 벗고 보았다.

　사람들은 점점 집중하는 데 나의 눈꺼풀은 점점 흘러내리고. 그렇다고 처음부터 잘 수는 없지 않은가. 잠을 이기려고 허벅지를 꼬집었다. 차이콥스키 음악이라고는 하지만 피아노 건반 하나 쳐 본 적 없는 내가 음악을 듣는 건 상당한 고역이었다. 클래식과는 담을 쌓고 살았으니, 사람들이 왜 이 지루한 것을 좋다고 거금을 들이면서 보는지 의문이었다.

　음악이 흘러나오고 발레가 계속되면서 신기하게도 어느 순간 피곤함이 사라지고 머리가 맑아졌다. 작품에 점점 몰입하면서 집중했다. 어떻게 발을 저렇게 높이 올릴 수 있을까, 자빠지지 않을까? 저렇게 많이 돌다니! 음악에 맞춰 배우의 몸짓이 춤을 춘다. 가냘프고 하얀 백조가 날아다니고 인간이 표현할 수 있는 최고의 손짓과 날개에 떨림을 주었다. 발은 솜이불에 사뿐사뿐 내려앉듯 하고 발가락은 물고기를 잡듯 바짝 세웠다. 까치가 총총거리듯 뛰어다닌다.

　이윽고 멋쟁이 왕자가 가볍게 백조를 들었다 놓았다 한다. 쟁반을 살짝 던져 올리듯 백조를 올린다. 갈대를 잡듯이 허리를 잡고 돌린다. 왕자가 한 번 돌기 시작하면 제자리에서 스무 바퀴가 기본이다. 다리를 쫙 펴고 무대를 날아다닌다. 인형극에서 공중에 실을 매달아 움직이는 인형 같다.

　공주가 이 세상에서 가장 슬픈 표정을 지으면, 왕자가 담대한 표정으로 여린 백조를 감싼다. 기쁨이 가득한 공주와 왕자가 두 손을 다정히 맞잡으며 가슴에 손을 하나씩 포개고 왕자가 뒤에서 포옹하는 장면으로 공주의 마법이 풀린다.

무대가 종료되자 연신 우렁찬 박수 소리가 났다. 무대 커튼이 열리자 배우들이 나왔다. 주연 배우도, 지휘자도, 감독도, 다 함께 손을 잡고 앞으로 갔다, 뒤로 갔다, 끝나는 줄 알았는데 또 나오고, 또 나오고, 또 나온다. 관객들은 곳곳에서 힘껏 외친다. 브라보, 브라보, 브라보….

이날 이후 클래식을 듣기 시작했다. 피곤하면 듣는다. 차이콥스키의 「피아노 협주곡 1번」과 스비리도프(Sviridov, 1915~1998)의 「트로이카」는 겨울에, 쇼스타코비치(Schostakowitsch, 1906~1975)와 스비리도프의 「왈츠」는 아침에.

내친김에 피아노도 배우기로 했다. 수소문하여 모스크바음악원 출신의 할머니 교사를 만났다. 학교에서 영재를 발굴하시는 분이었다. 이분이면 나의 음악적 잠재력을 깨우지 않을까. 기대가 컸다. 토요일이면 설레는 마음으로 모스크바 근교에 있는 할머니 집으로 갔다. 한 시간가량 걸리지만 짧게 느껴졌다.

열심히 배우고 흥미도 있었다. 하지만 악보는 점점 어려워지고 하숙집에 피아노가 없으니 별도로 연습할 수도 없었다. 일주일에 한 번씩 하는 건데 머리가 아둔하여 지난주 배운 게 기억이 나지 않았다. 난해했다. 타고난 재능이 없는 걸까? 마음속 의지는 충분한데. 수업료는 두 시간에 10달러 정도였다. 과외비용이라고 생각할 수도 없는 아주 저렴한 돈이었다. 지금 생각하면 그때 계속했어야 했다. 이제 악보만 보면 머리가 뱅글뱅글 돈다.

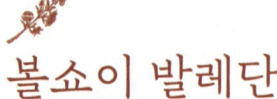
볼쇼이 발레단
| 전설의 발레리나와 발레리노의 요람

백조의 호수를 본 그해 겨울, 쇠뿔도 단김에 빼라고 발레를 여러 편 보았다. 러시아어 교수님께 발레 본 얘기를 했더니 말씀하셨다.
"발레를 보면 자신만의 레퍼토리를 간직할 수 있지."
"자신의 레퍼토리요? 교수님은 뭔데요?"
"가족이 매년 12월 31일이면 호두까기 인형을 본단다. 새해를 앞두고 가족이 함께 볼 수 있어 좋아."
러시아 국민이 12월 31일에 보는 발레는? 호두까기 인형이다. 왜 12월 24일이 아닐까? 러시아 산타는 12월 31일 밤에 온다.

호두까기 인형은 차이콥스키가 독일 동화 작가 호프만이 쓴 동화 『호두까기 인형과 생쥐 대왕』을 프티파의 대본으로 만든 발레곡이다. 첫 공연은 1892년 12월 6일 상트페테르부르크 마린스키 극장에서였다. 결과는 실패였다. 프티파와 차이콥스키의 노력, 마린스키 극장의 전폭적인 지원에도 불구하고 관중은 지루해했다. 이후 볼쇼이 극장에서 새롭게 각색하여 성공했는데 1966년부터 매년 12월 31

일 호두까기 인형을 공연하고 있다.

 언젠가 하얀 눈이 펑펑 내리는 12월 31일 볼쇼이 극장으로 갔다. 유일하게 한 벌 가져온 양복을 꺼내 입고 1층 구석에 앉았다.

 1막이 시작되자, 스탈바움 박사네 집에 크리스마스 전날 손님들이 모인다. 딸 마리, 아들 프리츠, 초대받은 아이들이 무대에 등장한다. 마지막으로 온 손님이 마법사 드로셀마이어이다. 마리에게 호두까기 인형을 준다. 동생 프리츠의 실수로 호두까기 인형이 부서졌다. 마리는 슬퍼하고 프리츠와 친구들은 마리를 놀린다. 밤이 깊어지자 손님들과 아이들은 각자 집으로 돌아간다. 달빛 가득한 밤이다.

 마법으로 순간 모든 게 살아났다. 쥐들이 한 마리씩 무대로 들어오고 생쥐 왕이 지휘한다. 이윽고 호두까기 인형이 병사들을 데리고 나와 쥐 떼와 싸운다. 생쥐부대가 우세하다. 마리가 생쥐 왕을 향해 신발을 던진다. 맞았다. 쥐 떼가 도망간다. 호두까기 인형은 왕자로 바뀌고 마리는 왕자와 함께 별이 수 놓은 밤에 행복해한다.

 20분간 휴식을 한 다음 2막이 시작되었다. 마리와 왕자는 배를 타고 과자 왕국으로 향한다. 별은 점점 가까워지고 도착할 때쯤 갑자기 쥐 왕과 생쥐들이 습격한다. 왕자가 쥐 왕과 대결하여 물리친다. 스페인, 아랍, 중국, 러시아 인형이 춤을 추고 꽃도 왈츠를 춘다. 마리와 왕자의 결혼식이다. 두 사람의 우아한 춤이 계속된다. 발레의 핵심인 파드되이다. 마법이 풀리자 꿈에서 깨어났다. 멋진 꿈이었다.

 사람들이 환호한다. 우렁찬 박수. 그래, 나도 아낌없는 박수를 보냈다. 그리고 큰 소리로 브라보를 외쳤다. 이날 이후 항상 공연을 마치면 브라보를 외친다. 배우들이 브라보를 들으면 얼마나 기쁘겠는가! 러시아 하면 발레! 발레 하면 볼쇼이! 연말엔 호두까기 인형!

볼쇼이 발레단 소속의 모스크바국립 발레아카데미는 1776년 볼쇼이 극장 설립과 함께한다. 설립 3년 전, 황제는 예술 교육이 필요하다는 취지에서 무용학교 설립을 지시했다. 1863년도 발레단의 수업을 보면 종교, 문학, 러시아어, 프랑스어, 수학, 지리, 역사, 자연사, 미술, 피아노, 바이올린, 발레, 사교댄스, 펜싱, 개인 창작 공연, 실습 등이었다. 왜 춤만 배우지 않고 여러 과목을 배울까? 바로 발레는 모방이 아니라 창조이기 때문이다. 같은 발레를 여러 번 보아도 모두가 다르다. 누가 안무가인지, 누가 지휘자인지, 누가 극장 감독인지에 따라 차이가 난다. 당연히 배우가 누구냐도 중요하다.

오늘날 발레단의 교육과정은 1863년의 교과 외에도 영어, 정보, 화학, 물리, 음악사, 연극사, 문화사, 리듬, 연기, 체조, 민속춤, 듀엣, 등이 있다. 아침 9시부터 하루 종일 수업하는데 거의 빈틈이 없다. 토요일도 오후 3시 30분까지 한다. 10세에 입학하여 18세까지 무려 8년간 전문적으로 배우며 등록금과 기숙사비 등 비용은 무료다. 발레학교는 학생 240명에 6개 학과가 있으며 순수 발레 교육자만 무려 1백여 명이 있다. 스승과 학생의 비율이 1:2.4명이다. 그것도 전설의 발레리나와 발레리노가 스승이다. 도제식 교육이다.

졸업을 앞두고 재능이 뛰어난 학생들은 볼쇼이 극장의 무대에 오르는데 실제 공연에서 매번 실습한다.

오스트롭스키

| 러시아의 셰익스피어, 『뇌우』와 『눈 아가씨』

볼쇼이 극장 옆에 있는 말리 극장으로 갔다. 작다는 뜻의 '말리'인데 작지 않다. 볼쇼이에 비해서 작을 뿐이지 화려하고 아름답다. 입구를 보니 동상이 있다. 동상의 인물은 긴 외투를 입고 심각한 표정으로 앉아 있다. 세상의 모든 고민을 품고 있는 도스토옙스키처럼. 러시아 특유의 털모자를 눌러 쓴 할머니가 극장을 지나가신다.

"안녕하세요. 저 동상은 누구예요?"

"오스트롭스키이지. 러시아의 셰익스피어."

셰익스피어라는 말에 호기심이 발동했다. 할머니의 옷소매를 잡고서라도 많은 걸 듣고 싶었지만 말을 잘 알아듣지 못할 때였다. 할머니는 내가 학생이라고 하자 손짓, 발짓하며 설명해 주신다. 손에 든 표를 보여주시며 말씀하셨다.

"꼭, 꼭 보아야 해. 이 작품."

러시아 할머니는 화를 잘 내기도 하지만 정(情)이 많아서 하나라도 더 가르쳐주려고 하는 분도 많았다.

시간이 지나 오스트롭스키(Ostrovsky, 1823~1886)를 알게 되었을 때 놀라움을 감출 수 없었다. 러시아인이 톨스토이와 도스토옙스키만큼 좋아하는 인물이었다. 오스트롭스키를 모르면 러시아 연극을 논할 수 없을 정도이다.

그의 작품은 영화로도 무려 48편이 나왔다. 언젠가 텔레비전에서 영화를 보았다. 「잔인한 로망스」였다. 소련 전설의 영화감독 랴자노프(Ryazanov, 1927~2015)의 영화였다. 자본주의에 흠뻑 젖은 볼가강의 도시에서 일어나는 잔인한 사랑 이야기다. 신흥 부자들의 '사랑 거래'와 결혼에 모든 걸 거는 몰락한 귀족 딸에 관한 이야기이다. 이 영화의 원작을 오스트롭스키가 썼다. 원제목은 『지참금 없는 여인』이다. 여주인공이 살해되기 직전 말했다. "나는 너를 용서할 수 없어. 사랑을 찾고 싶었는데 찾지 못했어. 너는 나를 장난감 취급했지. 나는 사랑을 찾지 못했어. 나는 황금 같은 사랑을 찾을 거야." 남자 배우가 말했다. "넌 당연히 내 것이어야 해." 여배우가 단호하게 말한다. "절대!" 방아쇠는 당겨지고 여자는 쓰러진다. 죽으며 마지막으로 말한다. "고·마·워." 집시들의 춤과 노래가 들린다.

오스트롭스키는 어려서부터 문학작품을 즐겨 읽었고 특히 푸시킨의 작품을 좋아했다. 그가 배운 언어만 무려 7개였다. 영어, 독어, 프랑스어, 스페인어, 이탈리아어, 그리스어, 라틴어였다. 작가를 꿈꿨지만 아버지의 강요로 모스크바국립대학 법학부에 입학했다. 그는 시간이 날 때마다 드라마 클럽에서 활동하고 공연을 보러 다녔다.

아버지의 권유에 따라 법원 서기로 약 8년간 일하면서 재판 서류를 꼼꼼하게 읽었다. 흥미로운 사건의 원고와 피고의 진술을 필사하고 묘사해 두었다. 이 시기 그는 사기꾼, 졸속 부자, 교활한 상속인, 바람둥이 남편 등등 다양한 인간을 보았다. 흔히 말해, 세상의 밑바닥을 본 것이다. 그의 작품 속 인물은 대부분 몰염치한 상인, 관리, 지주들과 위선자들이었다. 인간의 부패와 타락을 세밀하게 묘사했다.

1846년 첫 작품 『가족사진』을 시작으로 죽을 때까지 총 48편의 작품을 무대에 올렸다. 거의 매년 1편 넘게 작품을 썼다. 그는 자기 작품을 배우들 앞에서 낭독하고 리허설을 하면서 작품을 해석해 주기도 했다. 그는 지식인과의 네트워크도 활발했는데 1866년 예술클럽을 만들어 자기 집에서 작품을 낭독했다. 이곳에 러시아의 대문호, 투르게네프, 톨스토이, 도스토옙스키 등도 방문했다.

오스트롭스키의 작품 중에 최고는 『뇌우』다. 작가는 한때 볼가강을 따라 민중들의 삶을 살펴보고 이야기를 수집했다. 『뇌우』는 사랑과 애정으로 성장한 여주인공이 결혼 후 비극적으로 삶의 최후를 맞는다는 이야기이다. 시어머니로부터 구박받는 여주인공 카테리나는 남편의 무관심 속에 외도한다. 신을 두려워하는 진솔한 그녀는 남편과 시어머니에게 외도 사실을 고백하고 힘겨워한다. 가부장 문화의 억압 속에 살 수 없었던 카테리나가 볼가강에 투신한다. 사랑하는 연인과 헤어지고 자살하기 직전, 여주인공은 말한다.

"지금 어디로 가지, 집에? 아니, 집으로 가는 것과 무덤으로 가는 것은 마찬가지인데 어쩌지. 집으로? 무덤으로? 무덤이 더 좋겠어. 나무 아래에 무덤이 있지. 얼마나 좋아! 태양이 비추고 비가 적셔주고. 봄엔 풀이 자라고. 얼마나 부드러워! 새들이 나무 위로 날아가며 노래하고…. 사는 것을 생각하고 싶지 않아. 다시 산다고. 안 돼. 안 돼. 그럴 필요 없어. 좋지 않아. 사람들은 나를 미워할 거야. 집도 나를 미워하고. 벽도 미워하고…. 지금 죽어야 해.……"

카테리나는 두 손을 번쩍 들고 물속으로 뛰어들며 외친다.
"친구여, 나의 기쁨! 용서해!"

두 번째로 유명한 작품은 『눈 아가씨』다. 림스키-코르사코프(Rimsky-Korsakov, 1844~1908)가 오페라로 만든 이 작품은 러시아 전래동화를 각색한 것이다. 베렌디 왕국에 서리 할아버지와 봄의 여신 사이에 눈 아가씨가 태어났다. 화가 난 태양은 땅에 빛을 조금만 비추기 시작하자 여름은 짧고 겨울은 길고 혹독했다. 태양은 눈 아가씨의 마음에 파괴적인 사랑의 불을 붙일 기회를 엿보았다.

왕국에서 마을로 내려온 눈 아가씨는 목동 렐을 사랑하지만 렐은 눈 아가씨의 친구 쿠파바를 좋아한다. 쿠파바는 약혼남인 미스기르와 결혼을 앞두고 있었다. 옛날 풍습에 따르면 신랑은 신부 우인들에게 선물을 주고 신부를 사야 했다. 선물을 주기 위해 미스기르가 신부 우인인 눈 아가씨를 만났는데 아뿔싸! 그만 첫눈에 반해버렸다. 미스기르는 쿠파바와의 결혼을 거절했다.

이후 눈 아가씨는 어머니인 봄의 여신에게 요청하여 마법의 화환을 쓴다. 마법으로 사랑의 감정을 알게 된 눈 아가씨는 미스기르와 짧지만 열정적인 사랑을 한다. 하지만 햇살이 아침 안개를 가르고 눈 아가씨를 비추자 그녀는 녹아버린다. 이에 절망에 빠진 미스기르도 죽는다. 눈 아가씨의 죽음으로 태양은 화를 거두고 왕국은 다시 뜨거운 태양을 맞이한다. 사람들이 태양을 찬양하는 찬가를 부르면서 연극은 끝난다.

이 전래동화에서 보듯이 러시아에서는 결혼할 때, 신부 우인들이 방마다 숨어있고 신랑이 신부를 사야 하는 풍습이 있다. 또한 러시아에서 산타할아버지는 빨간 옷을 입지 않고 서리를 상징하는 푸른 옷을 입고 새해에 나타난다. 기독교를 받아들이기 전, 러시아 민족은 토속 신앙을 믿었다.

작곡가 림스키-코르사코프는 『눈 아가씨』를 읽고 신비로운 전통에 끌림을 받았다. "가슴속에 타오르는 불꽃을 간직한 채 작품을 썼어요." 그는 이 작품을 완성했을 때 비로소 음악가이자 오페라 작곡가가 되었다고 회고했다.

오스트롭스키의 무덤은 볼가강의 도시 코스트로마에 있다. 그의 기념비 건설을 위해 국민 모금 운동을 했고 1923년 탄생 100주년 기념으로 말리 극장 앞에 초석을 놓은 후 1929년에 기념비를 세웠다.

오늘날까지 말리 극장의 레퍼토리는 그의 작품, 『모든 현명한 사람의 넘치는 어리석음』,『진실은 좋지만 행복은 더 좋다』,『숲』,『미친 돈』,『가난은 죄가 아니다』,『지참금 없는 여인』 등이다. 매년 1월 중순, 오스트롭스키 페스티벌도 말리 극장에서 개최한다. 오스트롭스키의 활동으로 러시아의 연극은 국민연극이 되었다.

　오스트롭스키의 작품은 대부분 이해하기 쉽다. 사실 그대로의 모습으로 무대에 올라온다. 언어 실력이 부족할 때 영화부터 보고 연극을 보아도 좋다. 물론 연극 다음은 오페라이다. 그의 작품으로 만든 영화「잔인한 로망스」가 늘 나의 뇌리에 박혀있다. 여주인공이 부르는 노래는 상당히 우수에 젖어있고 슬프다. 이 곡의 제목은「마침내 말해 줄게(I'll drop a word at last)」인데 영화 상영 후 레코드판이 무려 2백만 장이 팔렸다.

　유학 시절 겨울이 오면 어김없이 이곳저곳을 기웃거렸는데 제일 저렴하게 볼 수 있는 것이 연극이었다. 보통 동네 극장도 잘 되어 있는데 5천 원이면 5만 원 가치의 공연을 볼 수 있었다.
　겨울은 러시아 예술의 황금 어시장이다. 연말엔 볼쇼이 극장에서 발레를 보면 환상적이다. 새해부터 말리 극장에서 오스트롭스키의 작품을 쭉 보고 차이콥스키 음악원 볼쇼이 홀로 이동하여 클래식을 들으면 답답한 겨울이 어느새 지나간다. 예술은 추워야 제맛이다. 오후 4시면 어둑어둑해지는 러시아의 겨울! 집에 있으면 뭘 하겠는가. 추운 겨울, 눈 덮인 밤거리를 걸으며 예술을 감상해 보기 바란다. 자연이 준 천혜의 환경으로 탄생한 러시아의 예술이다.

국가두마

| 국민의 대표인가 권력의 시녀인가

국가두마 | 러시아 하원

극장 광장을 지나 트베르 거리 방향으로 걸어가니 웅장한 대리석 건물이 있다. "러시아연방 국가두마", 러시아 하원이다. '두마'는 '생각'이라는 뜻이다. 경찰 두 명이 지키고 있기에 물었다. "두마 맞나요?" 시큰둥하게 대답한다. "그래. 그래."

언젠가 학생들과 국가두마에 들어갔다. 경찰들이 소지품과 여권을 하나하나 검사하고 들여보내 주었다. 긴 복도에 레드 카펫이 쫙 깔려있었다. 위층으로 올라가서 방청석에 앉아, 유리창 너머로 본회

의장을 보니 정면에 쌍두독수리가 걸려있고 텅 비어 있었다.

해설사가 하나씩 설명한다. "왼쪽에 공산당과 모든 러시아당, 가운데에 단합당, 오른쪽에 자유민주당이 있어요.……" 지루하고 지루한 설명을 듣고 특별 허락을 받아 본회의장으로 들어갔다. 졸던 학생도 갑자기 눈이 동그래졌다. 고삐 풀린 망나니처럼 뛴다. 서로 좋은 자리 차지하려고. 이 좌석, 저 좌석에 앉아보는 재미가 쏠쏠했다. 연설대에 서보는 학생, 의장석에 앉는 학생, 국무위원이 되어보는 학생 등등. 나도 앉았다. 이왕이면 다홍치마라고 의장석에. 이 거대한 나라의 국민 대표 중 대표, 왕중왕이 되어보는 것이다.

현대 러시아는 대통령제가 아닌 의회제 국가로 시작했다. 소련 붕괴 전 1990년 3월 러시아는 1,068명의 의원을 선출했다. 첫 회의에서 옐친은 대통령이 아닌 최고 회의 의장이었다. 이후 그는 대통령이 되었지만 개혁이 의회에서 제동이 걸리자, 의회를 해산했다. 의회 역시 대통령의 권한을 정지하고 옐친을 국가 전복자로 공포했다.

일촉즉발의 위기, 옐친은 비장의 무기를 꺼냈다. 탱크로 의회를 폭격했다. 당시 의회는 오늘날 정부 청사인데 대리석으로 지어진 의회에 연기가 자욱했다. 신기한 건, 얼마나 건물이 단단했으면 자국만 남고 무너지지 않았다. 의원들은 항복했다. 이후 옐친은 '슈퍼대통령제' 헌법을 채택하고 국민투표에 부쳤다. 1993년 신헌법에 관한 국민투표와 450명을 뽑는 의원 선거를 동시에 진행했다.

내가 처음으로 경험한 선거는 1999년 치러진 3대 두마 선거였다.

대학원에 입학하고 얼마 안 된, 12월 19일이었다. 연일 텔레비전 토론이 뜨거웠다. 푸틴의 여당인 단합당이 표를 얼마 받을지 궁금했다. 러시아에서는 우파가 자유 진보이고, 좌파가 공산당 보수이다. 공산당에 밀려 1위는 못 했지만 단합당의 성공이었다.

4대 선거(2003)는 단합당인 여당의 완승이었다. 이 선거부터 푸틴의 권력이 공고화되었다. 5대 선거(2007) 당시 러시아 친구에게 선거에서 일어날 수 있는 모든 걸 살펴봐달라고 부탁했다. 친구는 일일이 설명해 주었고, 나 역시 세밀히 보았지만 불법을 찾을 수 없었다. 만약 불법이 있었다면 우리의 눈에는 보이지 않는 영역이었다.

난 방송이나 신문 기사에 나오지 않는 의원들의 뒷이야기를 알고 싶었다. 우선, 1993년 초대부터 2007년 5대까지 전체 의원을 분석했다. 소련의 노멘클라투라(엘리트)였는지, 어떤 일을 하다가 의원이 되었는지, 재산, 스캔들, 학업, 직업으로서 신념 등등 의원들의 특성을 한 명 한 명 조사했다.

레닌도서관에서 연구하다가 눈이 침침해지면 지하 카페로 가서 샌드위치 부테르브로트와 홍차를 마시며 지식인들과 담소를 나누었다. 이 담소는 내가 그동안 연구한 인물이 어떤 사람인지 확인하는 절차였다. 담소가 늘 기다려졌다. 오후 서너 시면 어김없이 카페로 가서 오늘의 대화 상대를 선택했다. 남녀노소 불문하고 두세 명이 있더라도 그 테이블로 가서 앉아도 되냐고 물어본 다음 폭포수처럼 묻고 또 묻고. 그들이 뿜어내는 지식과 사회에 대한 불만을 귀에 쏙쏙 넣었다. 도서관은 글을 쓰고 책을 읽는 곳이 아닌 현재의 살아 숨 쉬는 얘기를 듣는 장소였다. 언어 실력도 늘어나고 내가 외국인이니 그들은 스스럼없이 얘기해 주었다. 감정하나 숨김없이 모든 걸. 시간이 지나니 지하만 내려가도 '프리벳(안녕)', '프리벳'이었다. 그들은 이렇게 생각했을 거다. '저 애는 뭔데, 공부는 안 하고 이야기만 나누나. 묻는 내용을 보면 스파이는 아닌데, 뭐지!'

5대 의원 450명을 조사한 내용에는 흥미로운 것도 많았다. 최고령자는 노벨 물리학상을 받은 알표로프(공산당), 최연소자는 슐레겔로 푸틴의 청년 친위대였던 '나시(우리)'의 대표였다.

모스크바 출신이 56명으로 가장 많고, 러시아 출신을 제외하고 우크라이나가 26명, 카자흐스탄이 14명이었다. 해외에서 출생한 의원은 1명, 여성의원은 13.8퍼센트였다. 소련 시기 여성 할당제가 있었는데 3분의 1이 여성의원이었다. 외국에서 공부한 사람은 겨우 2명이었다. 엘리트 전체를 살펴보아도 외국에서 대학을 졸업하거나 유학 후 귀국한 사람은 드물다. 국가개혁을 위해 러시아로 돌아온 '연어'는 없었다. 그만큼 정치 환경은 척박하다.

대학을 졸업한 의원은 전체 450명 중 431명, 박사학위 소지자는 209명이었다. 지방에서 대학을 졸업하고 모스크바에서 대학원이나 아카데미를 다닌 의원이 158명이었다. 158명에 주목했다. 깜짝 놀랐다. 기존의 의문들이 해소되었다. 그들 대부분이 모스크바에 있는 교육기관에 적을 걸어 두고 사업을 하다 정계와 연을 맺어 의원이 되었다. 공부보다 학위중이었고 돈으로 의원이 된 것이다. 직업으로서 신념과 사명감이 투철한 의원은 적었다. 지금도 여전히.

트베르 거리

| 제국의 수도를 잇는 중심축

내셔널 호텔

    국가두마를 돌아서 드디어 트베르 거리로 들어섰다. 모스크바의 중심거리이다. 트베르 공국으로 가는 도로여서 이름이 트베르이다. 황제가 대관식을 위해 상트페테르부르크에서 크렘린궁으로 올 때 이용한 거리이다. 러시아의 대표적인 두 도시를 잇는 중심축이다.

    예전에는 마차가 다닐 수 있게 나무판자 길이었고 후에는 돌길로 바뀠다. 1872년 최초로 전차가 다녔고 1876년 처음으로 아스팔트를 깔았으며, 1896년 최초로 전등을 설치하고 1935년 최초로 지하철이 개통되었다. 모든 게 러시아 최초였다.

 도시의 중심도로였지만 오늘날과 달리 폭은 좁았다. 길가의 건물은 대부분 2~3층이었고 성당이 많았으며 귀족들의 주택, 정원, 상점 등이 있었다. 1935년 건물을 일부 철거하고 길을 넓혔으며 구불구불한 거리를 곧게 폈다. 도로를 따라 고딕 양식의 건물을 새로 지었다.

 오늘날 국경일이면 이 거리는 차 없는 거리가 된다. 1721년 표트르 대제 시기부터이다. 그해 러시아는 스웨덴과의 전쟁을 종료하고 평화조약을 체결했으며 그 기념으로 축하 행진을 했다. 조약 체결 후 러시아는 제국이 되었으며 차르를 임페라토르라고 호칭했다. 이후 국경일이면 어김없이 누구나 이 거리를 걸을 수 있었다.

 모스크바의 정중앙 크렘린궁을 기준으로 도로 방향으로 건물의 번호가 시작하며, 왼쪽 건물은 홀수 번호, 오른쪽은 짝수 번호이다. 나는 트베르 2번 건물인 국가두마에서 명품이 전시된 4번 건물을 따라 트베르 거리를 걸었다. 쇼윈도에 명품과 보석이 가득 있었다. 이 거리의 임대료가 가장 비싸다.

 반대편 트베르 거리의 1번지는 5성급 내셔널 호텔로 건물이 화려하며 고풍스럽다. 언젠가 도시를 구경하다가 잠시 이곳에 들어갔다. 제복 입은 도어맨이 정중히 인사하고 문을 열어주었다. 호텔 로비의 소파에 앉아서 휴식을 취하고 본래 목적을 위해 두리번거렸다.

 러시아는 지하철역에 화장실이 없고 전반적으로 화장실 상황이 좋지 않기에 난 어김없이 호텔에 들어갔다. 당당히 어깨를 쫙 펴고 소파에서 잠시 쉰 후 화장실로 갔다. 프런트로 가서 화장실이 어디

있냐고 묻지 않아도 늘 1층 어딘가에 있었다. 맥도날드 역시 화장실 때문에 많이 들락거린 곳이다. 이곳 내셔널 호텔 1층에 유명한 그랜드 카페 「닥터 지바고」가 있다. 창문 너머로 크렘린궁과 붉은 광장이 보여서 가장 핫한 카페 중 하나이다.

내셔널 호텔 옆에 있는 트베르 3번지는 5성급 리츠 칼튼 호텔인데 오바마 대통령이 이곳 스카이라운지에서 붉은 광장과 크렘린궁을 보면서 가족과 함께 식사한 적이 있었다. 이 사실이 알려지면서 유명해졌다. 오바마가 앉았던 그 스카이라운지에서 비싼 커피를 한 잔 마셔도 좋다. 황혼 녘에 가면 경치가 일품이다.

카페거리

트베르 4번 건물을 따라 3백 미터쯤 걸어가서 우측으로 돌았다. 유명한 카페거리의 시작이다. 이곳에 처음 갔을 땐, 몇 개의 카페만 있었는데 점차 늘어나더니 어느새 카페거리가 되었다. 지금은 온통 일류미네이션이 설치된 거리이다. 밤에 이곳을 거닐면 여행을 만끽할 수 있다.

거리에는 「체호프」라는 레스토랑이, 그 맞은편에는 「아카데미아」라는 레스토랑이 있다. 고급 식당처럼 보여 차도 한잔 먹을 수 없을 것 같다. 카페거리를 따라가니 「전설의 카페」가 있었다. 이름을 보니 뭔가 있을 것 같아서 들어갔다. 내부는 2층으로 되어 있는데 소련의 포스터와 신문이 벽에 붙어 있고 소련제 텔레비전도 있었다. 메뉴를 보니 여러 종류의 만두가 있는데 러시아의 모든 만두 레시피가

다 동원된 것 같았다. 보르시 수프, 만두, 음료 크바스, 파와 삶은 달걀이 든 피로시키 빵을 먹었다. 가격이 저렴하고 맛있었다.

특히 보르시 수프는 러시아의 대표적 음식으로 우리나라 김치찌개처럼 사시사철 먹는 요리이다. 육수에 빨간 비트, 감자, 양배추, 당근 등을 넣어 끓인 후 하얀 스메타나를 한 스푼 올려서 먹는데 맛있다. 참, 마늘도 한 조각 넣는다. 러시아인은 마늘에 익숙하다.

카페거리의 이곳저곳을 구경하고 모스크바예술극장을 들어가니 할머니 한 분이 계셨다.

"지금은 공연할 시간이 아닌데."

"오늘은 무슨 공연인데요?"

"「세 자매」 체호프의 작품이지."

"작품 이름만 들어보았어요. 누가 이 극장을 세웠는데요?"

"스타니슬랍스키와 단첸코."

"모르겠는데요."

"스타니슬랍스키를 모르면 러시아 연극, 아니 세계 연극을 모른다고 할 수 있지."

당시 나는 연극을 거의 본 적이 없었다. 그만큼 예술과 등지고 살았다. 하지만 스타니슬랍스키(Stanislavsky, 1863~1938)를 알게 되었을 때 늘 생각했다. 서구보다 과학적 합리성이 늦은 러시아에서 어떻게 저런 생각을 할 수 있었을까? 그는 연극무대에 과학적이고 합리적인 시스템을 도입한 배우이자 연출가였다.

스타니슬랍스키

| 배우로, 연출로 신(神)과 대화하다

    스타니슬랍스키의 『배우 수업』은 지난 1백여 년간 전 세계 연극에 영향을 미쳤고 지금도 배우들은 그의 방법론에 의지한다. 그의 이론은 국제사회를 체제이론으로 설명한 카플란의 『체제이론』과 비슷하다. 카플란이 국제사회를 체계적으로 접근하고 분석했다면, 그는 연극무대를 체계적이고 과학적 분석의 틀로써 설명한다. 카플란이 국제체제에서 행위자(국가)들의 구조적 특성과 수치 변화로 국제질서를 설명했다면, 그는 연극무대에서 배우라는 행위자에 주목했다.

    스타니슬랍스키는 왜 배우에게 집중했을까? 그는 배우의 역량을 타고난 재능으로 보지 않았다. 배우 스스로 체계적 접근을 통해 무대에서 역량을 발휘하면 관객에게 감동을 줄 수 있다고 보았다.

    그럼, 배우는 어떻게 해야 하나? 먼저 깊은 사색이 요구된다. 단순히 임무를 수행하는 것이 아니다. 대본을 받는 순간부터 극을 마치는 그날까지 매 순간 자신의 역에 흠뻑 젖어 있어야 한다.

    스타니슬랍스키는 심장마비가 올 때까지 무대에 오른 배우였다. 항상 연극을 마치면 관객이 떠난 그곳, 바로 관객이 앉았던 그 의자에 홀로 앉아서 무대를 보면서 오늘의 연극을 복기했다. 그가 앉았던 그 의자에는 지금도 이름이 적혀 있다. "스타니슬랍스키" 그는 무대를 상상하면서 배우의 한 동작 한 동작을 관객의 관점에서 조감했다. 오로지 사색의 시간이자 예술에 대한 열정의 시간이었다.

또 하나는 관찰이다. 사람의 행위를 세밀하게 관찰할 수 있는 능력이다. 즉 바텐더가 되어 칵테일을 만드는 역을 맡게 되면 바에 직접 가서 그들의 행위를 스케치하고, 머릿속에서 또는 책에서 나오는 행위가 아닌, 사실에 입각한 실현 가능한 행위를 관찰하라는 것이다.

셋째는 연습이다. 연습을 통해 단순히 배우의 역을 수행하는 것이 아니라 자기 행동을 통제하라는 뜻이다. 무대에서 연습을 많이 하더라도 관객이 있는 무대에서는 몸이 굳어지고 과장된 행동을 한다. 그러면, 자연스럽지 않다. 불필요한 행위나 말을 줄여서 최적의 상태가 될 때까지 연습하라는 것이다. 끊임없는 의식적 행위로 배우 스스로 작품에 몰입하게 되면 배우는 궁극적으로 자신의 잠재적인 역량을 끌어올리게 된다.

넷째는 파트너와의 호흡이다. 배우의 모든 행동은 무대와 관객이 아니라 무대라는 공간 속에서 다른 배우와의 호흡을 맞추는 것이다. 그는 이를 위해 대본 독회를 할 때 조그마한 원탁 테이블을 놓고 A 배우와 B 배우가 서로 호흡을 맞추도록 훈련을 하나하나 시켰다. A 배우의 동작은 B 배우에게 영향을 주기 때문에, 공간 속에서 서로 호흡이 맞지 않으면 궁극적으로 관객에게 감동을 줄 수 없다. 그와 동시에 주연 배우가 연기할 때, 무대 끝이나 보이지 않는 곳에 있는 배우까지도 자연스럽게 행동하도록 훈련시켰다.

이렇게 연습을 한 후 무대에 올라가면 배우 각자의 역할이 무대에서 빛을 보게 되면서 관객에게 감동을 주게 된다. 전체가 하나의 시스템으로 움직이는 연극이 탄생하는 것이다.

스타니슬랍스키의 과학적 접근은 연극이라는 예술과 접목하게 되면서 한층 빛났다. 그에게 연극은 삶의 전부였고 무대에 올라갈 수 없을 때까지 연기했다. 사후 노보데비치 묘지에 묻혔다.

스타니슬랍스키의 교본에 따른 연극이 탄생하려면 연출가는 배우를 해보지 않고서는 제대로 이끌기 힘들다. 연출가의 역할은 배우에게 지시하는 게 아니라, 배우의 잠재적 역량을 끌어 올려주고 최적의 상태에 놓이게 하는 것이기 때문이다. 그는 이렇게 말했다.

"연출가는 삶의 모든 걸 꿰뚫고 있어야 하며 연극 이외에도 다양한 지식을 축적해야 합니다."

1897년 「슬라뱐스카야 바자르」 레스토랑에서 역사적 만남이 이루어졌다. 중년의 두 남성은 오후 2시에 만나서 다음 날 오전 8시까지 무려 18시간가량 밤새워 논의했다. 타성에 빠져있는 연극을 개혁하기 위해서였다. 둘은 의기투합하여 극단을 세웠는데 바로 모스크바 예술극장이었다. 한 명은 스타니슬랍스키, 다른 한 명은 극작가 단첸코였다. 그들은 극장의 무대 윤리와 레퍼토리까지 기획했다.

"극장은 사회를 발전시키는 곳이며, 배우는 고귀한 목적을 수행하는 사제이자 존경받아야 할 교육된 시민이다."

트베르 광장

| 자유가 없는 자유의 여신상, 그리고 혁명을 외치다

돌고루키 동상

카페거리에서 다시 트베르 거리로 왔다. 트베르 6번 건물을 따라 걸어가면 아치형 문이 있는데 너무 허름해 보였다. 그냥 지나쳤다. 당시 그 문으로 들어갔다면 보물을 발견할 수 있었을 것이다. 그곳엔 아르누보 양식의 사빈스코예 건물이 있는데 국가 문화유산에 등재되어 있다. 1930년대 트베르 거리를 확장하면서 거리의 짝수 번호 건물이 철거되었지만, 그때 유일하게 살아남은 건물이다.

1939년 11월 4일 밤, 기술자 헨델이 특수공법으로 밤새 2만 4천

톤의 집을 뒤쪽으로 옮겨놓았다. 정말 황당한 건 이 건물에 사는 사람들은 밤새 잠을 자고 있었다는 것이다. 지금도 궁금하다. 사람이 건물 안에 있는 상태에서 하룻저녁에 그 거대한 건물을 옮길 수 있을까. 이를 영화 소재로 사용했다. 정말 사람이 있고, 전화, 전기, 수돗물 등 모든 게 정상인 상황에서 건물을 이동시켰다.

앞으로 계속 걸어가니 트베르 광장이 나왔다. 말을 탄 동상이 있어 행인에게 누구냐고 물어보니 "모스크바를 세운 돌가루키(Dolgoruky, 1090~1157)"라고 말했다. '돌가루'라니! 이름이 특이했다. 러시아어 '오(o)'는 강세가 없으면 '아'로 발음한다. '돌고루키'는 러시아어로 '팔이 길다.'라는 뜻이다. 그는 수즈달·블라디미르 공국을 다스렸으며 모스크바뿐 아니라 북동쪽의 여러 도시를 세웠다.

스탈린은 모스크바 8백 주년을 맞이하여 1947년 9월 7일 동상 준공식을 거행했는데 완공된 것은 1954년이었다. 왜 늦어졌을까? 스탈린의 지시가 있었다. "왜 암말이지? 모스크바의 창시자는 용감한 수말을 타고 있어야 하지 않나!"

원래 이 광장에는 레닌의 명령으로 소련 헌법을 기념하는 26미터의 오벨리스크와 자유의 여신상이 세워져 있었다. 조각가는 승리의 여신 니케로부터 영감을 얻었다. 소련 시기 자유의 여신상이라니 흥미롭다. 당시 이러한 유머가 있었다. "왜 자유의 여신상을 모스크바 소비에트(현재 모스크바 시청) 반대편에 세웠을까?" 답은 "모스크바 소비에트는 자유를 반대하니까."

이후 자유의 여신상 수리가 잦다 보니 철거하고 돌고루키 동상을 세우기로 한 것이다. 어느 날 흐루쇼프가 트베르 거리를 지나다가 차를 세웠다. 동상을 자세히 보니 수말의 성기가 너무 크게 제작되었다. "저것 없애!"라고 명령했고 말의 성기가 사라졌다. 오늘날까지 성기 없는 수 말이다. 아무리 찾아보아도 알만 두 개이다.

동상의 맞은편에는 트베르 13번지의 모스크바 시청이 있다. 레닌은 이 건물의 2층 난간에서 광장에 모인 군중을 보고 여러 번 연설했다. 그의 카랑카랑한 목소리가 지금도 들리는 것 같다. 혁명가의 목소리는 강철을 자르는 쇳소리다. 말에 군더더기가 없고 명확하다. 누구나 쉽게 이해할 수 있는 언어를 사용한다. 레닌은 언제나 연설하면 온몸에 힘을 실어 오른쪽을 보다가 갑자기 왼쪽을 본다. 중앙만 보고 연설하지 않는다. 모자를 움켜쥐고 손을 높이 들기도 한다. 히틀러의 목소리 역시 카랑카랑하다. 레닌보다 좀 더 두텁다. 그 역시 온몸에 힘을 실어 두 주먹을 불끈 쥐고 강한 어조로 말한다. 둘 다 매우 역동적이다.

언젠가 모스크바대학 정치심리학 수업을 들으면서 지도자의 목소리를 분석해 본 적이 있었는데 혁명가와 일반인의 목소리는 분명히 달랐다. 담금질을 막 끝낸 쇳소리이다. 정치인이 인기를 올리려면 짧은 문장을 사용하고 말이 명확해야 한다. 중학교 1~2학년 수준의 단어로 말하고 목소리는 카랑카랑해야 한다. 왜 그럴까? 뭐든 다 바꿀 수 있다는 환상을 심어주기 때문이다.

솔제니친 집 박물관

| 노벨 문학상 수상자, 소련을 무너뜨리다

트베르 거리를 따라 계속 걸어가니 12번 건물에 솔제니친(Solzhenitsyn, 1918~2008)의 아파트가 있었다. 지금은 솔제니친 집 박물관이다. 1970년대 소련 지식인의 집이니 구경하지 않을 수 없다. 대부분 여행 안내서에는 빠져있고 모스크바 사람도 잘 모른다.

박물관에는 노벨상과 노벨상 시상식 옷, 노벨상을 알리는 국제전보, 『이반 데니소비치의 하루』 초판본, 그리고 그가 사용했던 책상, 안경, 연필, 작품 등이 전시되어 있다. 그의 작품이 출간될 수 있도록 비밀리에 도운 사람들의 사진도 있다. 특히 부엌에 가면 그의 친구들 사진이 있는데 노벨상을 받은 사하로프, 파스테르나크, 문학가 추콥스키 등등이다. 이 부엌에서 친구들과 차를 마시면서 이야기를 나누었다. 부엌은 작지만 작가의 향이 물씬 풍긴다.

솔제니친이 친구에게 보낸 편지에 "스탈린은 레닌의 사상을 왜곡하고 있다."라고 비판했다. 1944년 솔제니친과 친구는 전후 정치테러와 정권에 저항할 것을 촉구하는 「결의안 1번」을 작성했다. 이것이 검열되어 KGB에서 심문받은 후, 수용소 생활을 8년간 했다.

1962년 흐루쇼프가 스탈린을 격하할 시기, 솔제니친은 자신의 수용소 생활을 담은 소설 『이반 데니소비치의 하루』를 썼다. 「노비 미르(새 시대)」 잡지에 게재되면서 인기가 폭발했다. 국민은 막상 스탈린 시기 수용소에 대해 잘 몰랐고 서구에서도 당연히 몰랐으니 이 책을 통해 진실을 알게 된 것이다.

이후 그는 집필활동을 계속하면서 『암 병동』 등을 해외에서 출간했다. 1970년 노벨상을 받고 수용소의 잔혹한 모습을 그린 『수용소 군도』가 해외에서 출간되자 정부는 더 이상 참지 못했다. 1974년 2월 12일, 그를 국가 반역 혐의로 체포하고 독일로 추방했다. 작가는 고국을 떠나고 싶지 않았고 노벨상도 받으러 가고 싶지 않았다. 상을 받으러 가면 고국으로 돌아올 수 없다고 생각했기 때문이다.

추방된 후 1994년 러시아로 돌아올 때까지 그는 미국의 버몬트에서 살았는데 동네 사람들은 솔제니친이 그곳에 살고 있는지조차 몰랐다. 그는 오두막집에서 나오지도 않고 사색하며 글만 썼다. 그는 공산주의를 비판했으며, 사회주의는 인간을 파괴하고 인류를 죽음으로 몰았다고 평가했다. 1978년 하버드대학 졸업 연설에서 그는 자본주의 물질문명도 강하게 비판했다. 서구의 자본주의 시스템이 공산주의의 대안이 될 수 없다고 역설했다.

1990년 솔제니친은 러시아로 돌아왔지만 모스크바로 바로 오지 않고 여행을 선택했다. 극동의 주민을 만나고 시베리아 횡단 열차를 탄 후 간이역에 내려 곳곳을 살펴보았다. 그가 탄 기차가 모스크바에 도착할 때는 그를 만나기 위해 군중이 가득 모였다.

1994년 10월 28일 오후 4시 6분부터 57분까지 그는 역사에 남을 연설을 했다. 장소는 국가두마였다.

"현재 러시아에서 자살이 증가하는데 대부분 생계를 꾸리는 중년의 남성입니다. 사망률이 출생률을 초과했고 러시아는 죽기 시작했습니다. 민영화는 추악한 사례이며 누군가는 공짜로 국가자산을 훔쳤고 국가는 한 푼도 받지 못했습니다. 러시아 관료들은 상업 활동을 합니다. 서구에서는 생각할 수 없는 일입니다. 현재 러시아는 민주주의가 아니라 과두제, 즉 소수가 권력을 쥐고 있습니다."

솔제니친은 현 상황을 비판하면서 제국 시기에 있었던 지방자치제를 긍정적으로 평가했다.

"러시아를 구한 것은 '지방자치제(젬스트보)'입니다. 알렉산드르 2세의 행정개혁으로 1864년 제국은 지방의회를 설립했습니다. 지주, 도시민, 농민공동체 대표로 구성된 세 계층이 임기 3년의 의원을 각각 선출했습니다. 그들은 도로, 교량, 우편, 화재 예방, 토지개간, 식량 공급, 취약계층 지원, 학교, 도서관 운영 등 주민 생활에 필요한 일을 했습니다. 볼셰비키들이 '젬스트보'를 짓밟았습니다."

그는 1917년 러시아 자유주의자들을 언급하며 운이 없었다고 말했다. 또한 그는 현재와 비교하며 뇌물에 빠진 관료를 비판했다. "혁명 전 임시정부의 장관 중 어느 누구도 뇌물을 받지 않았으며 그들은 도둑이 아니었습니다." 그는 권력에 대해서도 말했다.

"권력은 정당의 경쟁에서 얻는 전리품이 아닙니다. 개인의 야망을 위한 보상도 양식도 아닙니다. 권력은 무거운 짐이며 책임이며 의무이자 노동입니다. 권력자들의 의식이 이렇게 되지 않으면 러시아는 스스로 번영할 수 없습니다. 민주주의를 위해! 민주주의의 길로! 우리는 진중하게 민주주의를 향해 움직여야 합니다."

그의 메시지는 무엇이었을까? 민주주의와 자유였다. 그는 러시아로 귀국했어도 다차(별장)에서 사색하며 글을 썼다. 미국에서처럼 동네 주민들은 솔제니친이 자기 동네에 살고 있는지도 몰랐다. 비록 그는 전 생애를 수용소에 갇혀 있거나 스스로 갇힌 삶을 살았지만, 정신과 영혼만큼은 이 세상 누구보다 자유로웠다.

2008년 8월 3일, 그는 90세의 나이로 죽었다. 모스크바 돈스코이 수도원에 묻혔는데 내가 그의 무덤에 갔을 때는 묻힌 지 얼마 되지 않아 비석은 없었고 나무푯말만 있었다. 솔제니친이 마지막으로 제시한 '러시아의 길'은 러시아 애국주의였다. 국수적 애국주의가 아닌 인류 보편적인 러시아였다. 개방성, 타민족과의 동화성, 온순함, 겸손함, 자기희생, 인내심 등이었다. 그는 여러 번 강조했다.

"러시아, 벨라루스, 우크라이나와 카자흐스탄이 단일국가연합이 되어야 합니다."

그는 인생의 황혼기에 푸틴에게 비밀리에 편지를 자주 보냈는데 애국주의 내용이었다. 작가는 러시아 민족 고유의 가치관과 정신적 휴머니즘이 공산주의와 서구 자본주의에 대한 대안이라고 생각했다.

그는 작가적 재능보다 더 귀한 것을 가지고 있었다. 누구도 가질 수 없는 용기와 양심이었다. 가슴속 깊은 곳에서 우러나오는 양심이 글보다 더 강력한 무기였다.

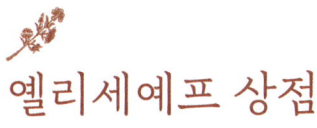
엘리세예프 상점
| 1901년, 러시아제국의 배달서비스

트베르 14번 건물엔 특이한 상점이 있다. 모스크바 여행을 하면 한 번쯤 들어가 보는 곳이다. 소련 붕괴 시점에는 이곳에 물건이 없었다. 오죽했으면 텔레비전 앵커가 방문하여 진열장에 물건이 텅텅 비어 있는 것을 보여주었을까.

상점 이름은 엘리세예프이다. 주인의 할아버지는 모스크바 셰레메티예보 백작의 농노였다. 한겨울 어느 날 백작이 참여한 귀족 회의에 그가 온실에서 갓 키운 딸기를 내놓았다. 사람들이 깜짝 놀랐다. 백작은 그를 불러 물었다.

"어떻게 겨울에 딸기를 생산했지? 너의 소원을 들어주겠다."

"네, 백작님 저에게 자유를 주십시오."

엘리세예프(Eliseev, 1776~1825)는 자유의 몸이 되어 수도 상트페테르부르크로 간다. 그곳에서 제일 먼저 한 것이 무엇일까? 러시아에 없던 수입 과일인 오렌지에 주목했다. 처음엔 한 봉지를 사서 쟁반에 한 개씩 놓아 낱개로 팔았다. 자식들도 동참했고 점점 과일 사업이 커졌다.

그의 아들은 배를 3척 구매하고 수입 도매상을 했는데 프랑스에서 특정 지역의 포도주를 전량 수입하여, 팔지 않고 시기를 기다렸다가 런던과 뉴욕으로 되팔았다. 또한 식용 오일 역시 재가공하여 최상품으로 만들고 맥주 공장과 청량음료를 생산하던 뉴 바이에른 공장을 인수하여 상품의 품질을 높였다. 국민이 신뢰하는 자신만의 브랜드「옐리세예프 형제」를 만들고 거상이 되었다.

그의 손자는 프랑스로 가서 와인 기술을 체계적으로 배웠다. 1893년 귀국 후 가족회사「옐리세예프 형제」를 물려받고 사업을 확장했다. 이후 제국의 주요 도시인 상트페테르부르크, 모스크바, 키예프에 제과점, 와인, 담배, 차, 정어리, 커피 상점 등을 운영하고 초콜릿, 보드카, 제과, 소시지 공장을 설립했다. 변호사, 회계사, 수의사 등 전문가들을 갖춘 식료품 그룹을 세웠다. 그는 혁명 전까지 상트페테르부르크 시의원이었으며「상업지식보급협회」를 창설하여 회장을 역임하기도 했다.

볼셰비키 혁명 전 러시아 자본주의는 꽃을 피우기 시작했다. 유럽보다 산업화가 늦은 러시아에서는 옐리세예프처럼 유럽의 자본주의를 배운 러시아 거상들이 대외무역을 활발히 진행하여 기업의 경쟁력을 높이고 있었다. 가문을 이은 상인과 기술 장인이 탄생했다.

1901년 옐리세예프 상점 개업식에는 모스크바 총독이었던 세르게이 대공도 참석했다. 상점이 잘 운영되도록 염원을 담아 기도를 드린 후 축가와 총독의 축사가 있었다. 고품격 상점을 구경하기 위해 사람들이 온종일 붐볐다. 상점 안에는 자체 가공시설이 있었고 제빵실, 오일 압축실, 커피 로스팅 기계, 와인 저장고도 있었다.

당시 러시아제국의 법에는 성당과 수도원 주변으로 130사젠(약 277미터) 내에서는 술을 팔 수 없었다. 트베르 주변에는 수도원이 여러 개 있었기에 와인 진열장만 별도로 분리하여 뒤로 뺐다.

부자와 외국인이 물건을 사러 마차를 타고 왔다. 물론 주소를 남기면 배달원이 집까지 배달해 주었다. 러시아제국 시기 이미 택배 서비스가 있었다. 종업원은 외국어를 구사했고 상점은 고객들의 취향을 조사하여 마케팅에 활용했다. 매일 4~5백 명의 고객이 왔지만, 가난한 자는 물건을 살 수 없어 거의 오지 않았다. 물건들을 피라미드식으로 진열했고 과일에 흠이 하나만 있어도 팔지 않았다. 철저하게 품질을 관리한 고급 상점이었다.

하지만 혁명으로 모든 걸 순간 잃었다. 상점은 폐쇄되고 옐리세예프는 자산을 빼앗긴 채 프랑스로 망명하여 그곳에서 죽었다.

1920년대 초 상점은 「미식(Gastronome) 1번가」로 이름을 바꾸어 국영상점으로 재개장했다. 소련 시기에도 고급 상점 중 하나였다. 대부분 상점은 저녁 8시가 되면 의무적으로 문을 닫아야만 했지만, 이 상점만 유일하게 저녁 10시까지 운영했다.

소련 시기 물건을 어떻게 샀을까? 우선, 판매대에 가서 식료품을 확인하고 판매원이 저울에 달아서 가격을 종이에 적어주면, 그것을 들고 계산대에 가서 계산하고 다시 판매원에게 영수증을 보여주면 그 물건을 받을 수 있었다. 만일 사과를 한 개 사기 위해 줄을 서서 겨우 샀는데, 배도 사야겠다는 생각이 들면 처음부터 이 과정을 반복했다. 복잡한 시스템이었다. 내가 유학하던 시기에도 이렇게 팔고 있는 상점이 있었다. 러시아제국 시기 고객의 취향에 맞추어 물건을 팔고 최고의 진열을 위해 꼼꼼히 품질을 체크하고 서비스하던 것과는 엄청난 차이였다.

상점으로 들어갔다. 천장이 높고 내부는 아르누보 양식으로 화려하다. 대리석 기둥이 나뭇잎 모양으로 장식되어 있고 샹들리에는 하얀 목화송이처럼 주렁주렁 달렸다. 이런 아름다운 건물에서 식료품을 팔고 있다니 의아했다. 고급 레스토랑이 있어야 할 것 같다.
가격을 보니 거리의 키오스크보다 비싸다. 고급 와인, 나폴레옹이 좋아한 치즈, 특산품 캐비아도 있다. 샐러드, 고급 쿠키, 초콜릿 등 없는 것이 없다. 상점의 최고 상품은 특별조리법으로 만든 '절인 오이'였다. 상점 내 긴 줄이 있었다. 오이 줄이었다. 줄을 서서 살 만큼 맛있다. 이것만 특별히 만드는 전문 셰프가 따로 있었다. 러시아에 가면 먹어봐야 하는 음식이다. 갓 자란 새끼 오이로 담근 것이 일품인데 분명 소금에 절였는데 씹으면 아삭하다.
난 당시 호주머니에 푼돈밖에 없어 겨우 초콜릿 하나만 샀다. 경제가 어려운 시기였는데 바구니에 가득가득 담는 러시아인이 너무 부러웠다. 언젠가 나도 마음대로 사봤으면….

카페 푸시킨과 델레스

| 무에서 유를 창조한 사업가와 그의 고급 카페

옐리세예프 상점을 나와서 위로 걸어 가면 맞은편 모퉁이에 트베르 17번 건물이 있다. 이 집을 끼고 왼쪽으로 돌면 레스토랑 「카페 푸시킨(Кафе Пушкинъ)」이 있다. 모스크바에서 유명한 레스토랑으로 1999년 사업가 델레스가 귀족 레스토랑 컨셉으로 문을 열었다.

레스토랑 이름은 프랑스 가수 베코의 노래 「나탈리」에서 영감을 얻었다. 노래에서 베코는 가이드 나탈리와 함께 크렘린궁과 붉은 광장을 구경하고 카페 푸시킨에서 핫초코를 마셨다. 이 음악을 들은 프랑스인들이 모스크바로 여행 오면 늘 카페 푸시킨을 찾았다. "카페 푸시킨이 어디예요? 핫초코를 마시려고요." 하지만 그런 카페는 애초에 모스크바에 없었다. 가상의 카페였다.

델레스는 이 사실을 알고 「카페 푸시킨」을 만들고 영업했다. 외국인의 입소문을 타면서 어느새 레스토랑 업계 최고 사장 중 한 명이 되었다. 그는 모스크바 어디에서나 쉽게 찾을 수 있는 체인점 레스토랑 「무무(My-My)」의 사장이기도 하다.

델레스의 증조부는 프랑스인으로 러시아제국 시기 상트페테르부르크에서 살롱을 여러 개 운영했는데 황실에 옷을 공급하면서 유명해졌다. 당시 대부분 패셔니스트는 이 살롱에서 옷을 구매했다.

델레스의 아버지는 건축가, 어머니는 가수였다. 그는 모스크바 예술아카데미에서 회화를 공부하고 토목공학을 전공한 후 모스크바 언어대학에서 번역가 과정을 수료하고 출판사 편집 일을 하기도 했다. 이 시기 화랑을 만들고 사진을 찍기도 했다. 이후 그는 가이드, 번역가, 통역사, 건축가, 예술가 등 다양한 직업을 섭렵했다.

소련 붕괴 시점, 드디어 그에게 기회가 왔다. 해외여행 자유화가 시행되자 곧바로 프랑스로 떠났다. 그곳에서 프랑스 여인과 결혼하고 프랑스인들에게 러시아 요리와 문화를 주제로 강연하며 서구의 자본주의를 배웠다.

옐리세예프가 프랑스에서 1893년에 귀국했듯이 델레스는 1백 년이 지난 1993년에 귀국하여 친구와 클럽 「Pilot」을 연다. 모스크바 유일한 클럽이었고 할리우드 스타가 이곳에 방문하면서 유명해졌다. 이후 화장품점과 레스토랑을 오픈했다. 「보치카」, 「카페 푸시킨」, 「투란도트」, 「오렌지-3」, 「무무」, 「시녹」 등등.

「카페 푸시킨」의 개업식에 델레스는 가수 베코를 초청했다. 홀 이름이 「약국」과 「도서관」이다. 도서관 홀은 고서적이 가득하고 녹색 테이블이 놓여있다. 우아한 느낌을 준다. 가격은 1인당 5만 원 정도이다. 귀족의 연회장도 있으며 19세기 귀족처럼 한번 먹어볼 수 있다.

델레스는 러시아 전통 가정식을 어디에서나 싸게 먹을 수 있게

「무무」가맹점을 만들었다. 코스대로 먹어도 15달러(약 2만 원)면 누구나 맛있게 먹을 수 있다. 「오렌지-3」은 북유럽 요리 전문 레스토랑이다. 숫자 3은 '고급 요리, 와인, 독특한 분위기'를 뜻한다. 미슐랭의 별을 받은 전문 요리사가 요리한다. 「시녹」은 동슬라브 전통 요리 레스토랑이다. 가격은 비싸지만 요리와 분위기는 좋다.

레스토랑에는 스타일리스트 외에 심리학자도 있다. 고객의 심리를 연구하여 레스토랑의 분위기를 조성한다. 델레스는 현재 전 세계 주요 도시에 레스토랑을 가지고 있다. 파리, 도하, 뉴욕, 런던 등등.

러시아 자본주의는 이제 30년이다. 서서히 다시 꽃을 피우고 있다. 개인의 창조적 아이디어가 시장과 접목하고 있다. 옐리세예프와 델레스는 유럽의 자본주의를 러시아에 도입하고 후에 유럽으로 사업을 확장했다. 하지만 2022년 전쟁으로 러시아 자본주의는 새로운 갈림길에 섰다. 국가독점 자본주의가 힘을 발휘하고 있다.

러시아 내부에 깊숙이 흐르고 있는 부(富)의 흐름을 살펴볼 때 나는 눈이 초롱초롱했다. 흔히 우리가 알고 있는 석유와 가스 등 천연자원회사가 아니라 척박한 환경에서 기업가들이 일군, 사업의 역사를 살펴볼 때 특히 애정이 더 갔다.

카페 푸시킨 하면 떠오르는 노래가 있다. 1964년 베코(Gilbert Beco)가 부른 샹송 「나탈리(Natalie)」이다. 프랑스의 히트곡으로 소련 시기 러시아와 프랑스의 해빙무드를 조성했다.

푸시킨 동상

| 투르게네프와 도스토옙스키의 맞대결

푸시킨 동상

    드디어 러시아인이 자주 가는 광장에 도착했다. 트베르 16번지와 18번지 사이에 있는 넓은 광장이다. 자유를 갈망할 때, 국가의 방향을 제시할 때, 연인들이 사랑을 속삭일 때, 약속하지 않더라도 모이는 곳! 바로 푸시킨 광장이다.

    1880년 6월 6일 그날, 흐린 날씨에 먹구름도 끼고 바람도 불었다. 수많은 사람이 환호성을 지르며 광장을 가득 메웠으며 인근 건물의 발코니마저 사람들이 빽빽이 모여 광장을 보고 있었다. 사람들은 발코니 입장료마저 지급했다. 이미 트베르 거리는 마차가 다닐 수 없을 정도로 인산인해였다. 러시아 전역에서 지식인, 사절단, 예술인, 민중 등이 모인 것이다. 한 인물이 죽은 지 43년이 되는 해였다. 누굴까?

푸시킨(Pushkin, 1799~1837)이다. 동상 제막식 날 지휘자 루빈시테인은 시인의 작품을 오페라로 만든 「루슬란과 류드밀라」 서곡을 연주했다.

어떻게 동상을 세웠을까? 시인이 죽었을 때 기념물을 세우는 것은 불가능했다. 정부에서 푸시킨을 탐탁지 않아 했고 당시 문학인과 일반인을 기념하는 동상은 세울 수 없었다. 시인의 친구 추콥스키가 니콜라이 1세에게 동상을 세우는 것을 청원했지만 답이 없었다. 이후 1860년 친구들이 모여 알렉산드르 2세에게 청원하고 정부의 지원금 없이 설립할 수 있다는 조건으로 허락받았다. 시인이 다녔던 제국 황제마을 학교 졸업생이 중심이 되어 국민 모금 운동을 펼쳤는데 이 학교는 제국의 인재를 등용하는 귀족학교였다.

우여곡절 끝에, 1십만 루블 이상을 모금하여 동상 제막의 불꽃을 피웠다. 조각가 오페쿠신이 공개경쟁에서 선정되어 30여 개의 작품을 스케치한 후 최종본을 상트페테르부르크 주조소로 보냈다. 청동 동상과 받침대의 높이가 총 11미터였으며 실제 인물의 크기에 비례하여 제작했다. 4개의 램프도 설치하고 청동으로 만든 월계수 화환도 주조했다. 시인은 '무관의 황제'였지만 월계수 관을 놓았다.

제막식과 함께 모스크바의 랜드마크가 탄생했다. 모스크바는 푸시킨이 태어나고 결혼한 곳이었다. 조각가는 발과 손에 생동감을 주고 머리를 살짝 기울여 시인의 고뇌와 평정심을 담았다.

동상을 자세히 보았다. 왼발이 앞으로 나가고 모자를 잡은 왼손이 뒤로 갔다. 조각가의 의도가 무엇일까? 조각가는 살아 있는 푸시킨을 세운 것이다. 이마에 주름이 있고 얼굴을 살짝 숙여서 햇빛이 정면으로 오지 않게 했다. 약간의 그늘이 얼굴을 어둡게 한다. 입술은 두텁고 눈은 둥글며 곱슬머리이다. 푸시킨의 실제 모습 그대로이다.

동상의 좌우로 푸시킨이 쓴 시가 새겨져 있다. 「나는 내 손으로 만들지 않은 기념비를 세웠다」이다. 흥미롭다. 시인은 자기 동상이 세워질 줄 알았을까.

"내 이야기는 위대한 러시아 전역에 퍼질 것이고
그 안에 있는 모든 언어는 나를 불러낼 것이다.
자랑스러운 자손 슬라브, 핀족, 현재 야생의
퉁구스, 초원의 칼미크 친구."

"오랫동안 난 민중에게 친근할 것입니다.
악기 리라로 좋은 감정을 일깨울 정도로.
잔인한 시대에 나는 자유를 찬미했고
타락한 자들에게 은총을 기원했습니다."

푸시킨이 쓴 "잔인한 시대에 나는 자유를 찬미했다."라는 문구를 친구 추콥스키가 검열을 우려하여 "살아 있는 시의 매력으로 나의 위상이 드높여졌다."로 바꾸었다. 푸시킨 사망 100주기에 원본대로 수정했고, 1950년 동상을 1백여 미터 떨어진 지금의 광장으로 옮겼다. 동상의 방향도 동북 방향에서 남서 방향으로 바꾸었다.

1880년 동상 제막식 축제는 4일간 이루어졌고 축제 주관은 모스크바국립대학 「러시아 문학 애호가 협회」와 모스크바시 두마였다. 제막 전날에는 작가의 개인 소지품, 초상화, 원고 등을 귀족회관에 전시했다.

제막식 후 모스크바국립대학에서 푸시킨 작품에 대한 연설이 있었고, 작가들의 축하 연설도 귀족회관에서 개최했다. 투르게네프, 도스토옙스키, 오스트롭스키, 악사코프 등이 참여했다.

연설의 목적은 지식인의 통합이었다. 주최 측에서도 이념적 분열이 아닌 초당파적 연설을 해달라고 간곡히 요청했다. 표트르 대제의 개혁 이후 지식인들(서구주의와 슬라브주의)의 갑론을박이 고조되었기 때문이다.

6월 7일, 1차로 투르게네프(Turgenev, 1818~1883)의 연설이 있었다. 그는 제막식 전 4월 18일에 협회가 구성한 위원회에 참여했다. 당시 투르게네프의 명성은 톨스토이만큼 대단했다. 이 시기 그는 톨스토이를 만나러 툴라로 가서 이틀간 머물며 연설을 요청했지만 승낙받지 못했다. 톨스토이는 푸시킨을 좋게 보지 않았고 특히 그가 결투

한 걸 못마땅하게 여겼다.

5월 4일 투르게네프는 고향으로 돌아와 온 힘을 다해 연설문을 작성하여 서신으로 협회에 보냈다. 추후 다시 수정하여 보냈다. 그만큼 심혈을 기울였다. 드디어 귀족회관에서 연설했다.

"푸시킨은 최초의 러시아 예술가이자 시인이었습니다.…… 예술은 가장 높은 의미에서 살아 숨 쉬는 인간의 영혼이며 사상이자 언어입니다. 예술이 완전한 표현에 다다르면, 그것은 과학보다도 훨씬 더 소중한 인류의 자산이 됩니다. 바로 그런 예술이 울림을 주고 인간적이며 사색하는 정신이자 불멸의 영혼입니다."

푸시킨을 예술인에 비유했다.

"괴테, 몰리에르, 셰익스피어는 진정한 민족 시인이자 국민 시인입니다.…… 푸시킨을 셰익스피어나 괴테 등 국민 시인이라고 부를 수 있을지는 생각을 잠시 열어 둘 필요가 있습니다. 하지만 푸시킨이 우리의 시와 문학 언어를 창조했고, 우리와 우리의 후손들이 그의 천재성으로 다듬어 놓은 길을 따라갈 것임은 틀림없습니다."

투르게네프는 푸시킨을 셰익스피어만큼의 작가라고는 생각하지 않았다.

"우리는 푸시킨이 창조한 언어에서 생동감을 얻습니다. 러시아의 모든 창의성과 감성은 이 위엄 있는 언어와 함께 조화로움을 이뤄냅니다. 푸시킨은 훌륭한 러시아 예술가였습니다. 우리의 후손 모두가 다정스럽게 푸시킨 동상 앞에 서서 푸시킨과 같이 지금보다 더 러시아인이 되고, 더 학문을 쌓으며, 더 자유로운 사람이 되었다는 걸 증명하기를 바랍니다."

그의 연설문은 이성에 기초하여 시인을 평가했다. 그는 독일 베를린대에서 헤겔 철학을 공부했으며 유럽의 지식인과 교류하며 러시아 문학을 알린 사람이다.

6월 8일, 2차로 도스토옙스키(Dostoevsky, 1821~1881)의 연설이 있었다. 5월 2일, 주최 측에서 도스토옙스키에게 공식 초청장을 보냈다. 작가는 편지를 받은 후 연설문 작성에 열중했다. 그의 아내의 표현에 따르면, 그는 병세만 괜찮다면 반드시 모스크바에 가서 자신이 수많은 세월 동안 머리와 가슴속에 품고 있던 푸시킨에 관한 생각을 다 말하겠다고 했다.

5월 23일 도스토옙스키는 모스크바에 도착했지만 제막식이 늦추어졌다는 소식을 듣고 문학인들을 만나고 푸시킨의 딸도 만났다. 6월 6일 제막식 당일 참석한 후 그는 저녁에 귀족회관에서 푸시킨의 비극「보리스 고두노프」의 한 장면을 낭독했다. 6월 7일에는 투르게네프의 연설을 들었다.

6월 8일, 드디어 그의 연설 차례가 되었다. 그는 연설문을 남들이 쉽게 읽어볼 수 없을 정도로 수없이 수정했다. 내가 연설문 원본을 보았는데 도저히 읽을 수 없을 정도였다. 그는 조용히 무대로 올라가서 시작했다. 처음엔 시끄럽게 외치지 않았다. 편안하게 이야기하듯이 말했다. 5분이 지날 무렵 청중은 그의 말에 집중했다.

나는 귀족회관의 무대를 상상하며 도스토옙스키의 연설문 사본을 출력하여 5분간 시계를 보며 읽어보았다. 과연 청중이 집중할 수 있었을까.

"푸시킨에게는 특별한 현상이 있으며 아마도 그것은 러시아 영혼의 유일한 것이라고 고골이 말했습니다. 나는 여기에 덧붙이겠습니다. 바로 예언입니다. 그렇습니다. 그의 현상에는 우리 모두와 러시아인에게 있어 부정할 수 없는 예언이 있습니다.……
푸시킨의 등장은 새로운 방향의 빛으로 우리의 어두운 길을 밝히는 데 크게 이바지하였습니다. 그런 의미에서 푸시킨은 예언과 교시입니다.……나는 문학평론가로서 말하는 게 아닙니다."

도스토옙스키는 연설 도입부에 푸시킨을 "예언자"로 말하면서 청중의 마음을 휘어잡았고 딱딱한 문학평론이 아니라고 말하면서 오히려 호기심을 끌어냈다.

"실제로 유럽 문학에는 셰익스피어, 세르반테스, 실러와 같은 위대한 예술적 천재가 있었습니다. 그러나 우리의 푸시킨처럼 세계적으로 감응의 능력을 갖춘 사람이 있다면 그 사람이 누구인지 천재 중에 적어도 한 명을 지명해 주십시오. 그리고 이 능력, 우리 민족의 주된 감응 능력은 우리 국민과 공감하고 있습니다. 가장 중요한 건 푸시킨은 국민 시인입니다.…… 진정한 러시아인이 되는 것, 완전한 러시아인이 된다는 것은, 아마도 모두가 한 형제가 되는 것, 더 바란다면, 보편적 인간이 되는 것을 의미합니다. 오, 슬라브주의와 서구주의는 역사적으로 필요하다고 하지만 하나의 큰 착각입니다.……결국 위대하고 통합된 조화 속에, 그리스도의 복음에 따라 모든 민족이 형제라고 말할 것입니다! 나는 내 말이 열광적이고 과장되고 환상적으로 들릴 수 있다는 걸 너무나도 잘 압니다.……푸시킨이 더 오래 살았다면 아마도 지금보다 우리 사이에 오해와 논쟁이 적었을 겁니다. 하지만 하느님은 다르게 판단하셨습니다. 푸시킨은 자기의 능력을 온전히 발현시키고 떠났습니다. 그가 어떤 중대한 비밀을 무덤까지 가져간 것을 의심할 여지가 없습니다. 우리는 그가 떠난 지금 여기서 이 비밀을 풀고 있습니다."

도스토옙스키의 연설은 대화체 문장이다. 사람들의 시선을 끄는 열광적이고 과장된 언어를 사용했다. 그의 문장을 자세히 분석해 보면 의식적으로 투르게네프의 연설문과 대조되게 구성했다.

투르게네프가 푸시킨을 예술인이고 시인으로 보았으면, 도스토엡스키는 신성한 존재인 예언자로 만들었다. 투르게네프는 푸시킨을 셰익스피어, 괴테와 비교하며 국민 시인이라는 걸 주저했지만, 도스토옙스키는 과감하게 국민 시인이라고 말했다. 도스토옙스키는 한발 더 나아가 푸시킨이 좀 더 생존했다면 유럽인이 러시아를 지금보다 더 잘 이해할 수 있었을 거라고 말했다.

당연히 청중은 도스토옙스키의 연설에 더 감명받았다. 정신을 잃어 쓰러지는 청년이 있었고 열광의 도가니에 빠졌다. 감동의 눈물을 흘리며 그의 손에 키스를 요구하는 여인들이 줄을 섰다. 그는 승리의 월계관을 차지했다. 그의 아내는 이렇게 말했다. "녹초가 된 그는 휴식을 취한 후 늦은 밤에 다시 푸시킨 기념비로 갔다. 따스한 밤이었지만 거리에는 아무도 없었다. 그는 오전 연설 후 받은 큰 월계수 화환을 자신의 '위대한 스승'을 기념한 동상에 힘겹게 놓고 땅에 엎드려 절했다.……그는 어렸을 때부터 이 위대한 국민 시인을 열렬히 존경했고, 자신이 연설을 통해 시인에게 경의를 표했다는데 뿌듯해했다."

연설 다음 날 아침부터 어느 사진사가 도스토옙스키를 사진 찍어두려고 찾아왔다. 이때 찍은 사진이 도스토옙스키 최고의 사진이 되었다. 이 연설은 그의 생애 가장 행복했던 순간 중 하나였다. 이토록 국민은 열광했지만, 문학 평론가들은 혹평했다. 글도 아니라고. 마음 약한 도스토옙스키는 다시 우울해졌다. 투르게네프도 호응받지 못한 것에 상심했다. 이 맞대결이 둘의 마지막 만남이었다.

푸시킨 광장
| 푸시킨의 영혼과 함께하는 자유

　그날! 1965년 12월 5일 저녁 6시, 푸시킨 광장에서 소련 최초로 공개 정치 시위가 있었다. 소련 인권운동의 상징적인 날이다. 이미 해는 졌고 날씨는 춥다. 모스크바는 12월 초만 되어도 해는 짧고 한겨울 날씨이다. 한 시간 전부터 푸시킨 광장에는 사람들이 서로 옷깃을 스치며 인사했다. 처음 본 듯이 인사하고 광장에 하나둘 모였다. 얼핏 아는 사람일지도 모르지만 참석자 전원은 오늘 이곳에 온 이유를 알고 있었다.

　역사적으로 유추해 보면 소련 최초의 집회는 혁명 10주년이 되던 1927년 11월 7일이었다. 집회에는 트로츠키(Trotsky, 1879~1940), 지노비예프, 카메네프 지지자들이 스탈린의 통치에 대항하여 레닌의 혁명사상으로 회귀할 것을 공개적으로 요구했다. 장소는 크렘린궁 근처 모스크바국립대학이었다. 이 사건은 혁명에 대한 반혁명이라고 불렀다. 이후 체제에 반대하는 공개 정치집회는 없었다.
　1958년 스탈린 사후 마야콥스키 동상 제막식 때, 시인과 문학인 등이 추모 연설을 하고 시를 낭송했다. 러시아에서 시는 자유의 상징이다. 『닥터 지바고』를 쓴 파스테르나크까지 낭송했다. 젊은 청년 대학생도, 심지어 고등학생도 참여했다. 학생들은 체제 압박보다 자유에 대한 의지가 더 강했다. 시는 자유를 향한 해방의 출구였다. 이후 시 낭송 행사가 정치적 성향을 띠자, 당국은 시를 낭송한 청년을 블랙리스트에 올리고 퇴학시켰다.

시 낭송은 하나의 저항문화였고 외국에까지 알려지면서 1961년부터 공식적으로 금지됐다. 하지만 젊은이들은 양심과 출판, 언론의 자유를 위해 투쟁했다. 소련 최초의 비공식 문학 클럽인 「가장 젊은 천재들의 사회(СМОГ)」를 만들어 활동했다. 억압과 폭력의 사회를 벗어나기 위한 자유의 몸부림이었다.

1965년 12월 5일, 이날은 공식 공휴일이었다. '36년 스탈린 헌법'을 소비에트가 비준한 날이었다. 공휴일 저녁임에도 그들은 왜 모였을까? 3개월 전, 시냡스키와 다니엘이 소련 반체제 내용을 외국 언론에 기고했다는 혐의로 체포되었다. 이들은 형법 70조 「반소비에트 선동·선전 혐의」로 기소된 것이다. 광장에 참여한 시위자들은 양심과 자유를 외치면서 공개재판과 공정한 재판을 요구했다. 소련 헌법에는 일반인도 재판에 참여할 수 있었지만 늘 비밀 재판으로 수용소로 보냈다.

살벌한 전제주의 체제에서 어떻게 사람들이 모였을까? 시위자들은 이날 시위 계획을 담은 「시민에게 고함」이라는 전단을 모스크바국립대학, 모스크바음악원 등에 비밀리에 배포했다. 시민들은 함구했지만 시위에 대해서 잘 알고 있었고 당연히 당국도 알고 있었다.

누가 이 전단을 썼을까? 수학자 예세닌-볼핀이었다. 그의 아버지는 현대무용가 이사도라 덩컨과 결혼한 시인 예세닌(Yesenin, 1895~1925)이었다. 이날 시위를 적극적으로 준비한 사람은 물리학자 니콜스키와 예술인 티토프였다. 자유를 위해 헌신한 첫 번째 주자는 학자와 예술인이었다. 내용은 무엇이었을까? 당시 국민의 자유에 대한 투쟁을 알 수 있기에 한 장의 호소문을 그대로 번역하여 쓴다.

"몇 달 전 KGB는 작가 시냡스키(A. Sinyavsky)와 다니엘(Y. Daniel)이라는 두 명의 시민을 체포했습니다. 이는 형사소송절차의 투명성에 관한 법률 위반이 우려됩니다.

철창 뒤에서는 어떤 불법도 가능하다는 것을 우리는 잘 알고 있습니다. 또한 공개에 관한 법(소련 헌법 3조 및 러시아 형사소송법 18조)에 따라 이는 불법 행위라는 것은 이미 잘 알려져 있습니다. 작가들의 작품이 국가기밀이 될 수 있다는 건 있을 수 없습니다.

과거에는 당국의 불법으로 수백만 명의 소련 시민의 생명과 자유가 희생되었습니다. 피로 얼룩진 과거는 우리에게 현재를 경계하라고 호소합니다. 수년간 제지되지 않은 전횡의 결과를 견디기보다 시위에 참여하여 하루의 휴식을 희생하는 것이 더 쉽습니다.

시민들은 사법적 자의성에 맞서 싸울 수단이 있습니다. 바로「요-구-합-니-다. 공-개-재-판을」이라는 하나의 슬로건을 외치는 공개

시위입니다. 각자 적절한 포스터를 보여주십시오.

법을 위반하는 어떠한 외침이나 슬로건은 의심할 여지 없이 해롭고 도발적이기에 집회 참가자는 이를 자제해야 합니다. 집회 중에는 질서를 반드시 준수해야 합니다. 당국이 해산을 요구할 때는 집회의 목적을 당국에 알리고 해산해야 합니다. 여러분을 공개시위에 초대합니다.

12월 5일 저녁 6시, 푸시킨 광장 공원, 푸시킨 동상 앞.

이 호소문을 읽은 분은 가까운 지인 두 명을 데리고 오십시오."

드디어 푸시킨 광장에 사십여 명의 참가자와 이백여 명의 관람자들이 모였다. 참가자들은 체포되리라는 걸 알았다. 물론 어떻게 될지도 알았다. 정신병원 아니면 노동수용소였다. 관람자들은 당국이 그들을 총살할지, 아니면 체포할지 주의 깊게 관찰했다.

6시 정각! 슬로건을 펼치며 외쳤다. "소비에트 헌법을 존중하시오. 우리는 시냡스키와 다니엘의 공-개-재-판을 요-구-합-니-다."

시작 20여 분 만에 KGB 요원들이 그들을 연행했다. 이미 요원들은 민간인 복장을 하고 푸시킨 광장을 완전히 포위하고 있었다. 체포된 대다수는 젊은 학생이었다. 적극적으로 참여한 시위자는 노동수용소와 정신병동으로 구금되었다. 소련의 언론은 침묵했지만 뉴욕 타임스, 르몽드와 BBC는 보도했다. 이후 시냡스키와 다니엘의 재판에는 KGB가 승인한 사람만 참여할 수 있었다. 시냡스키와 다니엘은 각각 5년과 7년 형으로 노동수용소에서 복역하고 해외로 추방되었다.

1977년 신헌법이 채택될 때까지 매년 12월 5일이면, 광장에 사람들이 모여 '개방 시위'를 했다. 고르바초프의 개혁과 개방 중 '개방'이라는 단어가 이 슬로건 글라스노스트에서 온 말이다. 그들은 시위 전 매번 1분 동안 침묵의 시간을 가졌다.

소련 반체제인사들은 헌법에서 규정한 권리를 보장하라고 합법적으로 시위했다. 2004년 소련 반체제 활동을 담은 다큐멘터리가 나왔다. 「그들은 자유를 선택했다」이다. 반체제 활동가의 생생한 인터뷰로 제작했다. 감독이 영화에서 보여주고자 한 내용은 무엇이었을까? "자유를 수호하는 시민이 소수만 있어도 전체주의를 극복할 수 있다."라는 것이다.

푸시킨 광장은 억압과 폭력을 벗어나기 위한 자유의 광장이다. 국민시인 푸시킨은 러시아의 상징이다. 크렘린궁보다 푸시킨 동상이 러시아인에게 주는 메시지는 더 크다.

오늘날 러시아인은 선거가 끝나면 이 광장에서 항의 집회를 한다. 할머니들도 이곳에서 연금 투쟁을 한다. 늘 이곳에서는 거대한 골리앗에 대항한다. 푸시킨 광장은 단순한 광장이 아니다. 러시아인에게 다른 어떤 무엇과도 바꿀 수 없는 국민의 정신이 숨 쉬는 광장이다. 오늘도 광장에는 추운 날씨에 바람이 불지만 따스한 온기를 주는 시인의 심장이 녹아 있는 곳이다. 이곳엔 푸시킨의 영혼이 묻어있다.

만일 이곳을 걷게 된다면, 이제 당신들은 자유를 향한 러시아 시민의 목소리를 들을 수 있겠는가.

이즈베스티야 신문사

| 러시아 언론의 미래를 말하다

푸시킨 광장에서 서쪽을 보니 큰 건물이 우뚝 솟아 있다. 트베르 18번지이다. 벽에 "이즈베스티야(Известия)"라는 글씨가 적혀 있다. 광장의 행인에게 "저 건물이 신문사 이즈베스티야인가요?"라고 묻자, 그렇다고 하면서 러시아에서 제일 큰 신문사라고 스스럼없이 대답해 주었다.

이즈베스티야 신문사

모스크바에 도착하고 처음 구매한 신문이 「이즈베스티야」였다. 항상 가판대 제일 위에 있었고 난 읽지도 못하면서 호기심에 샀다. 제목만 읽어도 대단한 수확이라고 생각했다. 당시 가격은 50코페이카로 1루블이 되지 않았고 우리 돈으로 1백원 정도였다. 러시아에서 신문만큼 저렴한 것도 없다. 유라시아 여행을 할 때 신문은 이불이었고 때론 햇빛 가리개였다. 간혹 초원에서 두 손 모아 부드러워지라고 열심히 비비기도 했다.

'이즈베스티야'는 '소식'이라는 뜻으로 소비에트 기관지였다. 창간호가 1917년 2월 28일 발행되었으니 볼셰비키 혁명 이전 신문이다. 창간호에는 무슨 내용이 있을까?

페트로그라드 노동자 대의원회 회의 소식

"구권력은 국가를 망가뜨렸다. 민중은 굶어 죽을 지경이다. 인내하기는 이제 힘들다. 페트로그라드(상트페테르부르크) 주민은 불만을 호소하기 위해 거리로 나왔고 (차르 군은) 민중들에게 사격을 가했다. 차르 정부는 빵 대신 민중들에게 총알을 주었다. 하지만 병사들은 민중 짓밟기를 원하지 않았고 정부에 대항했다. 민중과 함께 병사들은 무기, 부대, 정부 기관을 장악했다. 투쟁은 계속되어야 한다. 투쟁은 끝까지 가야 한다. 구권력은 반드시 전복되어야 한다. 민중의 정부에 굴복해야 한다. 바로 여기에서 러시아를 구할 수 있다.……

우리 모두 함께, 공동의 힘으로 구정부를 완전히 제거하고 보통, 평등, 직접, 비밀선거에 따라 선출된 제헌의회 소집을 위해 싸울 것이다."

이렇게 이즈베스티야는 창간호부터 투쟁신문으로 출발했다. 혁명 후 이틀 만에 가장 중요한 문서인 「토지에 관한 법령」과 「평화에 관한 법령」을 게재했다.

1920년대 이즈베스티야는 공산당 기관지였던 「프라우다」보다 많은 부수를 발행했고 1961년 지금의 건물을 세웠으며 1991년 민영화되었다. 현재 이즈베스티야의 최대 지분은 「국민 미디어 그룹」이 가지고 있다. 그룹은 지상파 채널 1번, 채널 5번, 렌 텔레비전, CTC 미디어 등을 소유하고 있는 최대 미디어 회사이다.

언젠가 나는 러시아 언론의 지배구조를 살펴본 적이 있다. 해는 짧고 밤은 긴데 무엇을 하겠는가. 남이 연구하지 않는 '엉뚱한' 것을 연구하고 싶었다. 방송사부터 하나하나 조사할 때마다 깜짝깜짝 놀랐다. '아하! 이게 이렇게 되는구나!'

언론을 보면 권력의 지배구조를 알 수 있고 권력을 쟁취한 후 무엇을 했는지 엿볼 수 있었다. 이 거대한 나라의 언론은 어떤 원리로 작동할까. 패턴을 찾는 것이다. '언론의 패턴'이다.

해당 언론이 친정부 성향인지, 반정부 성향인지는 중요하지 않았다. 만천하에 제일 먼저 공개되는 사항은 굳이 연구할 필요가 없다. 나의 관심사는 언론 아래에 깊숙이 흐르는 자본의 움직임이었다. 90년대 초반 언론이 민영화되면서 거대 기업의 표적이 되었고, 미디어 시대에 누구나 소유하고 싶은 것이 방송사였다. 대통령 중심에 있는 '옐친의 가족'들이 나누어 가졌다. 그들 올리가르히는 자신을 보호하기 위해 미디어가 필요했다. 말하는 무기였다.

올리가르히는 석유, 가스, 철강 등 국가의 주요 산업자본을 획득 또는 탈취한 다음, 금융회사를 설립하고 이 금융으로 미디어 관련 자회사를 만들어 언론을 장악했다. 이 패턴은 지금도 비슷하다. 다만 예전에는 사기업이었다면 지금은 국영기업이다.

예를 들면, 1번 채널은 베레좁스키가 장악했다. 그는 영국의 첼시 축구클럽 구단주였던 아브라모비치와 함께 「시베리아 석유회사」를 세우고 그 돈으로 언론을 포획했지만 2000년 푸틴 집권 2개월 만에 결별하고 정치 망명을 갔다. 4번 채널 NTV의 구신스키 역시 모스트 은행을 설립한 후 「엔테베 미디어 그룹」을 만들어 언론을 장악했다. 그 또한 2000년 6월 푸틴 집권 1개월 만에 사기 혐의로 체포되었고 국영 「가스프롬 미디어」에 지분을 넘기고 망명을 떠났다.

2008년 5월까지 이즈베스티야 신문의 최대 주주는 「가스프롬 미디어」였다. 가스프롬 미디어는 가스프롬방크 은행이 1백 퍼센트 지분을 가지고 있다. 이 은행은 국영 가스프롬 회사의 자회사로 미국과 서방의 제재 대상 은행이다.

러시아에서 권력을 잡으면 제일 먼저 하는 것이 언론장악이었고 혁명 후 혁명가들도 마찬가지였다. 지금은 정부가 국영기업을 통해 방송뿐 아니라 포털까지 손에 넣었다. 흥미로운 건 러시아 사람의 70퍼센트가 언론의 자유가 있다고 말한다는 사실이다.

노바야 가제타

러시아에서 유일하게 기존의 언론 패턴에서 벗어나는 신문이 있었다. 어디일까? 세계를 깜짝 놀라게 한 「노바야 가제타」 신문이다. 새로운 신문이라는 뜻이다. 1993년 4월 1일에 창간했는데 편집장 무라토프(Muratov, 1961~현재)가 2021년 노벨 평화상을 수상했다. 노벨위원회는 민주주의와 평화를 위해 표현의 자유를 수호한 공로로 상을 수여한다고 했다. 늘 그렇지만 그가 노벨상을 받았다고 해서 러시아는 그를 홍보하지 않는다. 오히려 일거수일투족을 감시한다.

창간 당시 노바야 가제타의 지분은 무라토프를 포함한 신문사 직원과 친구들이 76퍼센트, 소련 KGB 출신이면서 망명 간 사업가 레베데프가 14퍼센트, 고르바초프가 10퍼센트를 가지고 있었다.

설립 당시 직원들과 친구들이 1만 달러씩 개인 출자했고 사무실의 컴퓨터는 고르바초프가 받은 노벨 상금으로 구매했다. 월급도 없이 출발했는데 창간호가 10만 부였다. 러시아에서 유일한 독립신문이다. 직원은 138명이며 주 3회 발행하는 신문이다. 직원들은 신변 위협을 받고 있어 언제 무슨 일이 있을지 모른다. 신문사에 폭탄이 배달되기도 했다. 우크라이나 전쟁 후 발간을 멈추었다.

이 신문에 유명한 기자가 있었다. 바로 폴리트콥스카야(Politkovskaja, 1958~2006)였다. 그녀는 체첸전쟁의 진실을 알리려고 했지만 자택 엘리베이터에서 살해되었다. 그녀 외에도 6명의 노바야 가제타 기자가 살해되었다. 오죽했으면 노벨상을 받은 무라토프가 이 상은 그들의 것이라고 말했을까.

2021년 12월 10일, 오슬로에서 수염이 덥수룩한 중년 남성이 깔끔한 옷을 입고 노벨상 수상식 연설대에 섰다. 시작은 농담으로 했지만, 마칠 땐 홀에 있던 모든 사람이 일어나서 1분간 묵념했다. 죽은 동료들을 한 명 한 명 호명할 땐 가슴이 울컥하여 천장을 본다. 그는 울분을 토한다.

"나는 확신합니다. 시민의 자유와 함께 신념의 자유는 진보의 기초라는 사실을. 나는 옹호합니다. 인류의 운명을 결정짓는 시민적, 정치적 자유의 중요성에 관한 명제를. 나는 확신합니다. 열린 사회, 정보의 자유, 신념의 자유, 개방의 자유 없이는 국제적 신뢰, 군축, 안보가 무의미하다는 것을.
평화, 진보, 인권— 이 세 가지는 떼려야 뗄 수 없는 관계입니다. 이것은 세계 시민이자 위대한 사상가인 사하로프가 노벨상 수상식에서 연설한 말입니다.……권력은 적극적으로 전쟁의 이념을 팔고 있습니다. 공격적인 전쟁 마케팅으로 사람들은 전쟁 사고에 익숙해졌습니다. 국영 텔레비전이 사용하는 군국주의적 수사는 전적으로 정부와 선동가들의 책임입니다.……
러시아의 저널리스트들은 지금 암울한 시기를 겪고 있습니다. 지난 몇 달 동안 1백여 명이 넘는 저널리스트, 방송인, 인권운동가, NGO 운동가들은 '외국 대리인(스파이)'이라는 지위에 놓였습니다. 러시아에서 그들은 '국민의 적'입니다. 많은 동료가 실업자가 되었습니다. 누군가는 강제로 나라를 떠나야 합니다.……내년 9월 29일이면 '철학 기선'이 출발한 지 100년이 됩니다. 볼셰비키가 러시아에서 거의 3백여 명의 저명한 지식인 엘리트를 추방한 해입니다.……이제 '철학 기선' 대신 '저널리즘 비행기'가 출발합니다. 이건 물론 은유적 표현이지만 수십 명의 우리 언론의 대표들이 러시아를 떠나고 있습니다.……
1분이라도 아끼고 싶습니다. 자리에서 일어나 잠시 묵념합시다. 이 직업(언론)을 위해 목숨을 바친 레사의 동료 기자와 박해받는 이들을 지지하는 사람들을 위해. 나는 기자들이 늙어 죽기를 원합니다."

무라토프가 마지막으로 한 말은 총살당하지 않고 늙어 죽는 기자가 사는 사회를 원하는 것이다. 이 단순하고 평범한 것이 불가능하다고 보았다. 국경 없는 기자회가 조사한 언론의 자유 지수에서 2024년 러시아는 180개국 중 162위였다. 우크라이나 전쟁 이후 러시아 언론인 약 1천5백 명이 해외로 떠났다.

난 확신하는 게 있다. 언론의 자유 지수가 낮은 국가는 민주주의가 아니며 국가가 번영할 수 없고 개인의 창의성도 소멸한다고. 언론을 자유롭게 하는 것만큼 좋은 게 없다고. 우리 인간은 불완전한 존재이지 않은가! 다양한 사람들의 의견을 들어가며 공동체를 위해 이로움을 찾아갈 필요가 있다. 그 과정이 결국 언론이고 정치이다.

시틴

| 위대한 출판업자, 인쇄로 세상 모두를 이롭게 하다

이즈베스티야 신문사를 지나 좀 더 걸어가니 트베르 18b 건물이 있다. 아르누보 양식인데 간결하면서 지붕이 곡선이다. 2층과 3층 사이 벽면이 황금빛이고 양귀비와 장미꽃 모양이 모자이크되어 있다. 알렉산드로스 대왕처럼 멋진 그리스 조각상이 외벽에 있고 창문도 다양하다. 원형, 타원형, 직사각형, 정사각형이다. 1층 벽에 조그마하게 "시틴"이라고 적혀 있다.

"혹시 이 사람이 누군지 아세요?"

"출판업자예요. 훌륭한 분이었어요."

"그래요? 이 사람이 여기에 살았던 모양이네요?"

"살기도 했지만 그의 출판사였어요."

시틴(Sytin, 1851~1934)은 러시아의 위대한 출판업자였다. 그에 대해서 자세히 적는 것은 언젠가 러시아의 인물을 한명 한명 연구할 때 '왜 이런 사람이 외부로 전혀 알려지지 않았을까?' 하는 안타까운 마음이 가득했기 때문이다. 러시아 인물을 살펴볼 때 처음엔 백과사전식 방법으로 조사하고, 후에 『러시아의 인물』이라는 책에서 좀 더 깊게 보았다. 이 책에는 시틴에 관한 내용이 간단하게만 언급되어 있어 아쉬웠다. 러시아에서 사업가에 대한 평가는 여전히 옹색하다.

"출판사업가. 1867년 모스크바에서 인쇄소 운영. 1889년 주식회사 설립. 1917년 러시아 도서 출판의 25퍼센트 출간. 최대 인쇄소와 「러시아의 말」 신문 소유. 1917~1918년 시틴 회사 국유화."

시틴은 볼가강 상류의 코스트로마의 농민 가정에 태어나서 3년간 학교에 다녔다. 부모의 교육 열의는 없었다. 교과서는 슬라브어, 시편과 산술이었고 체벌이 심했으며 선생님은 때때로 술을 마시고 가르쳤으니 교육이 엉망이었다. 그는 학교를 떠났고 책과 과학을 혐오했다. 12세에 니즈니 노브고로드로 가서 모피 상점을 운영하는 삼촌 밑에서 일했다. 집에는 먹을 게 없었고 15세가 되기 전에 모스크바로 와서 서점에서 일했다. 우연이었다. 원래는 돈 되는 모피 가게에 일하러 왔는데 이미 일자리가 없어지는 바람에 대신 서점에 취직했다. 당시의 모습을 자서전에 적어두었다.

"나는 키가 크고 신체적으로 건강했다. 가장 하찮은 일은 모두 나에게 맡겨졌다. 저녁에는 주인과 점원을 위해 부츠와 덧신을 닦고 칼과 포크를 씻었으며 음식을 준비하고 식탁을 차려야 했다. 아침에는 물을 길어오고 헛간에서 장작을 가져오며 쓰레기를 버리고 우유 등 기타 제품을 시장에서 구매했다. 이 모든 일을 깨끗하고 정확하게 수행했다.

1년 후 나는 이미 주인의 대리인이 되었다. 주인의 방에서 일했고 예배당에 들어갈 수도 있었다. 예배당을 깨끗하게 청소하고 예복과 금은 등잔과 그릇을 깨끗이 했다.

나는 종종 주인의 훈계를 들었다. 주인은 나에게 이렇게 말했다. '자유시간에, 특히 잠자리에 들기 전이나 가게가 일찍 문을 닫는 휴일에, 영혼을 위해 좋은 책을 읽게나. 책은 인내, 자비, 미덕, 그리고 일을 가르쳐 줄 것이야. 하느님께서 기뻐하시고 생명의 힘을 얻도록 허락하신다면 행복이 너를 비껴가지 않을 것이야.'

나는 책을 순서대로 받고 주인은 내가 그의 가르침을 이행하는 걸 몰래 지켜봤다. 나는 밤 10시까지 책을 읽었고 주인어른과 나와의 우정은 더욱 돈독해졌다."

그는 18세가 되어서야 처음으로 월급을 받았다. 그전까지 입에 풀칠하는 것만으로도 만족했고 어깨너머로 세상의 이치와 장인의 기술을 터득했다. 그가 받은 첫 월급은 5루블이었다. 자서전에 이렇게 썼다. "내 인생에서 가장 행복한 순간이었습니다." 주인은 그에게 "열심히 일하면 모든 게 네 것이 될 거야. 너에게 상점을 줄 거란다."라고 말했다. 주인은 자녀가 없었다.

그는 점원으로 있으면서 전국으로 유통망을 확장했다. 알렉산드르 2세의 개혁으로 국민의 문맹률이 낮아지면서 책이 중요하다는 것을 깨우치고 스스로 인쇄업의 전망도 예측했다. 25세 때 주인에게 혼인을 허락받고 제과업자의 딸과 결혼하면서 아내가 가져온 결혼 지참금 4천 루블과 상인에게 빌린 3천 루블로 인쇄소 사업을 시작했다. 이날이 1876년 12월 7일이었다. 당시 러시아에서 보기 드문 최고급 프랑스 석판인쇄기를 도입했다. 오색의 컬러 출판이 가능한 기계였다. 그는 최신식 기계 구매를 중요시했고 컬러 인쇄는 비싸지만 확실한 수요층이 있다는 걸 알았다.

러시아와 튀르크 전쟁 당시 누구도 상상하지 못한 일을 한다. 1877년 4월 전쟁 선포 당일부터 군대가 어떻게 이동하는지 해당 국가의 지도를 구매하여 표시한 후 밤새워 인쇄했다. 군대의 이동에 따라 지도는 변경되니 모든 러시아인이 그의 지도를 궁금해했다. 국민이 무엇을 원하는지 알고 그것을 사업과 접목했다. 단순히 인쇄업자가 아닌 최신 정보제공자였다. 그의 정보지를 받고 싶은 상인은 가격을 높여서라도 구매하기를 원했다. 드디어 거금을 모았다.

1884년부터 그는 달력을 생산하기 시작했다. 1865년까지 러시아에서 달력은 아무나 제작할 수 없었고 과학아카데미에서 독점 발행했으며 가격은 싸지 않았다. 그는 달력을 만들기 위해 5년간 준비 작업을 했다. 무슨 달력을 만드는데 5년간이냐고, 말도 안 된다고 하겠지만 그는 사업가로서 보는 눈이 달랐다.

그는 단순히 날짜를 알리는 달력을 만든 게 아니었다. 문맹인에게 달력은 '세상을 바라볼 수 있는 유일한 창'이라고 생각했다. 달력은 가정에 있는 핸드북이자 삶의 지침서였다. 사고의 전환이었다. 직업, 연령, 성별에 따라 대중의 시선에 맞는 달력을 만들었다. 그가 만든 것 중 명언과 생활 정보가 담긴 하루 한 장씩 찢는 달력은 히트 상품이었다. 채식주의가 인기 있을 때는 채식 메뉴와 레시피를 달력에 넣었다. 이렇게 공들인 달력을 무엇보다 저렴하게 시장에 내놓았다.

그가 저렴하게 출판할 수 있었던 비결은 독일과 핀란드에서 종이를 직접 구매했고 그곳에는 그가 요청하면 언제든 제작할 수 있는 공장이 있었다. 당시 러시아 종이는 품질도 좋지 않고 비쌌다.

그가 출판할 무렵 러시아의 서적 판매는 '오페니'를 통해서 이루어졌다. 오페니는 생필품을 마을에 배달하고 시장과 박람회 등에서 물건을 구매하여 내다 파는 보부상이었다. 보통 이 상인의 짐에는 베스트셀러, 저렴한 달력, 점성술 책 등이 있었다.

그는 보부상을 이용하여 전국 유통망을 만들었다. 주요 기차역의 상점과 전국 6백여 개 서점을 네트워크화하고 모스크바, 상트페테르부르크, 키예프, 예카테린부르크, 폴란드와 불가리아 등 거점 지역에 서점을 소유하게 되었다. 그가 출간한 책은 전 러시아 체인망으로 신속하게 전달되었고 도서 카탈로그도 제작하여 상인에게 배부했다.

특히 그는 중간 상인을 통해서 사람들이 어떤 것에 흥미가 있는지 알아냈다. 그는 책이 출간되면 제일 먼저 여성들에게 주고 솔직한 피드백을 받았다. 왜 여성일까? 오늘날도 마찬가지이다. 2030세대 여성이 재미있는 책이라고 추천하면 순조롭게 팔린다.

1884년 톨스토이가 출판사를 설립하여 가난한 대중을 위해 가장 저렴한 책을 출간했는데 시틴이 공동작업으로 도움을 주었다. 톨스토이가 자신의 사후에 전집을 출간할 경우 출판을 허용해 준 유일한 사람이 시틴이었다. 시틴은 전집 판매로 얻은 이익으로 톨스토이의 생가 근처 땅을 구매하여 지역 농민에게 소유권을 주었다. 이런 일은 당시 러시아 사회에서 획기적인 일이었다. 이 시기, 혁명 전 러시아에는 기업가 중에 불우이웃 돕기, 교육, 의료 등 사회사업과 자선사업을 한 사람이 꽤 많았다. 혁명으로 그들의 선행은 모두 감추어졌고 '악덕 자본가'로 낙인찍혔다.

1887년 그는 『푸시킨 전집』을 10만 부 발행하는 과감한 모험을 단행했다. 가격은 10권에 80코페이카였다. 거의 공짜였다. 며칠 만에 매진이었다. 그는 문학뿐 아니라 예술 앨범도 저렴하게 판매했다. 작가 고리키, 화가 수리코프와 레핀과도 친분을 쌓았다.

그가 출간한 최고의 책은 로마노프 왕조 300주년 기념 책인 『3세기』였다. 어린이와 국민을 위한 백과사전도 만들고, 동물전집을 위해 자신의 출판사에서 일하고 있던 화가들을 해외로 보냈다. 동물을 실제로 관찰하기 위해서였다. 그는 모든 일을 세밀하게 처리했으며 대충하는 일이 없었다.

1895년 이번에는 국민 교과서를 출간했다. 역사, 경제, 철학, 자연과학 등 스스로 독학할 수 있는 교과서였다. 당시 러시아에서는 교육 관련 도서들은 충분치 않았고 비쌌다. 후학양성을 위해 예술·인쇄학교를 세워 사진, 삽화 등의 전문가를 양성했다. 1904년 건축가 아돌프 에리션에게 요청하여 트베르 18b 번지에 아르누보 양식의 건물을 세웠다. 1층은 서점, 2층과 3층은 출판사, 4층은 가족이 거주했다. 이 건물에는 당시 문학인과 예술인들이 자주 방문했다. 그는 이런 말을 했다.

"출판 경험과 책 속에서 보낸 제 인생은 책의 성공을 보장하는 단 두 가지 조건이 있다는 걸 확인해 주었습니다. 매우 재미있습니다. 매우 저렴합니다. 저는 평생 이 두 가지 목표를 추구했습니다."

1917년경 그는 달력 4백만 부와 신문 「러시아의 말」 120만 부를 발행하고, 내셔널지오그래픽보다 27년이나 빠른 1861년에 「세계 곳곳(Вокруг света, Around the World)」이라는 잡지를 인수했으며 무려 20여 개의 잡지를 가지고 있었다. 전국 유통망 가맹점이 있었고 매년 5천만 개의 그림을 판매했다. 5개 대형 출판 창고와 대형 인쇄소가 2곳이 있었으며 한 대로 시작한 인쇄기는 50대가 되었다.

드디어 제국 황실에서 그에게 "황실납품업체"라는 칭호를 부여했다. 최고의 기업을 증명하는 브랜드였다. 그는 비록 황실에는 납품하지 않았지만 민중과 가난한 서민을 위해 책을 싸게 출간한 그의 헌신에 대한 보답이었다.

그는 꿈이 있었다. 모스크바 근처 힘키 지역에 출판도시를 세우는 것이었다. 많은 사람이 그곳에서 저렴하게 책을 구매하고 흥미로운 책을 많이 읽게 하고 싶었다. 전국에 서점 네트워크가 아닌 인쇄와 출판 네트워크를 만들고자 했다.

하지만 볼셰비키 혁명은 그의 모든 꿈을 앗아갔다. 레닌과 독대한 후 목숨을 보전할 수 있었다. 그가 농민 출신이고 공교육에 힘썼다는 이유로 살아남았다. 하지만 그의 재산, 집, 출판소와 인쇄소는 국영화되었다. 자본가라는 그 이유 하나만으로 그의 삶은 내리막길을 걸었다.

그는 1928년까지 자신이 만든 출판사에서 사장이 아닌 단순 인쇄 기술자로 근무했다. 혁명으로 기업의 사장이 하루아침에 종업원이 되었다. 새 사장은 인쇄가 뭔지도 모르는 당 간부와 혁명가였으니 이 체제가 지속될 수 없었다. 소련은 체제 시작부터 붕괴가 예고됐다. 전문가를 무시하고 이념을 내세우면 비효율은 극에 달한다는 것을 70년이 지나서야 역사는 증명했다.

시틴은 아무것도 하지 않는 삶은 다른 이에게 짐이 된다고 생각했다. 어느 날 자신이 살아왔던 삶의 길이 대중에게 관심이 많을 것으로 생각하고 『자서전』을 집필했다.

1928년부터 1934년까지 그가 죽기 전에 살았던 곳은 트베르 거리 12-2번지이다. 자신이 아꼈던 아르누보 양식의 집에서 쫓겨났으며 15명의 가족이 한 아파트에서 살았다. 제일 큰 방은 손주들에게 주고 그는 제일 작은 방을 사용했다. 그가 죽었을 때 창가에 놓인 조그마한 책상 위에 주판 한 개, 결재 서류와 아내 사진이 놓여있었다. 지금은 박물관으로 꾸며져 있다.

그는 의사소통 능력이 탁월했고 상업적 통찰력이 있는 기업가였다. 그는 늘 대중이 원하는 것을 잘 알고 미래의 세상을 현재로 앞당겨 왔다. 톨스토이도 체호프도 그의 재능을 알아본 숨어 있는 러시아제국의 영웅이었다.

혁명 박물관 ⁽근현대사 박물관⁾

| 두 제국의 번영과 쇠망을 담다

　시틴의 출판사에서 맞은편을 보니 고전주의 양식의 빨간 건물이 보였다. 이런 독특한 건물은 대부분 무언가가 있었기에 여행 일정에 없었지만 가보기로 했다. 지하 통로로 이동했다. 모스크바 대로들은 대부분 건널목은 없고 육교도 없다. 방공호 수준의 지하 통로만 있다. 빨간 건물은 트베르 21번지이다. 문설주 위에 사자 동상이 있고 사람들이 드문드문 들어가는 걸 보아 확실히 뭔가 있을 것 같다. 행인에게 저기 뭐가 있는지 물으니 박물관이라고 한다. 호기심 가득한 표정으로 무슨 박물관이냐고 물으니 혁명 박물관이라고 답한다. 따라 들어가니 입구에「영국클럽」이라고 쓰여있다. 표를 사면서 할머니께 살짝 여쭈었다. 대부분 박물관의 표 파는 사람은 할머니였고 난 늘 조마조마한 마음으로 샀다. 할머니의 마음에 따라 러시아 학생으로 취급되어 저렴하게 표를 사기도 하고 외국 학생으로 비싸게 구매하기도 했으니.

"여기 영어 배우는 곳인가요?"

"아니 귀족 클럽이었어."

표트르 대제는 서구에서 「어셈블리」라는 무도회를 도입했는데 귀족의 사교 파티였다. 이후 에카테리나 2세 시기 클럽 문화가 출현했으며 1772년에 모스크바에 거주한 영국인들이 모여 「영국클럽」을 설립했다. 클럽의 회원은 귀족, 모스크바 총독, 원로원 의원, 장군, 금융가, 기업가들이었다. 문학인 회원도 있었는데 푸시킨, 고골, 톨스토이, 도스토옙스키 등이었다. 작가 카람진이 "여론을 알려면 클럽에 가라!"고 말했듯이 클럽은 여론의 중심지로 하나의 정보센터였다. 심지어 회원 중 한 명은 우체국 옆의 방을 빌려서 최신 뉴스를 수집한 다음 클럽에 전달했다. 1882년에는 모스크바에서 두 번째로 전화기를 설치하여 회원들이 사용했으며, 외국 신문을 마음껏 볼 수 있었는데 영어, 독어, 프랑스어 신문 등이 늘 비치되어 있었다.

클럽은 공론장으로 도시의 중요문제를 토론하고 발전 방향을 제시했다. 회원은 남자만 가입할 수 있었으며 도서관, 당구장, 연회장 등을 이용할 수 있고 레스토랑에서 식사도 했다. 회원들에게 조찬은 무료였고 맛있는 요리를 맛볼 수 있었다. 초기 회원은 3백여 명이었지만 후에 6백여 명으로 늘어났고 회원이 되는 걸 영광으로 생각했다.

볼셰비키 혁명 후 클럽은 문을 닫았다. 1998년까지 혁명 박물관이었다. 영국클럽은 다시 문을 열었으며 지금은 상원과 하원의원, 금융가, 기업인, 변호사, 대학 총장, 예술인, 스포츠인 등이 회원이다. 이제는 여성회원도 받아들이며 예전처럼 전문가를 초청하여 공공정책에 관한 토론회를 진행하고 있다.

박물관 표를 보여주고 2층 전시실로 올라가니 젊은 가이드가 몇

몇 학생에게 열심히 설명하고 있었다. 이 학생들 외에는 썰렁했다. 혁명은 사라지고 혼돈의 민주정이 도시를 점령한 시기여서 이념적 아노미 상태를 얘기해 주듯 텅 빈 광장만 덩그러니 남아있는 기분이었다. 소련이 망한 지 기껏해야 10년도 되지 않아 러시아인에게 혁명은 벌써 잊힌 존재였다. 혼자 이곳저곳을 구경했다.

박물관에는 혁명에 관한 모든 게 있었다. 나폴레옹과의 조국 전쟁 후 입헌 군주제로의 개혁을 외쳤던 데카브리스트부터 볼셰비키 혁명까지 중요 문서와 사진이 있었다. 전 세계의 모든 혁명자료도 모아두었다. 쿠바, 북한, 중국, 베트남 등등.

마지막 홀에는 하얀 한복을 입은 특이한 포스터가 있었다. 아니 어떻게 저것이 여기 있지? 한글이었다. 북한의 혁명 포스터였다. "단결"이라고 적혀 있고 주먹을 불끈 쥔 농민이 한 손에는 낫을 들고 있었다. 북한이 혁명을 선전할 때 사용한 판화였다. 판화는 러시아 혁명 때 유용하게 사용한 선전 수단으로 북한도 적극 활용했다.

구경하는 도중에 몸이 오싹해졌다. 박물관 홀 대부분이 온통 피로 뭉쳐진 다홍색이었다. 그 붉은색이 너무 강렬하여 지금도 선명하다. 이후 누가 나에게 "혁명 박물관에 가보았니?"라고 물으면 난 말했다. "완전 시뻘겋다. 한 번 가봐라! 괭이도 있고 낫도 있고 폭탄도 있고 빨간 것 천지삐까리다."

지금은 박물관 구성이 많이 바뀌었다. 이름도 러시아 근현대사 박물관이다. 1번 홀에는 알렉산드르 2세의 개혁을 주제로 전시되어 있다. 지방자치 젬스트보 설립, 배심원제와 모병제 도입, 복무 기간 단축(20년에서 육군 6년, 해군 7년), 농노제 폐지 등등. 이 시기 농노는 러시아 인구 7천4백만 명 중 대략 2천3백만 명으로 31퍼센트였다. 1881년 알렉산드르 2세는 테러로 사망했는데, 당시 테러분자들이 사용한 폭탄 모형도 홀에 있지만 그들의 함성은 들리지 않는다.

2번 홀은 19세기 말부터 20세기 초의 사회경제 모습을 볼 수 있다. 1897년 최초의 인구조사가 이루어졌는데 1억 2,660만 명이었다. 영토가 확장되고 인구는 증가했다. 20세기 초 러시아는 중공업 성장, 농산물 생산량, 석유 생산량에서 세계 1위였다. 산업이 급속히 발전하던 시기였다. 정치는 보수주의, 자유주의, 사회주의로 나뉘었고 사회주의 혁명가와 무정부주의자의 테러가 끊임없이 발생했다.

3번 홀은 제국의 외교정책, 4번 홀은 러·일 전쟁, 5번 홀은 19세기 말에서 20세기 초 과학과 문화 발전사를 전시해 두었다. 수백 개의 학교가 문을 열고 사전 검열제가 폐지되어 서적과 정기간행물이 급속히 증가했다. 화학자 멘델레예프(Mendeleev, 1834~1907), 생리학자 파블로프(Pavlov, 1849~1936), 생물학자 메치니코프(Mechnikov, 1845~1916)가 이 시기의 학자였으며 파블로프가 러시아 최초 노벨상 수상자였다. 19세기 말 위대한 작가들이 나왔다. 투르게네프, 도스토옙스키, 톨스토이, 체호프 등등. 러시아제국의 번영이 담긴 홀이다.

8번 홀은 1905년부터 1917년까지 러시아제국의 쇠망과 폭풍 전야를 담고 있다. 1905년 피의 일요일 사건과 마지막 황제의 개혁 문서들이 있다. 9번 홀부터 15번 홀은 2월과 10월 혁명, 레닌의 신경제

정책, 스탈린의 전시공산주의와 군수산업 정책 등이 전시되어 있다.

16번 홀은 세계 40여 국가에서 스탈린에게 보낸 선물이, 17번과 18번 홀은 흐루쇼프와 브레즈네프 시기의 시대 상황, 최초의 우주비행사 가가린과 우주선 모형이, 21번 홀은 고르바초프의 개혁과 옐친의 정치·경제 개혁 자료들이 있다. 22번 홀부터는 오늘날 러시아와 미래 러시아, 24번 홀 '러시아-나의 조국', 26번 홀 '러시아의 상징'은 러시아의 위대함을 보여주는 곳이다.

이렇게 러시아 역사 150년을 한눈에 볼 수 있게 전시되어 있으며 세계에서 가장 큰 근현대사 박물관 중 하나이다. 오늘날 러시아 정부가 무엇을 추구하는지, 국가 발전의 우선순위가 무엇인지, 한눈에 알 수 있게 전시해 두었다.

박물관을 구경하고 다시 외투를 받으려고 하는데 가판대를 놓고 책을 팔고 계시던 할머니께서 "어디에서 왔니?"라고 묻길래, 한국에서 왔다고 하니 숨겨둔 뭔가를 꺼냈다. 탁자 밑에 있었는데 눈치를 보며 보여주었다. 금강산 그림이었다. 여러 장을 보여주면서 사라고 했다. 상당히 저렴했다. 개당 10달러, 1만 3천 원 정도였다. 북한 사람이 놓아두었다고 했다. 주로 산수화였고 사람이나 도시 등을 배경으로 그린 그림은 없었다. 1999년 당시 북한 사람은 금강산 그림을 왜 여기에 두었을까.

스탈린과 스탈린 희생자들

03

셋째 날,
고리키 공원과 조각 공원

"세상이 가까워지고 있다는 것을 생각해 본 적이 있는가.
우리가 형제처럼 친해질 수 있다는 것을.
나는 미래가 다가옴을 어디에서든 느낄 수 있다네.
변화의 바람이 불고 있다는 것을."

- 스콜피언스, 1989, 「Wind Of Change」 중에서

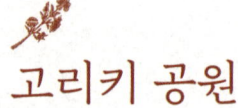
고리키 공원
| 스콜피언스의 휘파람, 「Wind Of Change」

여행 셋째 날. 오늘은 크렘린궁에서 남서쪽으로 2.5킬로미터 떨어져 있는 고리키 공원과 조각 공원을 가기로 했다. 추운 날씨에 걷는 여행은 힘들다. 새로운 장소에 대한 흥미 말고도 계획을 세웠으면 해야 한다는 의무감이 동시에 밀려왔다. 공원으로 가는 문화공원역에서 내렸다.

"고리키 공원은 어디로 가나요?"

"저쪽으로 가면 크림 다리가 있어요. 다리를 건너자마자 오른편에 있어요."

크림 다리는 왕복 4차선으로 사람이 보행할 수 있는 인도가 양쪽으로 있고 크렘린궁을 기준으로 '두 번째 순환도로'가 다리와 연결되어 있다. 이 순환도로는 모스크바 교통의 중심도로이다.

옛날 크림 칸국이 모스크바를 침입할 때 이곳을 거쳐 모스크바강을 건넜고 여기에는 여울목이 있었다. 다리 근처에는 크림 칸의 대사와 상인들이 거주했으며 공납을 거두어 가는 곳이었다.

긴 다리를 지나 고리키 공원에 도착하니 입구가 개선문을 닮았다. 작가 고리키의 이름을 붙인 공원으로 소련 최초의 놀이공원이다. 1930년에는 '플라잉 피플 라이더'라는 놀이기구가 있었다. 한 명이 15미터의 긴 쇠 작대기에 타서 180도 반원형으로 날아갔다가 다시 오는 기구였다. 1970년대에는 낙하산 타기도 있었다. 높은 설치대에 오른 후 낙하산을 타고 내려왔다. 현실감 나는 놀이기구였다.

내가 간 날은 겨울이어서 그런지 사람은 많지 않았다. 한국의 놀이공원과는 사뭇 다르다. 놀이기구가 있지만 낡아서 흥미로워 보이지 않았다. 이곳저곳을 둘러보다 사람이 제일 많은 곳으로 갔는데 긴 줄이 있었다. 러시아에서 긴 줄은 일단 서고 보았다. 좋은 건 대개 긴 줄에 있었기 때문이다.

"이 줄은 뭔데요?"

"스케이트 타는 줄이에요."

그래, 러시아에 왔으니 스케이트를 한 번 타보자! 인생에서 처음으로 타는 거다. 스물여덟 살 촌놈, 드디어 모스크바에서 출세했다. 학창 시절 시내에 스케이트장이 있었지만 스케이트는 끼가 있는 청소년만 타는 것으로 막연히 생각했다. 왜 그랬는지는 모른다. 워낙 시골에서 자라서 아버지께서 만들어 주신 나무 '쓰케이토'만 탔다. 논바닥과 도랑에서. 가을걷이 후 겨울이 되면 어김없이 논에 물을 흠뻑 담아두었는데 자연이 만든 스케이트장이었다.

내 차례가 되었다. 하얀 얼굴의 뚱뚱한 아주머니가 물었다.

"얼마인데?"

"이백·육십·오인데요."

"뭐? 뭐라고? 왜, 이백 얼마? 신발 크기가 얼마냐고?"
"이·백·육·십·오!"

줄이 길어 다급한 아주머니가 우선 물러서라고 했다. 뭐가 잘못된 걸까, 나의 발음이 이상한 걸까? 잠시 비켜 뒷사람들이 말하는 것을 들었다. "사십사. 사십오. 사십사."

아니 나보다 키가 큰데 사십이라고? 이해가 되지 않아 고개를 갸우뚱하니 대충 짐작으로 신발을 주었다. 세상에나! 신발을 재는 단위가 달랐다. 유럽과 미국도 다르고 중국과도 다르고 밀리미터가 국제 규격인 줄 알았는데. 단 한 번도 의심해 보지 않은 일이 의심을 주면 생기는 황당함에 웃을 수밖에. 한 척 두 척도 아닌 영어 '밀리미터'이지 않은가. 만일 미국에 가서 '이백육십오'라고 말하면 그들은 기절하고 뒤로 넘어질 거다. 겨우 칠, 팔, 구 정도이니.

신발을 받아 신어 보니 맞지 않았다. 난 발이 넓적한데 러시아 사람은 길쭉한 모양이다. 두 번이나 바꾸어도 그게 그거다. 대충 구겨 신었다. 이게 문제였다.

공원에 호수가 있고 자작나무들이 호수 주변으로 드문드문 서 있다. 자연스럽게 자란 그 자연스러움이 러시아 최고의 조경이다. 사람이 특별히 관리하지 않는 게 특이했다. 그냥 호수에서 타는 스케이트장이다. 텔레비전에서 봐온 스케이트장은 둥글고 줄이 있고 그 안에서 타는 거였다. 방향도 정해져 있고. 하지만 여기서는 사람들이 그냥 마음대로 탄다. 가만히 보니 얼음이 매끄럽지 않다. 울퉁불퉁. 신발도 맞지 않고 두세 번 넘어지니 오기가 발동했다. 그냥 타다가 아무나 꽉 잡았다. 이때 처음으로 러시아 여성을 잡았다. "처음 타요! 처음. 미안해요." 호수가 얼어 만들어진 스케이트장이니 잡는 것도 기댈 벽도 없다. 땀이 뻘뻘 났다. 겨울이라고 모스크바가 늘 영하 20도가 되는 건 아니다. 한국보다 더 따뜻할 때도 많다. 한참을 타니 요령이 생겼다. 발을 어깨너비로 벌리고 상체를 낮추고 무릎을 최대한 붙이니 자빠지지 않았다. 두어 시간 정신없이 탔다. 한 번 들어가면 마칠 때까지 시간제한이 없고 알아서 타고 알아서 나오는 거다. 러시아다웠다.

발이 너무 아파서 그만 타고 키오스크에서 굴라쉬를 먹었다. 굴라쉬는 러시아 사람들이 겨울에 즐겨 먹는 요리로 쇠고기, 양파, 감자 등을 항아리에 넣어 불에 데워 먹는다. 흑빵과 함께 먹으면 든든한 한 끼 음식이다.

공원을 둘러보니 장사가 안되는지 아니면 겨울이라서 그런지 놀이기구가 거의 멈춰 있었다. 거대한 철제 기구가 멈춰 있으니 을씨년스럽다. 소련이 멈추자 정부 지원은 사라졌고 세상이 멈춘 듯 기구들은 녹슬었다. 고물 신세다. 국가도 잘못하면 고물이 된다. 우리의 삶도.

언젠가 여름, 이곳에 왔을 때는 많은 사람이 자전거도 타고 왈츠도 추고 음악 페스티벌도 즐기고 있었다. 자유로웠다. 겨울과는 분위기가 사뭇 달랐다. 산책을 좋아하는 모스크바 사람의 휴식 공간이자 연인과 함께 유람선을 타는 장소였다.

여기에 오면 생각나는 노래가 있다. 스콜피언스가 부른 「변화의 바람」이다. 휘파람을 불며 노래는 시작한다.

변화의 바람

모스크바강을 따라 고리키 공원으로 내려가네.

변화의 바람에 귀 기울이며.

어느 8월의 여름밤, 군인이 지나가네.

변화의 바람을 들으며.

세상이 가까워지고 있다는 것을 생각해 본 적이 있는가.

우리가 형제처럼 친해질 수 있다는 것을.

나는 미래가 다가옴을 어디에서든 느낄 수 있다네.

변화의 바람이 불고 있다는 것을.

순간의 마법으로 날 영광의 밤으로 데려가 줘

내일의 아이들이 꿈꾸는 곳

변화의 바람 속에

- 스콜피언스, 1989, 유튜브 'Scorpions - Wind Of Change'

세월이 흘러, 학과 졸업 축하연이 이곳에서 열렸다. 그땐 이미 변화의 바람이 거세게 몰려와 함께 미래를 꿈꿨다. 그날, 뜬 눈으로 밤새웠다. 술 파티가 있는 축하연이었다. 이후 우리는 같은 학부 일본 여성과 결혼한 러시아 친구 집으로 이동하여 그곳에서 술 마시며 놀았다. 지금도 머릿속 저편에 새록새록 기억이 남아있다. 그날 밤 일들이. 나에겐 추억의 장소가 고리키 공원이다.

조각 공원 무제온

| 러시아의 자코메티, 소련을 조각하다

스탈린 희생자들

　고리키 공원을 나와 지하 통로로 이동하여 맞은편에 있는 조각 공원으로 갔다. 루덴에서 함께 공부한 이반 형이 이곳은 꼭 가보라고 했다. 이반 형은 러시아 여자와 결혼했는데 딸 셋에 아들 한 명을 낳아 지금도 모스크바에서 잘 지내고 있다. 난 어떤 조각이 있을지 궁금했다. 공원 안에는 하얀색 미술관이 있었다. 현대미술관이라고 적혀 있었다. 당시만 해도 그림의 '그' 자도 모르는 문외한이었다.

　"안에 무엇이 있나요?"

"현대 설치 미술."

들어가 봤자 이해할 수 없겠다. 그림도 모르는데 설치 미술이라니.

미술관 옆에 있는 조각 공원으로 갔다. 무제온(Muzeon Park of Arts)이라고 부르는데 무려 1천여 개 이상의 조각품이 전시되어 있다. 특이한 건 당시에 입장료가 없었다. 그냥, 막 들어갔다. 지키는 사람도 없고 이상했다. 아무렇게나 덩그러니 놓여있었다. 조각이면 설치대도 있어야 하지 않나? 러시아다운 것일까.

깨진 조각상도, 불그스름하고 샛노란 페인트로 떡칠 되어있는 동상도, 혁명가와 서기장 동상도 있는데 온전한 게 없다. 버림받은 우상들의 마지막 모습을 보는 듯했다. 우상이란 존경과 숭배도 있겠지만 나약한 인간의 자기 위안일 수도 있겠다는 생각이 문득 들었다. 그 우상이 사라지는 공허한 순간, 세상도 변화하고 우리도 바뀐다. 어쩌면 우린 죽을 때까지 우상을 부여잡고 있는지도 모른다.

그 유명한 조각상인 낫과 망치를 든 동상이 눈에 들어왔다. 저렇게 잘 먹고 잘 살았을까? 근육이 울퉁불퉁하다. 조각에도 '사회주의 이상', 즉 미래의 상을 입힌 소련이다. 멋지고 힘 있게 조각해야 한다. 그래야 전시회에 출품되니. 공원에는 소련 동상을 죄다 모아두었다.

내가 만난 러시아 사람은 소련 사람이 아닌가 보다. 얼굴에 핏기가 없고 힘도 없고 마음이 편한 사람을 찾아볼 수 없는데, 저 동상들은 힘이 넘친다. 오, 저것 텔레비전에서 보았던 소련을 뜻하는 'CCCP' 글자이다. 밀 싹을 월계수처럼 둥글게 해 둔 조각상이다.

조금 더 들어가니 자코메티(Giacometti, 1901~1966)가 조각한 것처럼 허리를 구부리고 지팡이를 잡고 뼈만 남은 노인 동상이 있다. 눈알은 불룩 튀어나오고 불안한 눈빛이다. 녹이 슬어 온통 불그스름하다. 노인이 고개를 뒤로 돌리고 있는데 한눈에 보아도 육체와 정신이 피폐한 인간의 모습이다. 소련을 사실적으로 표현해 두었다. 이게 바로 진정한 사실주의다. 아마도 조각가는 자코메티의 조각을 본 사람일 거다.

가운데쯤 들어가니 어디서 망치에 맞았는지 코와 발이 깨진 동상이 있다. 스탈린이다. 얼굴은 살짝 웃고 있다. 그런데 그의 동상 뒤로 수백 개의 얼굴 동상이 하나같이 일그러진 상태로 쇠창살에 갇혀 있다. 「소련 시기 수용소 희생자들」이라는 작품이다. 바로 내가 찾던 동상들이다. 최고의 작품이다. 스탈린의 전제정치를 조각이 말해준다. 영혼이 몰살된 인간의 모습을 담았다.

작가는 추바로프(Chubarov, 1934~2012)이다. 그는 1989년부터 베를린에서 작품 활동을 했으며 1998년에 「스탈린주의 희생자」 작품을 이곳에 설치했다. 그의 그림 「무제」가 경매시장에서 140만 달러에 판매되기도 했다. 작가는 러시아로 돌아온 후 언론에 일절 나오지 않고 은둔하며 작품 활동을 했는데 그의 작품에서는 일체 몰아의 경지에 다다른 예술가의 집념을 보여주고 있다.

난 쇠창살에 갇혀 있는 사람들의 머리를 하나하나 어루만졌다. 손끝에 찬 기운이 나의 심장을 아린다. 인간의 존엄성과 자유를 헤치는 사회와 제도가 다시는 등장하지 않길 기원했다.

표트르 대제 동상

공원을 나서는데 멀리 큰 동상이 있다. 산책하는 아주머니에게 동상이 엄청나게 큰 것에 놀라며 여쭈었다.

"저 거대한 동상은 누구예요?"

"푸푸. 퉤 퉤. 이상한 표트르이지!"

아주머니께서 침을 뱉으며 격렬하게 항의하듯 말했다. 러시아 사람 중 이런 실감 나는 행동을 하는 사람이 의외로 많다.

"네?"

"저기 봐! 뭐 저게 동상이니? 말도 안 돼!"

할 말이 없었다. 왜 강하게 거부할까? 자세히 보니 배 위에 표트르 대제가 서 있다. 표트르가 너무 커서 배는 마치 장난감같이 보인다. 오른손은 황금 두루마리를 높이 들고 있고 왼손은 키를 잡고 서쪽을 보고 있다. 그가 서구화 정책을 펼쳤다고 서향으로 세웠을까. 장화도 신지 않고 바지도 짧다. 마치 인디언 복장인지, 로마 갑옷인지.

모스크바 시민과 건축가들은 이 동상을 세우는 것을 반대했다. "왜 이곳에 동상을 세우나요? 사실적이지도 않잖아요. 상트페테르부르크에 주세요." 상트페테르부르크시도 동상을 거부했다. 제막식 두 달 전에는 누군가가 동상에 폭탄을 설치했다. 이후 사람들이 들어가지 못하게 입구를 봉쇄했다. 후에 시민들이 동상 해체를 위한 기금도 모금했지만 오늘도 모스크바강에 우뚝 서 있다.

오귀스트 로댕이 모스크바로 와서 저 동상을 보았으면 뭐라고 했을까? 저건 동상이 아니야!

표트르 대제 동상

에이넴

| 초콜릿 왕, 무뚝뚝한 러시아를 녹여버리다

러시아에 오면 꼭 먹어보는 게 있다. 초콜릿이다. 어떤 것을 맛봐야 할까? 사람마다 취향은 다르겠지만 러시아에서는 아무거나 먹어도 맛있다. 초콜릿 없으면 살 수 없는 나라이니. 표트르 대제 동상 뒤로 붉은 건물이 있었다. 공장 같기도 하고. 행인에게 무슨 건물인지 물어봤더니 초콜릿 공장이라고 말했다. '붉은 시월'이라는 상호인데 혁명 전에는 에이넴 회사였단다. 호기심에 더 물었다.

"특이한 이름이네요."

"독일 상인의 이름이지."

"그렇군요. 언제부터 초콜릿을 만들었는데요?"

"1851년. 반대편에서 보면 1851이라는 숫자가 적혀 있단다."

예카테리나 여제 시기 황실과 귀족들은 이미 초콜릿을 먹었다. 당시는 지금처럼 딱딱한 것이 아니라 따뜻한 음료로 마셨다. 마치 커피를 마시듯.

1850년 25세의 진취적인 독일 청년이 모스크바로 왔다. 1년 전 그는 독일에서 가져온 물건을 황실에 선물로 주고 호감을 사기도 했다. 이번에는 사업의 타당성을 확인하기로 했다. 독일 청년은 가방에 넣어 온 걸 러시아 사람들에게 슬며시 맛보게 했다. "이게 뭔가요? 오, 맛있어요." 반응이 뜨거웠다. 러시아 사람만큼 달콤한 것을 좋아하는 걸 본 적이 없었다. 가능성을 확인하고 사업을 확신했다.

이듬해 1851년, 아르바트 거리 17번지에 최초의 초콜릿 공방을 열었다. 처음으로 맛보는 것이어서 인기가 꽤 좋았다. 1853년 드디어 기회가 왔다. 그는 크림 전쟁 시기 병사를 위한 달콤한 잼과 시럽을 공급하면서 거금을 모았다. 전쟁은 슬픔과 아픔, 그리고 이별을 뜻하지만, 한편으로는 상인들의 부를 실현하는 거대한 시장이었다. 이후 볼쇼이 극장 근처에 매장을 내고 모스크바강 강변에 공장을 세웠다. 사업가의 이름을 딴 에이넴 공장이었다.

공장의 근로자는 하루 10시간 일했으며 25년간 근무하면 메달과 연금을 받았다. 공장 내에 식당과 기숙사뿐 아니라 서클, 합창단, 학교도 있었다. 가난한 사람과 고아들을 위해 후원하기도 했으며 비스킷 1파운드가 팔릴 때마다 5코페이카를 사회에 기부했다.

1876년 에이넴이 죽자, 그의 유언에 따라 모스크바에 묻혔다. 그의 후임은 전문경영인 가이스였다. 1890년대 회사는 모스크바에 16개의 전문 매장을 보유했고 공장도 확장했다. 드디어 1913년 황실납품업체로 등록되면서 '초콜릿 왕'이 되었다.

볼셰비키 혁명 후 공장은 국유화되면서 「붉은 시월」로 상호가 바뀌었고 초콜릿 생산량도 줄였다. 노동자·농민은 먹을 수 없었고 상층계급인 노멘클라투라만 먹는 기호품이 되었다. 1960년대가 되어서야 초콜릿을 대량 생산하면서 일반인도 먹을 수 있게 되었다. 1965년 국민에게 최고로 인기 있는 '알룐카' 초콜릿을 제조했다. 알룐카는 예술가 게리나스의 8개월 된 딸 옐레나의 초상화이다. 원래는 트레티야코프 미술관 소장 「알료누쉬카」 그림을 사용하려고 했지만 우울해 보인다고 바꾸었다. 소련에서는 우울하면 브랜드가 될 수 없었다. 밝고 행복해야 했다.

오늘날 이곳에 가면 공장은 없고 초콜릿 박물관과 판매장이 있다. 초콜릿의 기원과 제품에 관한 역사, 그리고 효능 등을 알 수 있다. 초콜릿과 제과가 어떻게 만들어졌는지를 눈으로 확인할 수 있고 맛볼 수 있다. 1시간가량 박물관을 구경하고 눈 딱 감고 아무거나 바구니에 가득 담아도 된다. 저렴하고 맛있는 각양각색의 초콜릿이다. 기념품 가게에는 초콜릿과 과자의 역사를 알 수 있는 책, 책갈피, 머그잔 등 다양한 제품이 있으니 선물하기에도 좋다. 난 늘 체리 초콜릿을 구매하여 지인들에게 선물로 주었다.

언젠가 러시아 100여 개의 초콜릿 회사를 분석해 보니, 흥미롭게도 상위 10개 회사(「네슬레 러시아」, 「마르스」, 「붉은 시월」, 「바바예프스키」 등)가 초콜릿 시장의 88퍼센트를 차지했다. 시장은 대개 상위 10퍼센트가 90퍼센트를 차지하는 구조이다. 우리 인간 사회는 이렇게 되지 않으려고 노력하지만 대충 이렇게 된다. 왜일까, 시장의 숙명일까.

아브리코소프

| 러시아제국의 제과 왕, 나는 농노였다

러시아는 초콜릿과 함께 과자도 유명하다. 혁명 전 러시아에서 최고의 제과업체는 「아브리코소프와 아들」 회사였다. 아브리코소프의 할아버지는 펜자의 농노로 사과와 딸기로 잼을 잘 만들었다. 그의 평생 꿈은 가게를 운영하는 것이었다.

드디어 주인에게 허락받고 모스크바로 가서 잼과 과자를 만들어 팔았다. 그의 나이 64세였다. 이름은 스테판 니콜라예프였다. 그가 만든 가장 인기 있었던 제품은 살구 과자였고 자신의 성(姓)을 살구라는 뜻의 아브리코소프로 바꾸었다.

축일과 결혼식 등 기념일이면 구멍가게는 어김없이 문전성시였다. 아브리코소프는 돈을 모은 후 주인에게 돈을 주고 자유를 얻었다. 러시아 농노 중에는 도시로 와서 상공업에 종사하는 사람이 꽤 있었다. 한 번 농노는 영원한 농노가 아니었다. 그는 가족을 데리고 와서 본격적으로 가게를 운영했다.

1804년 그는 첫 가게를 열었다. 오늘날 러시아 과자봉지에 '1804'가 적혀 있으면 바로 아브리코소프 과자라는 뜻이다. 가게에 단골손님이 늘어나면서 직원도 늘었다. 가게를 물려받은 아들은 농노였던 사촌들을 데려오기 위해 주인에게 돈을 주었다. 자유를 얻은 그들은 희망을 간직한 채 함께 일했다.

결국 그의 손자 알렉세이 아브리코소프(Aleksey Abrikosov, 1824~1904)는 '러시아의 제과 왕'이 되었다. 손자는 집안의 가업을 잇기 위해 상업학교를 다녔는데 가게가 어렵게 되자 그는 스스로 설탕을 팔고 과자 납품업체에 취직하여 회계와 문지기 역할까지 했다. 제일 힘든 배달은 당연히 그의 몫이었다. 그는 부지런히 노력하여 능력을 인정받아 수석 회계사가 되었고, 1849년 아내의 결혼 지참금 5천 루블과 그동안 일했던 회사 사장의 신용으로 대출받은 돈으로 회사를 설립했다. 아내는 향수와 담배회사 상인의 딸이었다.

1879년 「아브리코소프와 아들」 회사는 소콜니키에 4헥타르 규모의 공장을 세웠다. 모스크바에서 가장 기계화가 잘 된 공장이었는데 직원만 무려 2천여 명이었고 연간 매출이 180만 루블이었다. 4천 톤의 과자를 생산했다. 과자, 잼, 초콜릿 등 다양한 상품을 만들고 모스크바 중심에 제과점을 열어 싸게 팔았다. 가장 맛있는 과일 초콜릿을 만들었는데 호평을 받았다.

그는 노동자들의 근로 환경을 개선하기 위해 각방을 사용할 수 있는 호스텔을 지었다. 당시 다른 회사들은 한 층에 침대를 40여 개를 놓아두고 공동으로 생활했다. 또한 공장에 값비싼 전기를 도입하여 밝은 환경을 조성했다. 직원들은 무료 식사와 휴일 선물을 받고 10분의 1의 가격으로 과자를 살 수 있었다. 공장 내 의사와 병원이 있었고 오케스트라도 있었다. 노동자들은 작업 외에 취미활동을 할 수 있었다.

1899년 러시아 예술산업박람회에서 수상한 다음, 황실납품업체로 선정되었고 포장지에 글자를 새겼다. "황실납품업체" 강력한 광고였다. 이렇게 제과 왕이 된 것이다. 하지만 볼셰비키 혁명 후 회사와 공장은 국유화되고 제과 이름은 「바바예프스키」로 바뀌었다. 당시 제과 공장이 있었던 지역의 공산당 위원장이 바바예프였다. 가족들은 순간 거대한 회사를 잃고 더는 제과업에 종사하지 못했다.

제과 왕의 자손 중에는 병리학자가 있었는데 그는 레닌의 시신을 부검하고 방부 처리한 의사였다. 이 의사의 아들이 2003년에 노벨물리학상을 받은 미국인 아브리코소프이다. 그는 모스크바국립대학 물리학부를 우등 졸업하고 초전도체를 연구하여 「아브리코소프 소용돌이 격자」를 발견했다. 소련 붕괴 후 1991년 미국으로 이민을 갔으며 언론 인터뷰에서 기자가 이민을 오게 된 이유를 물었다.

"첫째, 저는 러시아 경제가 하락하고 있다는 걸 보았어요. 수익성이 없는 기초과학이 첫 번째 희생자가 될 거라고 확신했어요. 옛 동료 중 몇몇은 이미 미국을 비롯하여 해외로 나가서 성공적으로 일하고 있었어요. 제가 처음은 아니에요.

둘째, 정치 상황이 불안정했어요. 분명히 어떤 종류의 음모가 생성되고 있다고 느꼈어요. 만일 음모가 성공한다면 국경이 다시 닫힐 것이고 그러면 너무 늦으리라 판단했지요. 그래서 마음을 먹었죠."

그는 노벨상 수상 후 푸틴과의 만찬을 거절했다.

"그들은 민주주의와 시장경제에 대해 말하죠. 하지만 사실 모든 게 반대 방향으로 진행되고 있어요. 제가 러시아에 있을 때, 엄청난 고난을 겪었어요. 그래서 저는 이 노벨상을 미국인으로 수상하는 것을 자랑스럽게 생각해요. 저는 그것이 자랑스러워요."

제과 왕의 아내 아브리코소바는 전설적인 자선가였다. 크림 전쟁 시기 사망자와 부상자 가족에게 매년 후원금을 지원했다. 모스크바 음악원에 10만 루블이라는 거금을 기부하기도 했다. 특히 모로조프 어린이 병원, 최초의 무료 산부인과와 여성병원을 세웠다. 노숙자를 위한 쉼터와 유치원을 개원했다. 사후에도 그녀의 유언에 따라 아브리코소바 무료 병원을 세웠는데 51개의 병상을 갖춘 최신식 병원이었다. 당시 러시아는 출산 시 사망하는 산모가 많았고 아기들의 50퍼센트가 성년이 되기 전에 죽었다. 병원은 가장 시급한 사회보장이었다.

아브리코소바 병원은 볼셰비키 혁명 후 국영화되었고 이름은 레닌의 아내 이름을 따서 크룹스카야 병원으로 바뀌었다. 소련에서 좋은 것, 가치 있는 것은 모두 혁명가 차지였다. 1994년에 아브리코소프의 후손들이 정부에 건의하여 병원 이름을 다시 찾았다. 현재 모스크바에 있는 아브리코소바 병원이다.

그림 재래시장

표트르 동상을 보고 강변을 따라 크림 다리 방향으로 내려오면 시장이 있다. 6백여 미터로 펼쳐진 그림 재래시장이다. 겨울에도 그림을 외부에서 팔고 있었다. 여름에는 더 많은 그림이 전시된다. 그림을 몰라서 그런 걸까. 나는 미술관보다 이 재래시장이 더 마음에 들었다.

미술관에서는 각 홀을 담당하는 할머니들이 계셔서 쉽게 말을 걸 수도, 말할 수도 없고 그림만 보아야 했지만 재래시장은 생동감이 넘친다. 화가가 직접 자신의 그림을 팔고 있으니, 얘기도 나눌 수 있고 말만 잘 되면 공짜로 차도 한잔 얻어 마시고 러시아 샌드위치인 부테르브로트를 먹을 수도 있었다. 부테르브로트는 표트르 대제 시기 독일에서 들여온 음식으로 빵에 버터를 바르거나 소시지 깔바사, 치즈, 캐비아 등을 올려 먹는다.

한 번씩 이곳에 와서 구경하니, 유학을 마칠 때쯤 그림 상인 중에 아는 사람도 생기고 그림의 가격을 맞히는 실력도 늘었다. 화가가 자신이 그려두었던 걸 황혼에 팔러 오는 경우도 종종 있기에 잘 고르면 횡재하기도 한다.

그림 재래시장은 삶의 애환도 있고 예술의 깊이도 있으니 산책하듯 가보기를 바란다. 그림도 저렴하다. 마음에 드는 것을 고르면 된다. 단, 그림을 구매하면 통관을 위해 크림 다리 쪽 근처에 있는 그림 협회 사무실에서 허가받아야 한다.

아르바트 거리의 빅토르 초이 벽

04

넷째 날,
아르바트 거리와 빅토르 초이

"프로메테우스는 상징이다. 이것은 우주 만물의 운동에너지이고
바로 불, 빛, 삶, 투쟁, 힘, 사상이다."

스크랴빈, 「불의 시」 1911

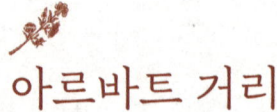
아르바트 거리

| 러시아의 몽마르트르, 젊은 예술인의 거리

 여행 나흘째. 어제 탄 스케이트가 문제였는지 발이 부어올랐다. 룸메이트는 하루 쉬라고 했지만 천천히 걸어서라도 여행을 가기로 했다. 오늘의 행선지는 아르바트 거리다. 예술의 거리이자 문학의 거리이다. 푸시킨, 투르게네프, 리바코프, 음악가 스크랴빈, 오쿠자바, 철학자 게르첸 등이 이 거리에 살았다. 이들 중 한 명의 이름만 들어도 심장이 뛰는데 어찌 이 거리를 걷지 않을 수 있겠는가. 모스크바 여행의 필수코스다. 필수가 주는 묵직함은 있지만 여행에서는 오히려 설렘과 가벼움이다. 결국 삶의 가볍고 무거운 건, 내 마음속 내 마음이다.
 지하철 스몰렌스크역에 내려 굴뚝을 통과하듯 긴 에스컬레이터를 타고 올라왔다. 1백여 미터는 될 것 같다. 방공호다. 그런데 그 방공호(지하철역)엔 화장실이 없으니 황당하다. 건설가는 인간의 원초적 문제를 어떻게 해결하려고 했을까? 늘 궁금했다.
 "아르바트 거리는 어디로 가나요?"
 "뒤쪽으로 돌아가세요."

아르바트 노래

당신은 강물처럼 흐릅니다. 이상한 이름이군요!
아스팔트는 강물처럼 투명합니다.
아, 아르바트, 나의 아르바트, 당신은 나의 소명입니다.
당신은 나의 기쁨이자 불행입니다.

당신의 행인들은 평범한 시민입니다.
그들은 발뒤꿈치로 두드리며 일터로 발걸음을 재촉합니다.
아, 아르바트, 나의 아르바트, 당신은 나의 신앙입니다.
포장도로는 발아래에 놓여있습니다.

당신은 사랑에서 벗어날 수 없습니다.
4만 명의 행인들이 보내는 사랑으로부터.
아, 아르바트, 나의 아르바트, 당신은 나의 고향입니다.
나는 결코 당신을 지나치지 않을 것입니다.

- 오쿠자바, 1956, 유튜브 'Bulat Okudzhava arbat'

아르바트의 어원은 다양하다. 옛 몽골어 수레라는 뜻의 아르바(Arba)로 킵차크 칸국에서 온 말이라고도 하고 교외(Arbad)라는 뜻의 아랍어에서 어원을 찾기도 한다. 옛날 수레가 다녔고 크렘린궁에서 1킬로미터쯤 떨어져 있었다. 당시에는 이 정도 떨어져도 교외라고 한 모양이다. 거리의 총길이는 1.3킬로미터로 남서 방향으로 길게 뻗어있다. 바로크, 고전주의, 아르누보 건물이 공존하면서 옛 모습을 잘 간직하고 있다.

교외인 만큼 애초에 대장장이와 상인이 정착했다. 국가를 뒤흔든 전쟁의 화염도 이 길을 지나갔는데 폴란드와 나폴레옹 군대가 여기를 통과하여 크렘린궁으로 침입했다. 거리의 초입에는 두 개의 소총수 부대가 아르바트 문을 지키고 행인들의 괴나리봇짐도 확인했다. 안전을 위한 도시의 최후 관문이었다.

후에 귀족들이 이곳에 별장을 지으면서 바로크와 고전주의 건물이 세워졌고 19세기부터 변호사, 의사, 학자, 배우, 작가, 음악가 등 전문가와 예술인들이 살았다. 거리에는 극장이 여러 개 있었는데 오페라, 발레, 드라마, 희극 등 공연을 볼 수 있었다. 1872년 아르바트 2번지에 프라하 레스토랑이 문을 열었고 지금도 영업한다. 프라하 케이크를 그때 그 맛으로 판다.

20세기 초, 부자들이 아르누보 건물을 지으면서 한층 아름다워졌고 대다수 예술인이 세 들어 살았으며, 혁명 후 1930년대 공동주택을 길 뒤쪽에 건설하면서 노동자들도 거주하게 되었다.

모스크바에서 최초로 차 없는 거리가 되어 각양각색의 돌을 놓고 예쁜 가로등을 설치했다. 기념품점, 환전소, 레스토랑, 카페, 극장과 공연장들이 새롭게 문을 열고 유명 관광지가 되면서, 덩달아 예술인이 그림을 그리고 노래를 부르니 러시아의 보헤미안 거리가 되었다. 인간의 향기가 물씬 풍기는 아르바트다.

푸시킨 집 박물관

| 삶이 그대를 속일지라도

푸시킨 집 박물관   푸시킨 친필

    아르바트 거리에 들어서자 하늘색 집이 보였다. 1층에 36.6이라는 약국이 있다. 러시아에서 약국이라는 글자를 몰라도 아프면 36.6이 적힌 가게에 들어가면 된다. 양약과 우리의 한약처럼 자연에서 갓 얻은 생약도 판다. 차가버섯도 있다. 약국 옆 민트색 집이 눈에 들어왔다. 아르바트 53번지다. 감탄스러운 표정을 지으며 행인에게 물었다.

"저 집은 뭔가요?"

"푸시킨의 집 박물관이에요."

"제가 찾던 집이네요. 시인은 여기서 얼마나 살았나요?"

"몇 달 밖에 못 살았어요. 상트페테르부르크로 이사했지요."

푸시킨(Pushkin, 1799~1837) 하면 우리는 늘 「삶이 그대를 속일지라도」를 떠올린다. 아픈 시대의 우리 삶처럼.

삶이 그대를 속일지라도

삶이 그대를 속일지라도
슬퍼하거나 노여워하지 마세요!
슬픈 날에는 참으세요.
기쁨의 날이 온다는 걸 믿으세요.

마음은 미래에 살아요.
현재는 슬픈 거예요.
모든 건 순간적이고 모든 건 지나갈 거예요.
지나간 것들은 사랑스러워요.

- 푸시킨, 1825

푸시킨 시 중 러시아인들에게 인기 있는 시는 「나는 당신을 사랑했습니다」이다.

나는 당신을 사랑했습니다

나는 당신을 사랑했습니다. 사랑은 여전히, 아직도....
내 영혼 속에서 완전히 사라지지 않았습니다.
하지만 사랑은 더 이상 당신을 괴롭히지 않을 겁니다.
나는 당신을 슬프게 하고 싶지 않습니다.

나는 당신을 말 없이, 바람도 없이 사랑했습니다.
때론 소심함으로, 때론 질투심에 어쩔 줄 몰라 하면서
당신을 너무나 진심으로, 너무나 부드럽게 사랑했습니다.
이제 다른 이의 사랑을 바랍니다.

- 푸시킨, 1829

푸시킨은 모스크바 '독일촌'에서 태어났다. 오늘날의 북서쪽 바우만 거리로 예전부터 외국인이 모여 사는 정착촌이 있었다. 아르바트 거리의 이 집은 시인의 신혼집이다. 그는 모스크바로 오면 늘 지인의 집과 호텔에 머물렀는데 결혼을 위해 1831년 1월 23일부터 6개월간, 총 2천 루블에 이 집 2층 전체와 마구간, 마차, 식당 등을 빌렸다.

1831년 2월 17일, 결혼 하루 전날 푸시킨은 친구와 지인을 이 집으로 초대하여 '총각 파티'를 했다. 총각들의 마지막 향연이었다. 당시 푸시킨은 31세, 아내는 18세. 원래 푸시킨이 결혼하려고 한 여자는 모스크바에 있었다. 결혼 5년 전에 만난 우사코바였다. 푸시킨은 그녀에게 자신이 지은 시를 바치곤 했다. 하지만 아내 곤차로바를 본 순간 사랑의 묘약을 마신 것처럼 모든 게 바뀌었다. 후에 우사코바는 죽으면서 푸시킨과 나눈 시를 불태워달라는 유언을 남겼다.

2월 18일 아침, 푸시킨은 결혼식을 위해 신혼집에서 1킬로미터 떨어진 대승천 성당으로 출발하려고 했다. 하지만 장모가 아침 댓바람부터 사람을 보내 결혼식 성당으로 갈 마차비가 없으니 결혼을 연기하자고 알려왔다. 장모는 푸시킨을 탐탁지 않아 했다. 분노를 억제하며 긴급히 1천 루블을 보내 결혼 비용으로 사용하도록 했다. 이 돈은 신혼 생활비였다. 푸시킨은 아내의 결혼 지참금마저 자신이 마련했다. 장모가 결혼 지참금을 한 푼도 줄 수 없다고 하자, 시인은 아버지에게 요청하여 받은 돈을 장모에게 주었다.

우여곡절 끝에 결혼식은 시작됐지만 문제는 다음이었다. 결혼식 날 일어나서는 안 될 일들이 발생했다. 그것도 하나가 아니라 연달아. 결혼식 도중 십자가와 복음서가 바닥에 떨어졌고 심지어 반지마저 떨어졌다. "쟁그랑" 소리가 성당에 울려 퍼졌다. 설상가상으로 푸시킨이 들고 있던 촛불마저 바람에 꺼져버렸다. 오, 위대한 영혼이여! 당신의 불운은 하늘의 계시인가요. 시인은 얼굴이 창백해지고 슬픈 표정을 지으며 프랑스어로 "모두 나쁜 징조야."라고 중얼거렸다.

결혼식 후 신혼집에서 축하연을 하고 2월 27일 첫 무도회를 했다. 무도회에 참가한 외교관 불가코프는 이렇게 썼다.

"어제 푸시킨은 화려한 무도회를 개최했지. 그와 그녀는 손님을 훌륭하게 대접했어. 그녀는 사랑스러웠고 한 쌍의 원앙 같았지. 하느님께서 항상 그렇게 살도록 허락하시기를 기원해. 다들 춤을 많이 췄지. 저녁 만찬은 화려했어. 항상 선술집에서 살았던 푸시킨이 갑자기 그런 가정을 꾸렸다는 것이 희한할 정도였어."

5월 15일 푸시킨은 임대 계약기간보다 일찍 아내와 함께 상트페테르부르크 황제마을로 떠났다. 장모의 영향이 컸을 것이다. 그는 아르바트 집에 살 때 이런 편지를 썼다. "나는 결혼했고 행복하다."

그에게 행복, 사랑, 가정이라는 선물을 준 집이었다. 이후 이 집은 계속 임대되었고 1884년 차이콥스키의 동생이 임차했으며 1885년 차이콥스키는 새해 축하연과 생일 파티를 여기서 했다.

아름다운 꽃문양의 철문을 열고 푸시킨 집으로 들어갔다. 당시에는 거리에서 바로 들어갈 수 있었지만 지금은 입구가 옆집에서 지하로 이동하여 들어오게 되어 있다.

1층 첫 홀은 모스크바 풍경의 석판화가 전시되어 있다. 석판화는 표트르 대제 시기 최고의 예술이었다. 배의 진수식 장면을 조각한 석판화는 세밀하여 배의 도면을 복원할 때 사용할 정도였다.

두 번째 홀은 공연장으로 17세기 서구화가 시작되면서 귀족들은 가정 극장을 하나씩 보유했고 저녁이면 음악회와 연극을 열었다. 세 번째 홀은 푸시킨의 편지와 작품, 네 번째 홀은 시인의 작품이 실린 문학잡지와 저널, 다섯 번째 홀은 시인의 모스크바 생활, 「보리스 고두노프」 희귀본과 이에 대한 글이 게재된 잡지가 전시되어 있다.

여섯 번째 홀에는 예카테리나 2세 동상이 있고, 일곱 번째 홀은 아내 곤차로바 가족의 그림과 물품, 그리고 결혼식 관련 문서, 여덟 번째 홀은 모스크바 지인에 관한 자료가 있다.

2층으로 올라가니 넓은 연회장이 있다. 바로 '총각 파티'를 한 곳으로 첫 무도회를 개최한 장소이다. 무도회장 한편에 피아노가 있고 벽에는 당시 초대받은 친구들의 초상화가 걸려있다.

연회장을 지나면 중앙 홀이다. 박물관의 핵심 장소로 푸시킨 초상화와 책상이 있다. 책상 위에 황금 바지를 입은 흑인이 닻을 잡고 기대어 서 있는 작은 동상이 있는데 아마 시인의 외증조부일 것이다. 푸시킨의 글씨를 보니 작고 가늘다. 필기체로 쓴 글씨지만 단아하고 깔끔한 느낌을 준다. 글씨가 수려하다. 이런 글씨는 러시아에서 쉽게 찾을 수 없다. 그는 외교관으로 비밀문서를 다루었고 외무부 필경사만큼 글씨를 예쁘게 썼다.

관람을 마치고 나오니 박물관 벽에는 "푸시킨이 이 집에서 1831년 2월 초순부터 5월 중순까지 살았다."라고 적혀 있다.

어느 날 여기에 다시 오니 집 맞은편에 동상이 있었다. 1999년 푸시킨 탄생 200주년 기념으로 세웠는데 결혼식 당시의 모습을 재현해 두었다. 아내의 손은 푸시킨 손 위에 살짝 올려져 있다. 자세히 보니 특이하다. 결혼 행진을 하면 손을 꼭 잡고 가야 할 텐데…. 조각가는 손과 손 사이의 틈을 두었다. 무엇을 뜻할까? 시인은 얼굴을 약간 돌려 아내를 보지만 아내는 정면을 보고 걸어간다. 결혼 행진이다. 푸시킨의 키는 166센티미터, 아내는 173센티미터였다. 실제 모습을 닮았다.

오쿠자바

| 통기타 하나로 러시아를 노래하다

푸시킨 집 박물관을 나오니 아르바트 51번지이다. 『아르바트의 아이들』을 쓴 소설가 리바코프(Rybakov, 1911~1998)가 살았다는 청동판이 있다. 리바코프는 8세 때부터 이곳에 살았으며 22세 때 반혁명 선동자로 체포되어 3년간 수형생활을 했다. 그가 쓴 『아르바트의 아이들』은 우여곡절 끝에 20년이 지난 1988년에 출간되면서 전 세계 사람에게 알려졌다. 전체주의를 고발하고 스탈린 시기의 비극적인 삶을 담은 소설이다. 시대의 목격자로서 작가는 글로서 자신의 소명을 실천했다.

아르바트 거리에 처음 왔을 땐 없었던 동상이 유학 시기 하나둘 세워졌다. 그중 하나가 아르바트 43번지에 있다.
"이 동상이 누구예요?"
"아쿠자바."
무슨 이름이 이렇지? 오쿠자바라고 쓰고 아쿠자바라고 말한다. 동상을 보니 특이했다. 가느다란 몸에 키는 크고 주머니에 손을 넣고 걸어가고 있다. 둘둘 만 종이가 팔에 끼어 있고 얼굴을 보니 까무잡잡한 흑인처럼 보인다. 인상도 괴팍하게 생겼고 곱슬머리이다. 보통 동상만 세우는데 집의 대문을 옮긴 듯 문설주가 있고 바닥은 도랑처럼 움푹 파여 있다.

 오쿠자바는 음유시인이다. 한때 우리나라 텔레비전 드라마 미생에서 나온 곡 「야생마」를 부른 비소츠키(Vysotsky, 1938~1980)가 오쿠자바에 대해 이렇게 말했다. "나의 정신적 아버지이며 그의 노래를 듣고 음악가가 되기로 했습니다." 「야생마」는 영화 「백야」에 나오는 곡이다. 주인공 발레리노 바리시니코프가 곡을 틀어놓고 극장에서 홀로 춤을 춘다. 강렬하고 비장하며 호소력이 짙은 노래로 발레리노는 노래에 맞춰 열정적인 춤을 춘다. 삶의 애환을 이겨 내고 치열한 삶을 살고자 한 주인공이다. 누구나 이 곡을 들으면 가슴속 응어리가 풀린다. 처음 들었을 때 난 정신이 혼미했다.

 오쿠자바(Okudzhava, 1924~1997)는 1924년 모스크바에서 태어났으며 아버지는 조지아인, 어머니는 아르메니아인이었다. 아버지는 공산당원으로 트로츠키 지지자였다. 오쿠자바 가족은 아르바트 거리 43번지 공동주택 4층에서 살았다. 그의 노래에 아르바트라는 말이 자주 등장하는 건 부모와 함께 이 거리에 살 때가 가장 행복했기 때문이다.

 하지만 13세 때인 1937년 비극이 휘몰아친다. '빨간 정치 테러!' 국민도 신음하고 국가도 아파했다. 아버지는 총살되고 어머니는 노동수용소로 끌려갔다. 1930년대 스탈린은 사회주의자들을 전멸시켰다. 자유주의자들은 혁명이 일어나자, 해외로 망명갈 기회가 있었지만 사회주의자들은 스탈린 체제에서 철저하게 외면당했다. 이 시기 카메네프, 지노비에프, 부하린이 총살되고 트로츠키는 해외로 추방된 후 1940년 등산용 도끼에 맞아 죽었다. 당국은 사회주의자의 가족을 가장 혹독한, 누구도 가기 싫어하는 노동수용소로 보냈는데 끌려가는 순간부터 노예가 되고 강간과 폭력을 당하는 등 육체와 정신이 피폐해졌다.

오쿠자바는 말했다. "저는 어려운 시기를 살았죠. 아버지가 총살되고 어머니가 노동수용소(굴라그)로 끌려갔어요. 저는 '인민의 적의 아들'이었어요. 1956년 무려 18년 만에 어머니와 재회했어요."

그는 부모와 헤어지고 조지아에서 할머니와 함께 살다가 친척집에 얹혀살았다. 제2차 세계대전에 참전하여 다쳤다. 전쟁에서 돌아온 후 그는 트빌리시대학에서 공부했으며 졸업 후 교사가 되어 러시아어와 문학을 가르쳤다. 가명으로 지역 신문에 시를 게재하고 모스크바로 이주하여 문학 잡지사에서 일했다.

어느 날 기타를 연주하며 시를 노래로 불렀다. 그의 노래를 들은 친구들이 감탄하며 녹음하여 다른 사람에게 들려줬는데 음성이 좋아 순식간에 러시아 전역으로 퍼졌고 해외까지 그의 감미로운 목소리가 알려졌다. 해외에서 요청하여 파리와 도쿄 등에서 공연했다. 그의 노래는 국민의 감성을 자극했다. 숨어 있던 인간의 향수를 불러일으켰다. 죽지 않는 살아 있는 삶이었고 자유였다.

그의 목소리는 언어를 전공한 사람답게 분명하고 깔끔하다. 기타 소리를 듣는 순간 음률에 빠져든다. 그는 고함치지도 온갖 인상을 찡그리지도 목에 힘을 주지도 않는다. 옆집 아저씨처럼, 30년 된 친구처럼 편안하게 노래를 부른다. 하지만 그의 노래를 듣고 있노라면 몰입하게 된다. 그 넓은 공연장에서 기침도 할 수 없을 정도로 청중은 집중한다. 왜 그럴까?

당시 러시아는 사회주의 리얼리즘에 빠져있었다. 국가가 선전·선동하는 예술이었다. 볼셰비키 혁명에 기초한 사회주의 사상을 국민에게 알리는 것이 예술이었다. 노벨 문학상 수상자 숄로호프(Sholokhov, 1905~1984)는 이렇게 말했다. "사람들이 새로운 세계를 건설할 수 있게 적극적으로 도와주는 예술이 사회주의 리얼리즘입니다."

하지만 국민의 마음은 전혀 달랐다. 오쿠자바의 노래에는 아픔과 슬픔, 그리고 자유가 묻어있었다. 너무도 서정적이어서 국민의 마음을 파고들었다. 영화「사막의 하얀 태양」의 주제곡「당신의 영예」를 작곡한 그는 진정한 국민 스타가 되었다.

그는 푸시킨이 살았던 집 근처에서 어린 시절을 보냈기에 시인을 그리워하고, 정신적 스승으로, 존경하는 시인으로 추앙했다. 그에게 아르바트는 모든 것이었다.

내가 가장 좋아하는 그의 곡은「포도씨」이다.「그루지야 노래」라고도 한다. 어느 여름날 해거름이 사라지고, 어둑어둑해질 무렵 모스크바 근교 페레젤키노에 있는 그의 별장에서 이 곡을 들었다. 너무도 감미로운 곡이다. 삶의 애환을 노래로 승화한 곡!

포도씨

따뜻한 땅에 포도 씨앗을 심고
포도 덩굴에 입 맞추고 잘 익은 포도송이를 따고
내 마음에 사랑을 가득 담아 친구를 초청하고.
그렇게 하지 않을 거라면, 이 영원한 땅에서 왜 살겠는가?

나의 환대로 손님이 모이고
사람들이 나를 두고 뭐라 하는지 얼굴을 맞대고 말해주게나.
하느님이 나의 죄를 용서해 줄 것이네.
그렇게 하지 않을 거라면, 이 영원한 땅에서 왜 살겠는가?

검붉은 그녀는 나를 위해 노래를 하고
흑백의 나는 그녀 앞에 고개를 숙일 것이네.
나는 노래에 귀를 기울이고, 사랑과 슬픔으로 죽을 것이라네.
그렇게 하지 않을 거라면, 이 영원한 땅에서 왜 살겠는가?

노을이 소용돌이치며 모퉁이를 돌 때
푸른 물소, 흰 독수리, 황금 송어들,
그것들이 몇 번이고 내 앞에서 헤엄치게 하게나.
그렇지 않다면, 왜 이 영원한 땅에서 살겠는가?

- 오쿠자바, 1967, 유튜브 'Okudzhava vinogradnaya kostochka'

빅토르 초이

| 전설의 록가수, 담배꽁초 하나

빅토르 초이의 벽

 아르바트 거리에는 한국인이라면 "꼭" 가보는 장소가 있다. 그곳으로 갔다. 오색찬란한 집들을 보며 아르바트 37번지에 도착했다. 틀림없이 이 근처라고 했는데 아무리 찾아보아도 없다. 처음 가면 찾기가 쉽지 않다.

 "혹시 빅토르 초이 벽이 근처에 있나요?"
 "이 황토색 건물 옆면에 있어요."

러시아어에서는 최를 '초이'로 읽는다. 초이(Tsoi, 1962~1990)는 소련 전설의 록 가수이다. 사람들은 그를 영웅이라고 말한다. 초이는 아르바트에 살지도 않았고 이 거리에서 공연하지도 않았다. 그럼, 어떻게 이 거리에 추모 벽이 생겼을까?

1980년대 중반부터 소련의 젊은이들은 행사를 알리거나 공지할 때 이 벽을 이용했다. 하나의 거대한 게시판이었다. 초이의 사망이 알려지자 누군가 벽에 적었다.

"오늘 빅토르 초이가 죽었습니다. 우리는 당신을 존경할 것입니다(Сегодня погиб Виктор Цой, мы будем уважать тебя)!"

어떤 누군가는 이렇게 적었다.

"초이는 살아 있습니다(Цой жив)."

팬들이 초이의 사진, 그림, 시 등을 벽에 붙이거나 적었다. 당국은 이것을 없애려고 했다. 초이의 팬들은 24시간 교대로 6개월간 벽을 사수했다. 주민들은 시끄러워서 불만이 많았지만 록 음악의 성지가 되었다. 일 년에 두 번 성지를 순례하듯 어마어마한 음악 애호가들이 이곳에 모인다. 초이가 지구에 온 날과 우주로 떠난 날이다. 매년 벽화가 바뀌고 새로운 낙서가 생긴다. 바뀌지 않는 것은 "초이는 살아있다."라는 문구와 그곳에 담배가 늘 놓여있다는 것이다.

처음으로 이 벽에 갔을 때 록 음악가들이 있었다. 손에는 기타와 맥주병을 들고 검은 가죽 점퍼에 가죽 장갑, 군화와 가죽 장화, 불그스름한 머리카락은 하늘을 향하고, 큼직한 귀걸이를 끼고. 무서워서 감히 가까이 갈 수 없었다. 괜히 서툰 러시아어를 하다가 된통 당하겠다는 생각밖에 없었다. 이 추위에 머리를 빡빡 깎은 사람도 있었다. 초이 벽이라고 왔는데 특이한 애들만 실컷 보았다. 멀찌감치 뒤로 물러나서 벽을 보니 아방가르드다. 이해할 수 없는 글씨와 그림이 온통 색칠되어 있었다. 사진도 못 찍게 했다.

"사진 찍지 마!"

자기들 벽도 아니면서 마치 잡아먹을 것 같았다. 슬쩍 한 번 더 보고 살금살금 이동했다. 러시아 물정을 알고 대화가 수월해졌을 때 다시 왔다. 가까이 가서 빅토르 초이 노래를 불러 줄 수 있냐고 슬쩍 물었다. 씩 웃으면서 기타를 쳐주었다. 맥줏값만 주어도 좋아했다. 난 초이의 노래 「혈액형」, 「태양이라는 이름의 별」, 「담배」, 「뻐꾸기」를 자주 요청했고 그들은 신이 나서 쳐주었다.

한국인인 나로서는 초이에 대해 좀 더 적지 않을 수 없다. 그는 1962년 6월 21일 상트페테르부르크에서 태어났다. 아버지 최동열은 기술자였고 어머니는 러시아인으로 교사였다. 할아버지 최승준은 1937년 극동에서 카자흐스탄 크즐오르다로 강제로 이주당했다.

유치원 시절 초이의 그림 실력을 보고 어머니는 재능을 살리기 위해 그를 예술학교로 보냈다. 그는 책을 좋아하고 그림 그리기와 조각을 좋아했다. 수줍음이 많고 내성적이었다. 아버지는 초이가 5학년 때 기타를 사주었다. 그는 13세에 친구와 함께 그룹을 만들어 록을 연주하고 베이스 기타를 쳤다. 15세에 미술학교에 입학했다. 미술에 뛰어난 재능을 가지고 있었지만 규칙적이고 힘든 것을 싫어했다. 늘 새로운 것에 흥미를 느꼈던 그는 오히려 음악에 많은 시간을 할애하면서 퇴학당했다.

1982년 20세에 그가 만든 록 그룹 '키노(영화)'는 레닌그라드 록 클럽 회원이 되었다. 이 시기 그는 친구들과 함께 아파트와 지하실 등 언더그라운드에서 공연했다. 레닌그라드 록 클럽은 소련 최초로 당국에서 승인한 클럽이었다. KGB가 클럽을 도와주었다. 록 가수들이 지하에서 불안한 세력으로 성장하도록 내버려 두는 것보다 오히려 승인하여 관리하는 것이 훨씬 유리하다고 생각했다. 록 공연장에는 KGB 요원이 늘 관중으로 있었다.

1970년대 비틀스 음반이 핀란드에서 상트페테르부르크로 몰래 들어오면서 지하에서 서구의 록 음악이 퍼졌다. 초이가 좋아한 그룹도 비틀스였다. 이 시기 록은 이미 언더그라운드에서 많이 퍼져 있었다.

1982년 '아쿠아리움' 그룹의 리더였던 그레벤시코프(Grebenshchikov, 1953년~)의 도움으로 초이는 「45」라는 첫 앨범을 발표한다. 「45」 앨범의 총 노래 시간이 45분이었다. 그는 러시아 록의 대부로서 초이의 음악을 듣고 재능을 알아보았다. 당시 초이는 무명이었고 그레벤시코프는 유명한 록가수였다.

초이가 대중적으로 알려지게 된 것은 1987년 25세에 「혈액형」이라는 앨범을 발매하면서부터이다. 앨범 제작을 도와준 사람은 미국인 록 애호가 스팅레이였다. 어떻게 미국인이 소련에 왔을까 궁금하겠지만, 1980년대 후반에는 러시아 예술인의 해외 공연이 있었고 미국인도 러시아로 여행 오기도 했다.

발매 후 국민의 폭발적인 인기로 초이는 모스크바, 키예프, 민스크 등으로 순회공연을 다녔으며 많은 젊은이가 초이처럼 옷을 입고 행동했다. 전설의 시작이었다. 그의 음악은 이 시기부터 음이 탁월해지는데 중저음의 목소리에서 뿜어내는 에너지가 무대를 압도했다.

1989년 봄, 전문 스튜디오에서「태양이라는 이름의 별」앨범을 녹음하고 발매했다. 드디어 영웅이 탄생했다. 그는 덴마크로 첫 해외 공연을 갔으며 이후 프랑스, 이탈리아 등에서 공연했다. 영웅이 된 그에게 기자가 질문했다.

"당신은 스타라고 생각하나요?"

웃으면서 대답했다.

"스타가 보일러실에서 석탄을 용광로에 던지나요?"

그는 자신을 스타라고 생각한 적이 없고 늘 소탈했으며 진솔했다. 그는 보일러실에 앉아 뭔가 깊게 심취하여 작곡했다.

"작곡은 어떤 식으로 하고, 곡을 쓰기 위해 어떤 노력을 하는지요?"

"저는 그냥 끄적입니다! 그러다 보면 영감이 떠올라요. 반드시 쓰고야 말겠다는 마음으로 하는 건 아니에요!"

초이는 그룹 '키노'의 모든 곡을 작곡했다. 천재적인 재능이 있었다. 그는 앨범의 표지도 직접 그릴 정도의 예술가였다. 초이는 틈틈이 그림을 그렸는데 밝고 단순했으며 좋아한 색깔은 노랑이었다.

초이는 영화에 출연하기도 했는데「휴일의 끝」,「아사(ASSA)」,「바늘」등이다. 특히 영화「아사」에서 부른 곡인「변화(Change)」는 당시 페레스트로이카(개혁)를 상징하는 노래였다. 오늘날 벨라루스 민주화 운동에 사용되고 있다.

영화 「바늘」에서는 주연 배우였다. 마약 갱단들에 맞서는 사람이었다. 악당이 그에게 담배를 피우게 불을 달라고 한다. 불을 주자 그를 찌른다. 피가 눈 위로 뚝뚝 떨어진다. 그는 쓰러지고 악당은 떠나지만 그는 죽지 않고 다시 일어서서 담배에 불을 붙이며 걸어간다. 초이는 살아 있는 것이다. 죽은 것이 아니다. 이 영화는 1989년 1천 5백만 명의 관중이 본 최고의 흥행작이 되었고 그는 그해 최고의 배우로 선정되었다.

초이는 음악 활동을 하며 사회적 '기생충'이 되지 않기 위해서 목욕탕 청소부, 보일러공, 목수 등의 일을 했다. 보통 하루 한 시간이었다. 공연한 후 목욕탕을 청소하거나, 페치카에 석탄을 넣은 후 공연하기도 했다. 저녁 시간에 록 공연을 해야 하는데 목욕탕 청소를 저녁에 하니 여간 힘든 것이 아니었다. 한때 그는 아파트 지하실에 있는 보일러실에서 석탄을 보일러에 넣고 아예 그곳에서 공연하기도 했다.

당시 소련에는 특이한 형법이 있었는데 흔히 말하는 '무위도식 금지법'으로 기생충 퇴치법이었다. 정부의 선전 문구가 "기생충들-우리의 적. 그들로부터 노동의 빵을 아끼세요."였다. 1961년 5월 4일 채택된 소련 형법 209조가 '기생충'에 관한 것이었고 일하지 않고 반사회적으로 기생하는 사람은 최대 5년간 수용소로 보냈다. 실업자, 불로 소득자(임대인, 전당포), 매춘, 알코올 중독자, 시인, 음악가, 개인사업가 등이 범죄자로 기소되었다. 기생충이 되면 도시에서 2~5년

이내에 퇴거해야 했고 그의 재산은 부정하게 취득한 것으로 간주하여 몰수되었다.

이 법 때문에 시인이나 심지어 물리학자, 언어학자 중에도 집단농장 노동자, 승강기 기사, 목수로 일하는 사람이 있었다. 러시아 인기록 그룹의 셉추크(Shevchuk, 1957~) 역시 경비원과 청소부로 일했다. 1980년대 초반 안드로포프 시기 청년 공산당원들은 한낮에 영화관, 상점, 미용실 등을 돌아다니며 기생충을 체포했다. 소련 붕괴 직전까지 이 법이 존재했으니 소련에서는 일을 안 해도 문제였다. 사회주의는 놀아도 안 된다. 모두가 일해야만 했다. 건성건성이라도.

1989년 그룹「스콜피언스」도 참여했던 모스크바 평화 음악 페스티벌 이후 소련 국민에게 최고의 음악은 록이었다. 이런 분위기에 최고의 록 그룹 '키노'가 무대에 올라왔다. 1990년 6월 24일 저녁, 올림픽 주경기장에 구름떼같이 사람들이 몰려들었다. 2부 행사 시작과 함께 초이를 호명하자 경기장은 들썩였다. 앉아 있을 수 없었다. 목마를 타고 환호하며 깃발을 흔들고 춤을 춘다. 무대 뒤에는 검은색 바탕에 흰색 글씨로 "키노(КИНО)"라고 적혀 있다.

초이가 무대로 나온다. 여느 때와 마찬가지로 검정 옷을 입고, 입을 마이크에 최대한 밀착한 다음 노래를 부른다. 얼굴을 왼쪽, 오른쪽, 획획 돌린다. 발은 뛴다. 노래 외에 그가 한 말은 거의 없다. 40분간 열광의 무대였다. 관중은 폭발했다. 다 함께 고함을 지르며 노래를 따라 불렀다. 경찰들도 하나가 되어 공연을 즐겼다. 공연 후 초이는 두 달간의 휴식과 새 음반을 위해 라트비아로 떠났다.

　1990년 8월 15일 오전 11시 28분, 그날 라트비아의 슬로카-탈레이 35킬로미터 지점에서 교통사고가 났다. 초이는 아침 일찍 낚시하고 돌아오는 길이었다. 마주 오는 버스와 충돌! 공식 사고원인은 초이의 졸음운전이었다. 초이의 자동차가 시속 1백 킬로미터를 달렸다고 했다. 음주운전은 아니었다. 브레이크 흔적도 없었다.
　그 길을 자세히 확인해 보니 시속 1백 킬로미터로 달릴 수 없다. 마주 오는 버스 역시 오른쪽으로 갓 돌았기에 속도도 높지 않았다. 도로 폭이 5미터도 안 되는 좁은 왕복 1차선의 지방도로이다. 당연히 중앙분리대도 없다. 아스팔트였지만 울퉁불퉁하다. 초이 방향에서 도로가 직선에서 오른쪽으로 조금 휘어진다. 휘어진 것을 보았으면 자동으로 감속하는 위치였다. 낚시터에서 초이가 있었던 마을까지는 10분 정도 되는 가까운 거리였다. 차는 서쪽에서 동쪽으로 달렸지만 태양은 이미 중천에 있었다. 빛 반사도, 안개도 없었다. 초이는 노래할 때와는 달리 상당히 신중한 성격이었다. 내성적이었다.
　물론 여름이었기에 가로수 잎이 무성해서 굽어 들어오는 버스를 보지 못했을 수 있다. 하필이면 도로 폭이 사고지점에서 살짝 좁아지는 다리를 지나서 사고가 났다. 초이의 차는 새 차로 총 3천4백 킬로미터를 달렸다. 버스에는 승객이 없었다. 버스는 관광객을 공항에 실어주고 돌아오는 길이었다. 기사 외에 증명할 사람이 없었다.
　사고 난 지점에 추모 비석을 세웠는데 대표곡인 「전설」에 나오는 가사였다. "죽음은 살아갈 가치를 주고 사랑은 기다릴 가치를 준다. - 빅토르 초이."

8월 19일 상트페테르부르크에서 장례식이 있었다. 수천 명의 팬이 모였고 하루 동안 3만여 명이 그의 무덤을 찾았다. 팬들이 충격으로 자살했다. 도시의 자살자 수가 30퍼센트나 급증했다. 수많은 팬이 그의 사후 40일까지 무덤에서 텐트를 치고 그를 지켰다.

우리나라에 49재가 있듯 러시아에서는 40재가 있다. 이 기간에는 무덤의 조화를 누구도 치우지 않으며 가정집에서는 고인을 기리는 물을 접시에 담아 부엌이나 침대에 올려둔다. 물은 매일 아침에 갈아 주고 촛불을 켜두고 기도한다. 경건한 행동을 하며 술도, 성생활도 금지한다. 문밖이나 창밖에 고인의 영혼이 자신의 집을 찾아올 수 있도록 수건을 걸어 두고 40일이 지나면 태운다. 40일이 되는 날, 묘지를 방문하여 조화를 없앤다. 유족은 상복을 입고 다른 이들은 검정 옷을 입는다. 고인의 공덕과 선행을 기억하며 영원한 안식처로 가기를 기도한다. 40재 참가자들은 추모 테이블에 모인다. 고인이 가장 좋아하는 음식을 식탁에 올려놓는데 상주는 기도 후 추모의 말과 함께 고인과 참석자들에게 감사를 표한다.

초이는 반체제인사가 아니었다. 그는 영감을 얻어 온 힘으로 작곡했고 노래 불렀다. 국민은 그의 음악을 좋아했다. 그의 노래는 "시대의 상징"이었다. 현재 초이의 보일러실은 록의 성지이다. 초이는 천재 예술가였고 새로운 것을 창조하는 탁월한 능력이 있었다.

스크랴빈

| 프로메테우스(「Prometheus」), 소리에 색을 입히다

아르바트 거리엔 모스크바에서 가장 오래된 동물 가게가 있다. 30번지이다. 1920년대부터 수많은 아이에게 기쁨과 즐거움을 준 곳이다. 앵무새, 고양이, 개, 도마뱀, 금붕어 등등.

한겨울인데도 쇼윈도에 동물이 보인다. 뭐가 있을까 하는 마음에 들어갔다. 입구를 지키는 건 앵무새. 누가 도둑질하러 들어오나 고개를 이곳저곳 돌리는 녀석. 아랑곳하지 않고 웃으면서 러시아어로 '프리벳(안녕)'이라고 말하니, 나에게 '프리벳'이라고 말한다. 옳거니 잠시 생각한 후, 난이도 높은 숙제를 던져 주듯 한국어로 '안녕'이라고 말하니 못 알아들었는지 고개를 갸우뚱한다. 골려 주는 재미에 빙긋 웃으며 아이처럼 플라스틱 통에 있는 이 애 저 애를 봤다. 겨울인데도 어떻게 된 건지 냄새가 하도 나서 숨을 꾹 참고 한 바퀴 휙 둘러보고는 숨 가쁘게 나왔다. 두 번 다시 안 들어가야지!

아르바트 거리 28번지와 26번지 사이의 좁은 길을 따라 150미터 정도 가면 우리의 삶을 창의적으로 이끌어 줄 유명한 작곡가를 만날 수 있다. 스크랴빈(Scriabin, 1872~1915)이다. 천재 음악가의 마지막 삶을 그대로 전시해 두었다. 피아노, 책상, 색깔 전등, 침대, 장롱, 어머니 초상화 등등. 갓 볶은 커피를 마실 수 있는 카페, 음악을 들을 수 있는 콘서트홀도 있어 여행의 즐거움을 배로 높일 수 있는 곳이니 지나치기에 아쉽다.

1891년 당대 최고의 의사와 학생이 치료실에 앉아있다. 둘은 우울하다. 긴 침묵을 깬 건 의사의 무거운 입이다.

"음, 사포노프 선생님께서 치료를 잘 해달라고 요청했는데. 어떻게 말해야 할지 모르겠네. 정말 난감해."

"심각한가요?"

"응. 힘들 것 같아."

"무슨 뜻이죠? 의사 선생님!"

"내 말이 냉정하게 들릴지 모르지만, 손 근육이 영원히 회복될 수 없다는 뜻이야."

"영원히요?"

학생은 슬픔에 젖어 그의 오른손을 애처롭게 쳐다보았다. 기술적으로 매우 어려운 작품인 발라키레프의 「이슬라메이」와 리스트가 편곡한 「환상 교향곡」을 너무도 열심히 연주했다. 피아니스트에게 손은 생명인데 생명을 하나 잃었다.

하지만 천재 작곡가는 이 고난에 주저앉지 않고 잃어버린 생명을 살려 예술을 향한 열정으로 장애를 극복하고 모든 재능을 쏟아낸다. 오늘날 현대 음악에서 그에 대한 호기심은 대단하다. 어떤 작곡가일까?

  스크랴빈은 모스크바에서 태어났으며 아버지는 외교관, 어머니는 상트페테르부르크 음악원을 졸업한 피아니스트였다. 그가 한 살 때 어머니가 죽은 후 할머니와 고모가 양육했다. 어려서부터 피아노 레슨을 받았으며 기억력이 좋아 한 번 들은 곡은 그대로 연주했다. 8세에 작곡을 시작했는데 즉흥적으로 연주하는 걸 좋아했다.

  그의 재능을 알아본 사람은 다름 아닌 어머니의 스승이었던 안톤 루빈시테인이었다. 차이콥스키의 스승이기도 했던 루빈시테인은 스크랴빈의 어머니를 고명딸처럼 아꼈다. 그는 스크랴빈의 재능을 살리기 위해 이런 말을 했다. "강요는 절대 안 돼요. 자유롭게. 자유롭게. 아이가 원하지 않을 때 연주나 작곡을 강요하지 마세요."

  스크랴빈은 쇼팽 곡을 좋아했으며 잠잘 때 늘 베개에 악보를 넣어두었다. 1888년 16세 나이로 모스크바음악원의 작곡과와 피아노과에 동시 입학했다. 전설의 무시험 입학. 이미 그는 70여 곡을 작곡했다. 당시에는 음악원 원장이 인정하면 합격하는 관례가 있었다. 그만큼 원장의 권위가 대단했다. 그와 함께 입학한 사람이 라흐마니노프(Rachmaninoff, 1873~1943)였다. 둘은 친구였다.

  스크랴빈은 졸업을 앞두고 연습에 몰두하다가, 손을 다쳐 인생에서 가장 힘든 시기를 보낸다. 자신의 삶을 되돌아보고 살아가는 이유를 찾기 위해 철학서를 탐독했다. 얼마나 탐독하고 탐독했으면 그를 철학자이자 음악가라고 말할까. 그는 스위스 제네바의 국제철학

학회도 참여하고 이상주의 철학자 트루베츠코이와 친했으며 사회주의 사상가 플레하노프와 토론도 한다. 이 시기 그는 일기장에 이렇게 썼다.

"내 삶에서 첫 번째 심각한 실패. 첫 번째 깊은 사고. 분석 시작. 회복할 수 있을지 의심이 가지만 가장 우울한 기분. 삶의 가치, 종교, 신에 관한 첫 번째 생각."

1892년 그는 모스크바음악원에서 금메달을 받고 졸업한 후 피아노 소나타 곡을 작곡했다. 사람들은 그를 '러시아의 쇼팽'이라고 불렀다. 초기의 곡들이 쇼팽의 영향을 많이 받았기 때문이다. 그는 차츰 자신만의 특색을 가지고, 새로운 시선을 담은 곡을 썼다.

1894년 그는 러시아 교향곡 연주회에 참여했는데 젊은 음악가를 돕는 자선가 벨랴예프(Belyaev, 1836~1904)가 기획한 연주회였다. 목재 상인이었던 벨랴예프는 스크랴빈의 음악에서 신선함을 느꼈다. 역사적 만남이었고 상인은 젊은 피아니스트를 후원하기 시작했다. 만일 후원가의 도움이 없었으면 오늘날 우리는 그의 작품을 들을 수 없었을 것이다.

벨랴예프는 스크랴빈의 오른손을 치료하기 위해 그를 독일과 스위스에 보냈으며 유럽 공연을 지원하고 매년 1천 루블의 장학금을 주었다. 당시 아파트 한 달 임대료는 40루블이었다. 스크랴빈은 기쁜 마음으로 벨랴예프에게 편지를 보냈다. "그동안 제가 간절히 원했던 것을 이곳에서 찾았습니다."

잠시, 벨랴예프가 누군지 쓰고 싶다. 벨랴예프의 아버지는 1대 길드 상인이었다. 아들은 어려서부터 바이올린, 피아노, 비올라를 연주했으며 아들의 재능을 알아본 아버지는 음악에 전념하라고 권유했다. 하지만 아들은 가업을 이어받은 후 자신은 비록 재능을 살리지 못했지만, 가난한 음악가를 도와주기로 마음먹었다.

벨랴예프는 음악가를 위해 출판사를 만들고 콘서트를 기획하였고 재능 있는 사람을 후원하기 위해 거금을 기부하여 '글린카 상'을 제정했다. 실내악 협회장이 되어 물심양면으로 음악가를 지원했다. 러시아 회화에 자선 기업가 트레티야코프가 있다면, 음악에는 벨랴예프가 있었다. 러시아 예술을 꽃피운 건 이들 기업가의 숨은 헌신과 자선이 한몫했다. 그의 사후에도 자선단체는 계속 활동했지만 안타깝게도 볼셰비키 혁명으로 모든 게 중지되었다.

스크랴빈은 유럽에서 돌아온 후 피아노 소나타와 교향곡을 작곡하며 모스크바음악원에서 교수로 잠시 재직했다. 하지만 학생을 가르치는 게 작곡에 방해가 된다며 교수직을 사직하고 스위스로 떠났다. 당시 예술인들은 창작을 위해 자유로운 스위스를 좋아했다.

그의 대표작은 교향곡 3번 「신성한 시(The Divine Poem)」, 교향곡 4번 「황홀한 시(The Poem of Ecstasy)」, 그리고 「프로메테우스: 불의 시(Prometheus: the Poem of Fire)」이다. 인생의 마지막에 시도한 곡이 「미스터리」였다.

「신성한 시」는 1905년 파리에서 초연되었으며 인간의 정신세계에 있는 세 가지, 즉 투쟁, 쾌락, '신성한 놀이'의 발전을 담았다. 꿈과 자유를 위해, 장애를 극복하기 위해 투쟁하는 한 인간의 이야기였다. 작곡가 자신의 이야기이다.

예술 비평가 스타소프(Stasov, 1844~1930)는 지금까지 그 어떤 누구도 작곡하지 못한 교향곡이라고 극찬했으며, 노벨상 수상자 파스테르나크는 이렇게 말했다. "맙소사! 이게 음악이었다니. 교향곡은 마치 포탄에 맞은 도시처럼 철저히 파괴되고 붕괴된 채 완전한 폐허 속에서 다시 모든 것을 세우고 성장했지."

스크랴빈은 이탈리아의 제노바 해변에 정착하며 새로운 형식의 곡을 작곡했다. 당시의 감정을 이렇게 말했다. "모든 예술은 서로 융합해야 하며 특히 철학과 결합해야 한다. 나는 지금 감동과 행복 속에서 곡을 쓰고 있다."

작곡가는 1905년 피의 일요일 사건에 영감을 얻어 「황홀의 시」를 작곡하고 1908년 뉴욕에서 초연했다. 이 곡은 해방된 행동의 기쁨, 자유의 기쁨을 표현한다. 기쁨의 에너지를 완전히 소진할 때 비로소 황홀의 시간에 이른다.

플레하노프는 이렇게 평가했다. "그의 음악은 광활하다. 이상주의자, 신비주의자의 관점에서 우리의 혁명 시대를 반영하고 있다."

스크랴빈은 대성공을 거둔 후 러시아 곳곳에서 음악회를 개최했다. 1911년 모스크바에서 「불의 시」를 초연했다. 그는 불의 시를 이렇게 말했다. "프로메테우스는 상징이다. 이것은 우주 만물의 운동 에너지이며 바로 불, 빛, 삶, 투쟁, 힘, 사상이다."

그는 음악에 빛과 색을 입혔다. 소리에는 색상이 있고 그 소리에 따라 색상이 바뀐다. 나는 소리에 색이 있는지는 모르지만, 아무튼 그는 신비로운 음악을 작곡했다.

미완성 작품인 「미스터리」는 모든 인류를 통합하고 따스한 형제애와 함께 새로운 세상을 열고자 하는 곡이다. 빛, 소리, 향기, 시, 건축, 합창, 오케스트라 등 모든 걸 융합하여 신비로운 소리를 담고자 했다. 안타깝게도 미스터리를 무대에 올리지 못하고 그는 1915년 패혈증으로 사망했으며 노보데비치 묘지에 묻혔다.

친구 라흐마니노프는 러시아를 순회하며 스크랴빈 독주회를 개최했다. 당시만 해도 라흐마니노프는 작곡가로 알려졌지만 순회 연주회를 계기로 피아니스트로도 알려졌다.

스크랴빈의 음악을 한 번에 알 수 있는 프로메테우스 「불의 시」는 불처럼 활활 타오르다 완전히 연소하고, 순간 어둠에 잠기면서 끝이 난다. 이 곡은 빛과 소리가 어떻게 조화를 이루는지 생각하며 들어야 한다. 우리 인간도 거대한 빛을 받는 지구라는 조그마한 행성에 태어났으니, 자신의 재능, 자신의 에너지, 자신의 사랑을 활활 태우고 떠나길 바란다. 에너지가 완전히 연소한 그 순간이 황홀의 순간이자 빛의 순간이다.

빛과 소리의 조화. 난 모른다. 하지만 영상으로 보면 안다. 어떻게 둘을 조화롭게 만드는지. 스크랴빈의 '프로메테우스(Prometheus)'를 보면 안다.

바흐탄고프와 투란도트 공주

| 연극을 창조하다! 사실, 그리고 환상

아르바트 거리를 걷다 보면 짙은 회색빛 건물이 있다. 26번지이다. 이 화려한 거리에 왜 이런 건물일까? 뭔가 소련의 냄새가 난다. 소련의 건축은 예쁘면 코도 잘라내고 귀도 잘라낸다. 단순해야 한다. 소련 최고의 영화 중 하나인 「운명의 아이러니」의 첫 장면이 코믹하다. 건축사가 예쁜 아파트 도면을 들고 도시계획 위원장에게 보여주자 가차 없이 잘라낸다. 싹둑싹둑. 천편일률적인 아파트가 전국 방방곡곡에 세워진다. 사치스러움은 사회주의의 적이다.

건물 외벽에 포스터가 크게 붙어있다. '티아트르(극장)'이다. 행인에게 무슨 극장이냐고 물었더니, 유명한 배우이자 연출가였던 바흐탄고프극장이라고 말하며 작품 「투란도트 공주」를 보라고 말해주었다.

1922년 2월 23일 새벽 3시, 볼셰비키 혁명이 일어나고 얼마 되지 않았을 때 아르바트 거리의 한 극장에 사람들이 모여 있다. 관중석에 앉은 중년의 환자는 무대를 보며 외쳤다.

"자, 이제 너희들에게는 아무것도 요구하지 않겠어. 다만 처음부터 끝까지 조명만 볼게. 다시 한번 하지."

"아니 또 하나요? 감독님, 지금 새벽 3시에요."

불만이 가득한 배우들이 경악했다.

"조명이 어떻게 되는지 정확하게 알아야 해."

환자는 무대에서 커튼이 닫히는 속도까지 계산할 정도로 치밀했다. 이렇게 말한 환자도 거의 초주검 상태였다.

"수고했어. 그럼, 이제 작품에 대해서 토의를 해보자고."

배우와 연출자는 밤새워 토론했다.

"오늘 모두 수고했어. 이제 무대에 올리는 것만 남았어."

아침이 되어서야 배우들은 집으로 갔다. 혼자 관중석에 남은 환자는 그제야 외친다.

"으윽, 오, 신이시여!"

극장이 떠나갈 정도로 고통을 호소했다. 이미 체온이 40도였다. 아내에게 전화했다.

"으윽, 이제 집으로 갈게. 아!"

아내는 걱정이 되어 문밖을 나갔다. 이미 오전 9시. 극장과 환자의 집은 1킬로미터가 채 되지 않았다. 그는 휘청거리는 몸을 끌고 침대에 겨우 누웠다. 그리고 다시는 일어나지 못했다. 위암 말기 환자였다. 죽어가면서도 연극이라는 장르에 영혼을 담은 그는 누굴까?

바흐탄고프(Vakhtangov, 1883~1922)는 청출어람의 인물이다. 어려서부터 연극이라는 장르에 뛰어들어 온갖 어려움을 극복하고 죽어가면서도 오직 연극에 한평생을 바친 사람이다. 그는 러시아 남부 블라디카프카스에서 부잣집 아들로 태어났다. 아버지는 아르메니아인이었는데 담배회사를 운영했고 아들이 가업을 잇기를 원했다.

하지만 아들은 춤과 만돌린 연주를 좋아했고 친구들과 아마추어 연극동아리를 만들어 배우 겸 연출을 했다. 아버지는 아들을 모스크바 친척에게 보냈고 아버지의 바람대로 일단 모스크바국립대학 물리수학학부에 입학했지만 수업은 듣지 않고 연극동아리에서 활동했다. 이후 법학부로 전학했지만 결국 제적되었다. 아들은 제적에 아랑곳하지 않고 극단에서 연출했다.

바흐탄고프는 26세에 처음으로 연극을 전문적으로 배우고자 아다세프 연극학교에 입학했다. 그는 수업 외에도 배우, 작가, 연출가, 무대 음악가로 활동했으며 파리까지 가서 극단의 조수 역할을 했다. 오직 연극에 목숨을 걸었다. 다른 어떤 것에도 눈을 돌리지 않는 예술에 대한 열정 그 자체였다.

그는 28세에 연극학교를 졸업하고 모스크바예술극장에서 배우 겸 조교로 일했다. 극장의 1 스튜디오를 감독하며 학생을 가르쳤는데 그곳은 스승인 스타니슬랍스키의 연극 방법으로 가르치는 곳이어서 자신이 원하는 작품을 할 수 없었다. 자신만의 독특한 창작 활동을 위해 학생 스튜디오를 별도로 세웠다.

1914년 그는 「라닌의 저택」을 초연했지만 실패했다. 스승 스타니슬랍스키가 분노했다. 배우들이 극에서 체계적으로 움직이지 않고 각자 자신을 돋보이는 것에만 몰두했기 때문이다. 조화롭지 못했다.

스승은 그가 더 이상 학생을 가르치지 못하게 했다. 하지만 그는 굴하지 않고 '지하'로 들어갔다. 더 많은 학생을 모아 놓고 밤을 새워가며 연기했다. 그들은 대부분 낮에는 일하고 밤에 모여 연기했다.

바흐탄고프는 생명이 꺼져가는 와중에도 걸작을 남겼는데 「투란도트 공주」였다. 새벽까지 마지막 예행연습을 하고 토론했다. 세상을 뒤흔들어 놓은 작품이었다.

1922년 2월 27일, 연출가 없이 투란도트는 초연되었다. 1막이 끝나고 스타니슬랍스키는 아픈 제자를 직접 만나 축하 인사를 전했다. 돌아온 후 공연이 재개되었고 막이 내린 후 그는 바흐탄고프에게 전화하여 다시 축하했다. 성공이었다. 관중은 환호했고 박수가 끝없이 이어졌다. 작가 체호프의 조카였던 미하일 체호프는 의자에 뛰어올라 그에게 찬사를 보냈고 관중들 역시 의자 위에 올라가서 환호했다. 5월 29일 그는 사망했고 노보데비치 묘지에 묻혔다.

바흐탄고프는 연극에서 가장 중요한 건 배우라고 생각했다. 이 점에서는 스승과 같았다. 다만 스승과는 다른 창의적 발상을 했다. 그는 극에서 배우를 작품의 인물과 동일시하지 않고 배우 개인의 특성을 강조했다. 개인의 자율성과 창의성을 더 존중했다. 배우가 전형적인 무대에 들어가서 그 극을 완벽하게 소화할 뿐 아니라 그 극을 자신만의 캐릭터로 만드는 것이었다.

「투란도트 공주」의 연극 도입부에서 관객들은 깜짝 놀란다. 보통 커튼이 걷히면 조명이 무대를 비추고 배우가 공연한다. 하지만 투란도트에서는 드레스와 정장을 입은 모든 배우가 무대 앞으로 나오고 그들을 소개한다. 배우가 극 중에서 어떤 역을 맡는지. 그동안 어떤 역을 맡았는지도. 그런 다음 배우들이 무대로 이동하여 극 중의 옷으로 순간 갈아입는다. 극 중의 인물로 변신하는 것이다.

무대 역시 현실에서 쉽게 볼 수 있는 생활용품을 사용한다. 배우가 시대 상황과 맞지 않은 우산을 들고나오기도 하고 그들이 들고 있는 소품이 갑자기 다른 의미의 소품으로 전환하기도 한다. 빗자루가 기타가 된다. 배우들 역시 재치와 기지로 상상을 현실화한다.

즉 상상으로 창조된 특별한 세상을 배우의 창의성으로 현실화시켜서 관객에게 감동을 주는 것이다. 상상의 세상은 비현실적으로 보이지만 배우가 상상의 이미지를 실제 생활의 소품들과 결합하여 연기함으로써 현실을 인식할 수 있다면, 그 예술은 사실적이라는 것이다. 이것을 그는 "환상적 사실주의"라고 말했다.

바흐탄고프의 배우들은 스타니슬랍스키가 중요시한 배우 수업인 '시스템'을 완벽히 소화해야 한다. 이후 배우 스스로 극 중 '기괴한(그로테스크)' 캐릭터를 창조해야 한다. 한 걸음 더 나아가는 것이다. 이것을 잘 못하면 연극은 실패작이 되지만 잘하면 대성공이다. 겉으로 보면 대범해 보이지만 실질적으로는 머릿속 상상을 무대에서 표현하는 연습을 끊임없이 시도해야 한다. 상당히 세밀하게 접근해야 한다.

바흐탄고프는 일에 대한 열정이 늘 샘솟았다. 그는 기존의 관습들을 과감히 파괴했다. 더 밝고 생생한 방식으로 관객에게 감동을 주고자 했다. 그의 창의성은 배우들의 재능을 비범하게 만들었다.

바흐탄고프 극장을 따라 걸어가니 분수대가 있었다. 그곳에 황금빛 동상이 있다. 동상은 타원형 화강암 위에 놓여있는데 공주가 황금 의자에 살포시 앉아 있다. 자세히 보니 공주는 아시아계 여자가 아닌 코가 오뚝하고 입술이 가는 러시아 여자이다.

투란도트는 이탈리아의 카를로 고치의 우화를 연극으로 만든 것이다. 아름답지만 마음이 얼음처럼 차가운 공주 투란도트는 모든 남자는 교활하고 거짓되고 사랑을 모른다고 생각한다. 그녀는 청혼자에게 세 가지 수수께끼를 낸다. 모두 맞히면 결혼을 하고 하나라도 틀리면 형장의 이슬로 보낸다.

적에게 나라를 잃은 아스트라한 왕국의 칼라프 왕자가 있었다. 그에게는 자신만 바라보는 늙은 부왕과 백성이 있었다. 국가를 되찾는 것이 그의 소명이었다. 왕자는 투란도트에 대한 소문을 듣고 그 도시를 지나던 중에 공주를 보았다. 공주의 아름다움에 반해 수수께끼에 도전한다. 결국, 왕자는 문제를 풀고 공주는 진정한 사랑을 알게 되면서 결혼한다. 죽음을 뛰어넘는 진정한 사랑이 삶의 가장 중요한 요소라는 걸 일깨운다.

바흐탄고프는 투란도트 연극을 이탈리아의 초기 연극의 형태인 코메디아 델라르테(Commedia dell'arte, 이탈리아에서 유행한 즉흥 희극)로 만들었다. 네 명의 가면 쓴 광대가 나와서 연극 시작과 함께 이야기의 전개 방향을 설명하고 연출가의 의도를 관객에게 먼저 읽어준다.

줄거리 진행과는 상관없이 관객들을 웃기기 위해 광대들이 막간극에 등장하기도 하고 배우들은 관객의 분위기에 따라 즉흥 연기를 펼친다.

바흐탄고프가 죽은 후 안타깝게도 그가 주장한 배우의 창의성과 자율성을 연극에서 더 이상 찾을 수 없었다. 그의 작품 투란도트는 1928년 파리공연을 끝으로 무대에 올라가지 못했으며 1963년이 되어서야 다시 무대에 올라왔다. 러시아 연극에 무슨 일이 있었을까?

혁명 후 바흐탄고프의 관심은 아방가르드였다. 새로운 방식, 형태, 기술을 끊임없이 찾고 변화를 주었다. 하지만 그의 사후 1923년 12차 공산당 전당대회에서 당은 연극에 혁명적 레퍼토리를 요구했다. 혁명연극에서는 배우의 내면적 체험을 부정하고 외면적 기술을 중시했다. 바흐탄고프는 인간의 심리적 감성을 배우가 표현하도록 요구했지만 그와 전혀 다르게 연극이 진행되었다. 이후 공산당은 프롤레타리아의 세계관에 맞는 레퍼토리를 요구했다. 1934년에는 '사회주의 리얼리즘'을 도입하고, 제2차 세계대전 후에는 서구의 나쁜 생활을 폭로하는 연극과 소비에트에 관한 찬양 레퍼토리를 의무화했다. 서정적인 작품이나 코미디는 금지되었다. 공산주의 사상의 선전 도구가 극장이었다. 자유가 사라진 아픔을 간직한 연극이었다.

지금은 바뀌었다. 창의적 작품이 올라온다. 아르바트 거리를 방문하게 된다면 누구나 시간을 맞추어 연극 한 편을 보기 바란다. 러시아 알파벳을 몰라도. 배우의 연기를 믿으면 된다.

마트료시카와
모스크바의 메디치가 마몬토프

| 프랑스로 간 목각인형

배우의 집

바흐탄고프 극장 맞은편 건물이 '배우의 집'이다. 35번지이다. 회색빛 고딕 양식과 아르누보 양식을 접목한 건물로 건축가 두브롭스키의 최고의 걸작이다. 1913년에 지어진 건물로 부자 상인 필라토프의 집이었다. 건물 외벽에 투구를 쓰고 칼과 방패를 쥔 기사의 조각상, 용 모양의 부조물도 있다. 중세의 기사가 지키는 성을 닮았다.

건물이 지어질 당시, 모스크바의 랜드마크 중 하나로 건물 안은 대리석 계단에 화려한 실내장식과 엘리베이터도 있었다. 각 아파트의 방은 5~6개씩 있는데 하인들 방도 별도로 있을 정도로 최고급 아파트였다.

볼셰비키 혁명 후 국유화되었고 그곳에 살던 모든 사람은 추방되었다. 새로운 사람들이 들어왔다. 누굴까? 소련의 노멘클라투라였다. 볼셰비키 무장봉기 지휘관, 붉은 군대 사령관, 대외무역협회장, 좌파 지식인 등이었다. 혁명과 함께 새로운 계급이 탄생했고 혁명의 전리품을 그들이 나누어 가졌다. 좋은 것 모두는 노동자와 민중이 아닌 그들 노멘클라투라의 차지였다.

현재 이 건물은 옐친 대통령의 명령으로「배우의 집」이 되었다. 배우를 위한 다채로운 행사가 진행되는 플랫폼이다. 5개의 극장이 있으며 배우와의 만남, 기자 회견장, 신간 발표회, 전시회, 세미나 등이 열린다. 무대와 홀을 무료로 빌려 창작 공연을 할 수 있다. 배우가 되기 위한 첫걸음을 돕는 곳으로 5세 유아부터 청소년까지를 대상으로 연기 창의성 개발센터를 운영하고 있다. 누구나 공석이 생기면 면접을 보고 연기를 배울 수 있다.

마트료시카와 모스크바의 메디치가 마몬토프

건물의 1층에는 목각인형 마트료시카와 도자기 그젤카 등을 파는 가게가 있다. 아르바트 거리 곳곳에 기념품점이 있지만 이곳이 제일 크다. 러시아 여행을 하면 누구나 마트료시카를 하나 정도 구매하는데 난 늘 이 가게에서 샀다. 다른 곳보다 좀 비싸지만 선물하기에 좋은 제품이 많다. 마트료시카는 양파처럼 까도 까도 똑같은 모양이 나오는 목각인형이다. 가격과 종류는 천차만별인데 화가가 그린 것도, 공장에서 생산한 것도 있다.

상점으로 들어갔다. 이것저것을 구경한 후 사람이 뜸한 틈을 타서 마트료시카의 바닥 면을 보며 물었다.

"세르기예프 포사드라고 적혀 있네요. 화가 이름인가요?"

"아뇨. 마트료시카 생산지예요."

목각인형 마트료시카

"언제부터 마트료시카가 있었는데요?"

"1890년경 만들었어요."

"그렇군요. 어떻게 만들게 되었는데요?

"마트료시카는 일본 목각인형이었죠. 행복을 주는 신, 후쿠루마(Fukuruma)예요. 이것을 보고 창의적으로 만들었어요."

"왜? 마트료시카라고 부르는데요?"

"마트료나에서 온 말인데 시골 가정의 친숙한 어머니를 뜻해요. 아이를 많이 낳는 어머니이지요."

"이건 단순하네요?"

"그건 어린이 교육용이에요. 색깔과 크기를 맞추는 것이죠."

마트료시카가 전 세계에 알려진 건 특별한 계기가 있었다. 1900년 한 사업가의 아내가 파리 만국 박람회에 마트료시카를 출품하여 메달을 받았기 때문이다. 사업가와 마트료시카의 만남은 어떻게 이루어졌을까?

이야기는 이렇게 시작한다. 이 이야기를 읽고 독자 중에 21세기의 마몬토프가 나오길 바란다.

19세기 모스크바 동북 방향으로 60여 킬로미터 떨어진 곳에 '문화예술촌'이 있었다. 사업가 마몬토프(Mamontov, 1841~1918)의 개인 영지였다. 그의 아버지는 와인 사업으로 재산을 모았고 호텔사업을 했다. 후에 철도사업으로 거상이 되었으며 최초의 바쿠유전 회사를 설립했다. 그는 가업을 물려받은 후 도네츠크, 아르한겔스크, 타슈켄트 등으로 철도사업을 확장했다.

마몬토프는 모스크바국립대학 법학부 시절 연극과 오페라를 좋아했고, 아내는 실크 상인의 딸로 음악을 좋아하고 문학과 예술에 조예가 깊었다. 아내는 늘 예술가들을 따뜻하게 대접하고 작품 활동을 할 수 있도록 물밑으로 지원했다.

심지어 부부는 자기가 살고 있던 집에도 화가들을 초빙하여 그림을 그릴 수 있도록 숙식을 제공하기도 했는데, 세르기예프 포사드 근처의 아브람체보 영지를 구매하면서 예술인을 적극 후원하기 시작했다. 마몬토프는 이 영지를 문학인, 예술인, 과학자, 연극인 등이 머물면서 토론하고 창작 활동을 할 수 있는 장소로 만들었다. 특히 재능 있는 젊은 예술가들을 후원했다. 차츰 러시아 문화예술의 메카가 되었고 화가 레핀, 세로프, 레비탄 등도 여기서 그림을 그렸다. 배우, 오페라 가수, 문학가, 조각가들도 작품 활동을 하고 학자도 이곳에서 강연하였다. 거대한 예술촌이었다.

사업가는 이탈리아로 가서 성악을 배우고 조각을 익혔다. 로마에서 러시아 예술가들을 만나 「아브람체보 아트 서클」을 만들었는데 서클에는 예술가 외에 법률가, 수집가, 건축가도 있었다.

아내는 전통 수공예를 발전시키기 위해 예술촌에 조각과 목공예 수업을 개설하고 공예품을 생산했다. 민속 목공예와 도자기 워크숍을 아브람체보에서 개최하기도 했다.

말류틴이라는 화가가 전통의상을 입고 이곳 아브람체보 영지에서 목각인형을 그렸고 인근 세르기예프 포사드에 사는 즈베도치킨이 나무로 조각했다. 이 둘은 마몬토프 아내의 후원으로 작품 활동을 계속할 수 있었다. 그들이 만든 것이 최초의 마트료시카였다. 지금도 세르기예프 포사드에 가면 마트료시카 박물관이 있는데 그들의 작품을 볼 수 있다.

마트료시카가 파리 만국 박람회에 출품되고, 이후 세르기예프 포사드에 제조공장이 만들어지면서 대중화되고 세계화되었다.

마몬토프는 아내와 함께 고통받는 농민을 위한 병원과 학교를 세웠다. 하지만 1899년 그는 횡령과 철도건설 남용죄로 체포되고 그의 재산은 저가로 처분되었다. 가석방 금액이 상당하여 6개월간 감옥에 있었다. 감옥에 있을 당시 그는 조각하며 마음을 달랬다. 아브람체보의 예술가들이 편지를 썼다.

"우리는 매일 당신을 생각합니다. 당신의 정신적 용기를 사랑하는 사람들이 많습니다."

화가 세로프(Serov, 1865~1911)는 당시 니콜라이 2세의 초상화를 그리고 있었는데 황제에게 마몬토프를 석방해 달라고 요청하기도 했다. 시간이 지나 그는 무죄를 받았다. 재판에서 밝혀진 내용에 따르면 검찰이 그의 집을 압수 수색했지만 횡령한 사실을 찾을 수 없었다. 그의 호주머니에는 50루블과 기차표밖에 없었다. 하지만 사업은 회복할 수 없었고 철도와 공장은 재무부 관할이 되었다. 당시 재무장관 비테는 철도를 국영화하기를 원했다. 마몬토프는 철도 민영화가 국민과 국가에 이익이라고 사업서를 제출했지만 번번이 수용되지 않았다.

러시아인은 마몬토프 가문을 존경하며 '모스크바의 메디치가'라고 불렀다. 그와 아내는 예술을 누구보다 사랑했고 예술의 가치를 누구보다 잘 알았다. 한 기업인의 예술에 대한 사랑이 오늘날 우리가 알고 있는 마트료시카를 탄생하게 했다.

도자기 그젤카와 쿠즈네초프

| 흙으로 아름다움을 빚은 사업가

배우의 집 1층에는 마트료시카 외에도 '그젤카'라는 러시아 도자기를 판다. 흔히 찻잔과 그릇을 연상하는데 러시아에서는 화병, 인형, 장난감, 시계, 벽난로, 타일 등 다양하다.

그젤(Гжель)은 '점토를 태운다'라는 뜻으로 도자기를 생산하는 마을 이름이다. 모스크바에서 동쪽으로 55킬로미터에 있다. 지금도 여기에서는 전통 도자기를 굽고 있다. 17세기 이 지역의 진흙으로 약병을 만들면서 흙이 좋다는 소문이 퍼졌고, 공예장인들이 하나둘 모여 세라믹 기술을 연마하면서 차츰 도자기 생산의 요람이 되었다.

19세기 중엽에는 도자기 공장만 무려 50여 개, 디자인 작업장은 30곳이

도자기 그젤카

넘었으며 예술적 가치가 높은 수공예 도자기들이 생산되었다. 원래는 다양한 색깔의 도자기가 있었는데 네덜란드의 흰색과 중국의 청색을 결합하여 흰색 바탕에 청색 그림으로 통일했다. 러시아를 상징하는 흰 눈과 파란 하늘이다.

한때 해외에서 저렴한 도자기가 수입되면서 도자기 사업이 쇠퇴했지만 20세기 초 도자기 생산의 혁신가가 나타나면서 변화가 일어났다. 바로 마트베이 쿠즈네초프(Kuznetsov, 1846~1911)였다. 그의 선조 야콥 쿠즈네초프는 국가 농노로 대장장이였다. 당시 국가 농노는 지주 농노보다 자유롭게 경제생활을 했으며 상공업에 많이 종사했다. 야콥은 공장을 세우고 자손들에게 그의 기업가 정신을 물려주었다.

그의 증손자가 러시아의 '도자기 왕'으로 불린 마트베이 쿠즈네초프였다. 마트베이는 리가 상업학교에 다니고 가족회사에서 경영 수업을 받는 등 기업가 정신을 터득했다. 혁신을 통해 도자기 기업을 일으켜 세우고 1900년 파리 만국 박람회에 출품한 도자기가 황금 메달을 수상했다. 1902년 기업가들의 우상이자 최고의 브랜드였던 '황실납품업체'라는 칭호를 받았다. 최초로 깨지지 않는 접시를 생산하고 그림 대신 데칼코마니아(Decalcomania) 공법을 사용했다.

그는 자선사업도 적극적이었는데 성당 7개, 학교 6개, 병원 7개, 그리고 가난한 자를 위한 구빈원, 목욕탕 등을 세웠다. 특히 도자기 사업을 했을 때부터 상이용사를 돕고 황후의 보육원과 무료 급식소를 지원했다.

볼셰비키 혁명 후 공장은 국유화되었으며 아르누보 양식의 모스크바 집은 빼앗겼고 가족들과 함께 리가로 도피하여 그곳에서 도자기 공장을 운영했다. 1940년대 리가마저 소련으로 편입되면서 그는 가업인 도자기 사업을 접고 유럽으로 떠났다. 소련 시기 그젤 마을의 도자기는 몇몇 장인들에 의해서 수공예로 전수되었고 20세기 중엽에 새로운 공장과 그젤 공예학교가 들어서면서 재생산되었다.

아르바트 거리에는 다양한 나라의 음식을 맛볼 수 있다. 대부분 공예품을 파는 곳이지만 레스토랑도 많고 커피숍도 곳곳에 있다. 러시아 음식 가맹점 「무무」 레스토랑이 있다. 러시아 소는 '음매 음매' 울지 않고 '무무' 운다. 그래서 레스토랑 이름이 무무다. 이곳 무무 레스토랑은 저렴한 가격으로 러시아 음식을 맛있게 먹을 수 있다.

아르바트 거리를 가게 된다면 여유 있게 커피를 마시면서 러시아의 보헤미안 거리를 걸어 보기 바란다. 카페와 레스토랑이 도처에 있고 아르누보 양식의 건축을 볼 수 있다. 인간의 아름다운 향기가 풍기는 예술과 사색의 공간이다. 이 책을 발간한 출판사 이름이 「아르바트」이다. 책의 표지 「결혼」은 2007년 이곳 아르바트 거리에서 저자가 구매했다.

승리 기념탑

05

다섯째 날,
승리공원과 전쟁 기념관

"영광스러운 해가 지나가고 있습니다. 하지만 당신들이 이룬
위대한 업적과 헌신은 사라지지 않을 것이며 무시되지 않을 것입니다.
후손들은 기억할 것입니다. 당신들은 피로 조국을 구했습니다.
용감한 승리의 군대! 여러분 모두 각자는 조국의 구원자입니다.
러시아는 그 이름으로 당신들을 맞이할 것입니다."

쿠투조프 총사령관, 1812년 12월 21일

승리공원

| 고개 숙인 언덕에서 승리를 기념하다

승리 기념탑 성 게오르기우스

    다섯째 날. 발이 퉁퉁 부었다. 그저께 탔던 스케이트 신발이 문제였다. 오늘은 승리공원과 전쟁 기념관에 가기로 했다. 모스크바 중심에서 서쪽으로 약 8킬로미터쯤 떨어져 있다. 승리공원역에 내려 에스컬레이터를 타고 출구로 나오니 속이 시원할 정도로 넓은 공원이 있다. 원래 이곳은 '고개 숙인 언덕'이라고 불렸으며 모스크바에 도착하거나 떠나는 사절단이 여기에서 차르에게 경의를 표했다.

    학생들이 삼삼오오 모여 있다. 기념관을 탐방 온 모양이다. 러시아 학교들은 평일뿐 아니라 토요일에도 박물관과 미술관 탐방을 한다. 체험학습보다 역사 문화탐방을 더 중시한다.

공원은 1995년 제2차 세계대전 승리 50주년 기념으로 조성했으며 개관식 날 55개국의 정상이 참여했다. 넓은 공원에 전승 기념탑과 전쟁 기념관이 있고 전쟁 당시 사용한 무기들이 전시되어 있다.

1941년 6월 22일 일요일, 전쟁의 시작을 알리는 방송이 울려 퍼졌다. "주목하세요. 모스크바가 알립니다.…… 오늘, 새벽 4시에 아무런 통보도 없이 독일군이 소련의 국경을 침범했습니다. 조국 전쟁이 시작되었습니다.…… 우리는 정당합니다! 적을 파괴할 것입니다! 승리는 우리의 것입니다!"

이렇게 시작한 전쟁은 1945년 5월 8일, 모스크바 시각으로 5월 9일 0시 43분 러시아가 독일의 항복을 받으면서 끝났다. 러시아 원수 주코프는 장군들과 함께 폐허가 된 베를린 시가지를 행진하듯 이동했다. 의기양양하게 건물로 들어선다. 잠시 후 카이텔 독일 원수가 장교들과 담담하게 들어온다. 패전국 원수의 모습은 그 어디에도 찾아볼 수 없다. 회의장은 양쪽으로 책상이 일렬로 배치되어 있지만 주코프는 중앙 테이블에 앉으면서 말했다. "이쪽으로 와서 문서에 서명하시오!"

카이텔은 주코프 쪽으로 다가가서 곧바로 항복문서에 서명하고는 뒤도 돌아보지 않고 바로 퇴장한다. 서명 후 4일 만에 그는 체포되었고 군사재판소에서 히틀러의 명령을 수행했을 뿐이라고 항변했지만 이듬해 형장의 이슬로 사라졌다. "나를 총살해달라. 나는 군인으로서 국가와 총통(히틀러)에게 충성을 다했을 뿐이다. 그건 군인의 의무이다. 군인으로서 의무를 다한 이상, 군인다운 죽음의 길을 선택하게 해달라." 그의 마지막 말은 "무엇보다도 독일을 위해"였다.

러시아는 항복문서를 받은 5월 9일, 그날 밤 9시 55분 대국민 방송을 했다. "주목하세요. 모스크바가 알립니다.…… 독일군이 항복문서에 서명했습니다. 위대한 조국 전쟁은 승리로 끝났으며 독일은 완전히 패배했습니다.……" 러시아는 5월 9일을 '승리의 날'로 지정하고 기념한다. 러시아 국민은 제2차 세계대전을 대조국전쟁으로, 1812년 나폴레옹과의 전쟁을 조국전쟁으로 부른다.

기념관 방향으로 걸어가니 빨간 대리석에 숫자가 새겨져 있다. 1941. 1942. 1943. 1944. 1945. 뭔지 몰라 행인에게 물어보니 전쟁 연도란다. 중앙로를 따라 쭉 걸어가니 분수대가 양옆으로 펼쳐져 있다. 한참을 걸어서 기념탑까지 오니 신혼부부가 헌화한다. 결혼하면 크렘린궁 근처 무명용사의 묘와 함께 헌화하는 곳이다. 기념탑을 올려다보는데 머리를 뒤로 젖혀도 끝이 보이지 않을 정도다. 아까 본 학생들을 인솔하는 교사에게 탑이 몇 미터인지 물었더니 141.8미터로 독일과 전쟁한 기간이 1,418일이라고 말해주었다.

"저 위에 붙어 있는 건 뭔데요?"

"승리의 여신 니케예요. 황금 월계관을 들고 있지요."

니케 옆으로 두 명의 천사가 승리의 나팔을 불고 있다. 기념탑 앞에는 뱀의 머리가 잘려있고, 성 게오르기우스가 창으로 나치를 상징하는 뱀을 찌른다. 탑을 옆에서 보니 따발총의 총구이다.

대조국전쟁 기념관

| 기억과 슬픔의 전당, 2,660만 명을 기리다

표를 구매하고 기념관 안으로 들어갔다. 에스컬레이터를 타고 지하 1층으로 내려가서 외투를 맡기고 입장했다. 제일 먼저 들어간 곳이 「기억과 슬픔의 전당」이다. 기념관에서 가장 슬픈 장소로 상당히 어둡다. 266만 개의 황동 사슬이 천장에서 사람 머리 위까지 내려온다. 전쟁 당시에 죽은 소련인은 공식적으로 2,660만 명인데 사슬 하나가 10명을 상징한다. 사슬에 부착된 수정은 고인을 위해 흘린 눈물을 뜻한다. 홀의 양옆으로는 빨간 융단이 펼쳐져 있고 벽 쪽으로 검은 보에 싸여진 전시대가 있다. 그 전시대 위, 유리관 안에는 빨간색 책들이 놓여있다. 행방불명자와 전사자의 명단으로 『기억의 책』이다.

경건한 마음으로 하얀 동상이 있는 곳으로 가니 음악이 흘러나온다. 동상 앞에는 꽃이 놓여있고 어린 학생이 묵념하고 있다. 동상을 자세히 보니 죽어가는 병사가 손을 떨어뜨리고 누워있다. 최후의 순간이다. 병사 뒤에 두 손을 모으고 기도하는 여인의 동상이 있는데 병사의 어머니 아니면 아내다. 여성의 눈은 이 세상에서 가장 슬픈 눈이다. 매년 6월 22일이면 이 동상 앞에 촛불을 켠다.

「기억과 슬픔의 전당」홀에서 나와 위층으로 가려고 하니, 할머니 한 분이 파노라마 관을 구경했냐고 물으셨다. 아니라고 하니 전쟁기념관의 백미라고 말씀하시며 꼭 들어가야 한다고 했다. 러시아 할머니들의 충고를 들으면 간혹 예상 밖의 행운이 있기도 하여 별도로 표를 구매하고 들어갔다. 기념관 입장료의 세배였다. 속으로 생각했다. '아니 뭐가 있기에.'

처음으로 파노라마 관을 보았을 때 그 느낌을 지금도 잊을 수 없다. 어떻게 이렇게 실감 나게 전쟁을 표현할 수 있을까?

모스크바 파노라마 관. 1941년 12월 모스크바 외곽 60킬로미터 지점의 전투 상황을 그림과 조형물로 표현해 두었다. 둥글게 펼쳐놓은 한 장의 파노라마다. 그림의 높이는 대략 10미터, 길이는 30미터 정도이다. 앞에는 조형물이고 뒤는 그림인데 어디서부터 그림인지 알 수 없다. 작가는 왼편에 하얀 옷을 입은 스키부대와 병사의 이동 모습을 담았다. 병사들은 모스크바 운하로 이동하고 있다.

스탈린그라드 관. 작가 삼소노프가 1942년 11월 23일 스탈린그라드 전투의 극적인 장면을 묘사했다. 이 전선은 양쪽 2백만 명이 넘는 병사들이 싸운 가장 치열한 전투로 밤낮없이 무려 206일간 지속되었다. 그림의 배경은 기갑부대 병사들이 서로 만나는 결정적인 장면이다. 작전의 성공을 뜻한다. 포탄이 가득한 전장에서 병사들이 서로 얼싸안고 있다. 그림의 중앙에 한 병사가 총을 위로 들고 환호한다. 독일 병사는 망연자실하여 앉아 있다. 1943년 2월 2일에야 스탈린그라드 전투는 끝났다. 전쟁의 운명을 가르는 전투였다.

레닌그라드(상트페테르부르크) 관. 전쟁 당시에 가장 오랫동안 포위된 도시, 레닌그라드를 생생하게 표현해 두었다. 인간이 표현할 수 있는 한 가장 현실감 나게 전쟁을 묘사한 파노라마 관이다. 작가가 주목한 건 탱크도 비행기도 아니었다. 872일간 포위된 도시의 사람이었다. 도시인구의 1/3이 죽었고 전쟁 첫해에만 3백만 명이 굶주렸으며 35만 명이 죽었다. 전쟁 발발 4개월 만인 1941년 10월 도시의 물, 전기, 연료가 멈췄고 빵은 1인당 하루 125g 배당됐다. 그림에 묘사된 사람의 얼굴을 보면 곧 죽을 것 같다. 벽면을 보니 특이한 게 있다. 극장과 콘서트 포스터였다. 파노라마 관을 지키는 할머니께 여쭈었다.

"할머니, 전쟁 중에 극장과 콘서트홀에서 공연했네요?"

"응. 평시처럼 공연했지. 쇼스타코비치의 「교향곡 7번 레닌그라드」가 연주되었어. 곡이 연주되니, 정복되지 않았다고 생각했지."

"그렇군요. 대단하네요."

"아나운서는 매일 아침에 도시민에게 인사를 했어. 그녀는 전쟁 상황에 대해서는 아무런 말도 하지 않았지. 우린 그녀의 목소리를 듣고 아직 도시가 정복되지 않았다는 걸 알았어. 용기를 냈지. 쇼스타코비치의 7번은 우리에게 생명이야. 생명."

전쟁 중 공연이 가능할까? 궁금했지만 공연은 도시가 아직 살아 있음을 보여주는 상징이었다. 체첸과의 전쟁 중에도 모스크바 시민들이 동요 없이 평소처럼 공연을 보는 걸 보고 깜짝 놀랐던 적이 있다.

쿠르스크 관. 1943년 7월 12일의 역사적 장면을 그렸다. 가장 치열했던 탱크전과 포격전 중 하나였다. 양측에는 최대 1천2백 대의 탱크가 동원되었다. 작가는 뜨겁게 불을 뿜는 탱크와 포를 재현해 두었고 온 대지가 붉은 가마솥처럼 끓어오르는 것처럼 그렸다. 그림의 가운데 독일 참모본부는 포격을 받아 불타고 있다. 얼마나 사실대로 표현했는지 나무토막의 불이 지금도 타고 있는 것 같았다.

드네프르 관. 1943년 10월 소련군이 키예프의 드네프르강 제방에 교두보를 확보하는 장면이다. 그림의 동쪽은 밝은 햇빛을, 서쪽은 어두운 구름을 그렸다. 드네프르강을 건너면서 온 세상에 희망의 빛이 온다는 걸 보여주기 위함이다. 그림의 중앙에는 금방 강을 건넌 듯한 러시아 병사가 있었다. 병사의 손에 붉은 깃발이 펄럭인다.

마지막 베를린 관. 1945년 4월 30일 베를린 최후의 모습이다. 왼쪽에는 독일 총사령부가 폭격을 맞아 완전히 파괴되어 불타고, 가운데에는 연기가 자욱한 독일 의회가 있다. 그림의 앞에는 세 명의 러시아 병사와 함께 진첸코 사령관이 정보원 예고로프에게 붉은 깃발을 건네주고 있다. 이날 밤, 독일 의회 지붕에 붉은 깃발을 꽂았다. 1945년 5월 2일은 베를린 수비대가 최종 항복했고 러시아의 축하 콘서트가 열린 날이다. 5월 8일, 독일은 항복문서에 서명했다.

생동감 있는 파노라마 관을 나와서 1층 중앙 홀로 가니 전쟁에 참전했던 깃발과 장군들의 동상이 있고 중앙계단에서 2층으로 올라가는 계단 앞에는 '승리의 방패와 검'이 놓여있다. 옐친 대통령이 전쟁 승리 50주년 기념으로 특별 제작한 것이다.

2층 「승리의 길」 전시관에는 1941년 전쟁 시작부터 1945년 전쟁 종료까지 전쟁 상황을 전시해 두었는데 병사들의 편지, 작전 지도, 무기와 전쟁 물품 등이 놓여 있다. 한국전쟁 당시 북한군이 찼던 소총도, 따발총도 있다. 모스크바 3상 회의 탁자도 그대로 전시해 두었다.

마지막 장소인 「명예의 전당」 홀로 갔다. 입구 양옆으로 눈동자와 피를 상징하는 붉고 푸른 크리스털 모자이크가 있다. 전당으로 들어가니 원형의 중앙 홀 가운데에 10미터 높이의 금박을 입힌 청동 병사가 우뚝 서 있다. 왼손은 높이 들고 있고 오른손은 전투모를 쥐고 있다.

높은 천장은 승리의 월계수 모형으로 둥글게 장식되어 있는데 정중앙 위에 별이 있고 "승리"라고 적혀 있다. 홀을 장식한 하얀 대리석 내벽은 전쟁 당시 치열했던 도시의 모습이 조각되어 있고 그 아래에는 깨알같이 참전 용사의 이름이 적혀 있다.

명예의 전당 홀을 끝으로 관람을 마쳤다. 우리도 한국전쟁을 이렇게 표현해 두면 너무도 생동감 있게 전쟁을 알 수 있을 텐데 아쉬운 마음이 들었다. 전쟁은 잊히는 것이 아니라 기억해야 할 유산이다.

전쟁 기념관 지하 카페에서 체부레키와 커피 우유를 마셨다. 체부레키는 접시 한 개 크기의 만두 모양으로 구워 먹는 요리이다. 안에는 다진 양념 고기가 들어 있다. 간단히 먹을 수 있는 별미이다.

기념관 밖으로 나오니 겨울이어서 그런지 사람은 많지 않았다.

조국전쟁 기념관과 보로디노 전투

| 나폴레옹을 물리친 러시아의 영웅들

개선문

아까 왔던 지하철 방향으로 되돌아갔다. 큰 대로에 파리의 개선문과 닮은 승리 기념문이 보였다.

1812년 6월 24일 시작된 나폴레옹과의 전쟁은 1814년 3월 31일 러시아군이 파리에 입성하면서 최종 끝이 났다. 러시아 황제는 병사들의 귀환을 축하하기 위해 개선문을 세웠다. 개선문 위에는 여섯 마리의 말이 끄는 전차가 있고 전차를 탄 날개 달린 승리의 여신 니케가 오른손에 월계관을 높이 들고 있다. 니케가 승리자에게 황금 관을 씌우는 모습이다. 그 아래 비문이 있다.

"이 개선문은 1814년 러시아 군인의 승리를 기념하고 1812년 갈리아(프랑스)와 12개 연합군의 침공으로 파괴된 모스크바의 웅장한 기념물과 건물을 새로 건축한다는 의미로 세웠다."

조국전쟁 기념관

개선문을 보고 조국전쟁 기념관으로 이동했다. 쿠투조프 대로의 지하 통로로 이동했다. 이 거리의 26번지에 소련 서기장이 살았다. 브레즈네프, 안드로포프, 체르넨코 등등. 거리의 집들은 대부분 1950년대에 건축되었으며 소련의 노멘클라투라가 사는 곳으로 복층 아파트였다. 서기장 외에도. 축구 선수 야신, 발레리나 플리세츠카야, 작곡가 쇼스타코비치, 바이올리니스트 카간, 예술인, 과학자, 군사령관, 건축가, 인텔리겐치아 등이 살았다.

거리를 건넌 다음, 조국전쟁 기념관을 보니 대조국전쟁 기념관보다 왜소했다. 둥근 파란색 유리관 건물이다. 1층 홀에는 러시아 장군과 병사들의 밀랍 인형이 있었다. 표를 보여주며 전시관으로 들어갔다.

보로디노 전투의 총사령관 쿠투조프(Kutuzov, 1745~1813)와 사령관들의 초상화가 우선 눈에 띄었다. 총사령관의 일대기를 보여주는 자료, 추모 시, 장병이 사용한 총과 포 등 다양한 전쟁 물품이 전시되어 있고, 러시아군과 프랑스군을 밀랍 인형으로 만들어 서로 전투하는 모습을 표현해 둔 전시물도 있다.

전시물을 따라 한참 들어가니 홀 중앙에 계단이 있었다. 원형 계단인데 특이하다. 어떻게 중앙에 계단이 있을까? 보통 건물의 입구나 끝에 계단이 있는데. 나선형 계단을 따라 올라가니 이해가 되었다. 보로디노 전투 장면을 입체적으로 볼 수 있도록 원형으로 설치해 둔 것이다. 관람자가 정중앙에서 관람하게 되어 있다. 전시관은 높이 15미터, 길이 115미터로 둥글게 제작되었다. 아까 보았던 제2차 세계대전 기념관처럼 앞에는 조형물이고 뒤에는 그림이다. 전쟁 당시의 모습을 그대로 재현해 두었다.

보로디노 전투

러시아 국민에게 나폴레옹과의 전투는 잊히지 않는 전쟁이다. 러시아인이 생각하는 전쟁이 무엇인지 알아 두면 러시아를 이해하는 데 도움이 되기에 적는다.

1812년 6월 22일, 나폴레옹은 전쟁을 선포하고 24일 12개 연합군을 구성하여 대군을 이끌고 러시아를 침공했다. 나폴레옹은 프랑스 중심의 국제체제를 만들고자 했고 그 체제에 동의하는 평화협정을 러시아와 맺고 싶었다. 러시아는 이에 반대했다. 나폴레옹은 러시아를 쉽게 이길 수 있다고 판단했다. 러시아 역시 2년 전부터 전쟁을 준비했다. 튀르크와 스웨덴과 평화협정을 체결하고 영국과 스웨덴과 동맹을 맺었다. 비밀첩보부대를 만들어 나폴레옹의 전략을 파악했다.

러시아 1군은 수도 상트페테르부르크 방향을 방어하는 바클레이 데 톨리(Barclay de Tolly, 1761~1818) 총사령관이 맡았고, 2군은 모스크바 방향을 방어하는 바그라티온(Bagration, 1765~1812) 사령관, 3군은 키예프를 방어하는 토로마소프 사령관이었다. 튀르크와 맺은 평화협정으로 그곳에서 싸우고 있었던 러시아 병사는 예비 병력이었다. 알렉산드르 1세(재위: 1801~1825) 역시 빌뉴스에 진을 치고 있었다.

전쟁 시작과 함께 나폴레옹 군은 거침없이 공격해 들어왔다. 리투아니아, 벨라루스, 우크라이나로 나누어 총공세를 펼쳤다. 빌뉴스가 함락되자 황제는 수도로 긴급히 이동했다. 러시아군은 인상적인 전투를 하지 못하고 계속 퇴각했다. 프랑스군은 점령한 지역에 자기 병사를 남기고 계속 내륙으로 진군했다.

스몰렌스크에서 1군과 2군이 연합하여 나폴레옹을 방어했지만 물러났다. 이 시기 프랑스군은 18만 명이었고 러시아는 11만 명이었다. 알렉산드르 1세 황제가 공격을 지시했음에도 총사령관 바클레이 데 톨리는 계속 퇴각했다. 당시 러시아 황실은 강경노선이었고 총사령관은 2군 사령관 바그라티온과 갈등이 심했다.

수도에서는 비상위원회를 소집했다. 총사령관을 바꾸기 위한 회의였다. 황제의 마음은 베닉슨 장군에 있었지만 다수의 의견을 받아들여 결국 67세의 백전노장 쿠투조프를 총사령관으로 임명했다.

그는 장군이자 외교관이었다. 자신에게 불만이 있는 사람과도 화합할 수 있는 사람으로, 분열된 병사를 하나로 묶을 수 있는 능력이 있었다. 병사들과 장군들이 그를 따를 뿐 아니라 귀족들까지 그를 좋아했다. 그의 오른쪽 눈은 이미 실명 상태였다. 전쟁터에서 총알이 오른쪽 눈을 뚫고 나온 적도 있었고 머리를 크게 다친 적도 있었다.

쿠투조프는 전쟁터로 출발하기 전날에 상트페테르부르크 카잔 성당에서 기도를 드렸다. 그의 소망은 전쟁터에 도착하기까지 현지 병사들이 스몰렌스크를 방어해 주는 것이었다. 하지만 그가 병사들과 합류할 시점에는 이미 스몰렌스크를 빼앗긴 뒤였다. 어쩔 수 없이 그 역시 퇴각 전략을 펼쳤다. 적이 오기 전에 식량과 집을 불태우고 도망가는 청야 전술이었다. 적을 내륙 깊숙이 끌어들여 적의 힘을 소진시키는 전략이었다.

쿠투조프는 퇴각하면서 전투할 수 있는 결정적인 장소를 물색했다. 알렉산드르 1세는 거듭 공격을 지시했다. 드디어 총사령관이 결정했다. 모스크바 인근 115킬로미터 지점인 조그마한 마을 보로디노였다. 쿠투조프는 황제에게 이렇게 편지를 썼다.

"보로디노 평원은 모스크바로 가는 두 개의 길이 지나갑니다. 신 스몰렌스크와 구 스몰렌스크입니다. 두 길이 합류하듯 좁아지는 곳입니다. 평원은 모스크바강의 지류인 콜로치강이 흐릅니다. 러시아군 왼쪽으로 무성한 숲이 있습니다. 오른쪽은 콜로치강이 넓게 흘러갑니다. 러시아 병사를 우회하기가 상당히 힘든 지역입니다."

쿠투조프는 전투 전에 「스몰렌스크의 성모」 이콘을 병사들에게 보여주었다. 병사들이 무릎을 꿇고 성호를 그었다. 사제는 십자가를 높이 들고 병사들에게 신의 가호가 있기를 기원했다.

양측의 병력과 포는 비등했다. 프랑스는 13만 5천 명에 587개 포, 러시아는 12만 명에 624개의 포가 있었다. 1812년 9월 7일 오전 5시

30분, 프랑스의 포가 러시아 왼쪽을 공격하면서 전투가 시작되었다. 약 12시간의 긴 전투가 이어졌다. 쿠투조프는 병사들에게 말했다.

"제군들이여! 이제 마지막 피 한 방울까지 신념과 진실로서 조국을 수호할 때가 왔다. 모든 부대는 포를 사용하라. 두 시간마다 병력을 교체할 것이다. 신이 우리를 돕기를 기원한다."

나폴레옹은 오전이면 러시아군 왼쪽과 중앙을 함락시키고 오후에는 오른쪽을 공격하여 전투를 끝내겠다고 생각했다. 프랑스군의 지략가였던 다부 장군은 러시아군 왼쪽 뒤에서 선제공격한 후, 왼쪽과 중앙을 함락시키는 것이 더 좋은 전략이라고 말했지만 받아들여지지 않았다. 나폴레옹은 러시아군 왼쪽과 중앙을 정면에서 공격하는 총공세 전략을 펼쳤다. 결국 이 결정이 프랑스군에 많은 사상자를 발생시켰다.

쿠투조프는 가장 취약한 왼쪽에 가장 용맹한 2군 바그라티온 사령관을 배치했고 중앙에 라예프스키 사령관을, 오른쪽은 자신과 바클레이 데 톨리 사령관이 맡았다. 나폴레옹은 중앙 뒤쪽에 위치하여 전군을 지휘했다. 오전 내내 포격전이었고 러시아군 왼쪽에서 백병전이 치열하게 전개되었다. 고군분투한 바그라티온 사령관이 포탄 파편에 맞아 크게 다쳤다.

"전하라. 전하라. 바클레이 데 톨리 사령관에게! 우리 군을 구하는 건 이제 그에게 달려있다고. 지금까지 모든 게 좋았다. 나의 군을 지휘하라고. 바클레이 데 톨리에게 말하라! 고마웠다고."

바그라티온은 러시아 전술학의 아버지라 불리는 수보로프 장군의 수제자였다. 러시아 역사상 훌륭한 장군 중 한 명이었다. 그의 2군이 왼쪽과 중앙에 배치되어 나폴레옹의 대군을 홀로 방어했다고 해도 과언이 아니었다. 러시아군 오른쪽의 데 톨리 장군의 1군은 기마병을 제외하고 거의 전투에 투입되지 않았다. 실질적으로 바그라티온의 부대가 버텼기에 나폴레옹의 기를 꺾었다. 대단한 장군이었다. 지금도 그의 무덤은 보로디노 전투 현장에 있다.

사령관의 심각한 부상 소문이 나면서 전세가 기울기 시작했다. 이후 프랑스군이 러시아 왼쪽을 오후 3시에 장악하고 중앙을 공격했다. 양측은 중앙과 오른쪽에서는 백중지세였다. 오후 6시가 되었지만 어느 누구도 승리를 확신할 수 없었다. 나폴레옹 역시 승리를 장담하지 못하는 상황에서 자신을 보호하는 프랑스 정예부대를 전투에 참여시키지 않았다. 수천 킬로미터 떨어져 있는 내륙이기에 최후병력을 전투에 투입할 수 없었다. 밤 8시까지 간헐적으로 중앙과 우측에서 포병사격이 있었다.

밤 12시 다음날 전투를 준비하는 그 시각에 쿠투조프 총사령관은 중요한 결정을 한다. 그는 인명 피해를 줄이고 손실을 만회하기 위해 퇴각을 결정한다. 이 한 수가 최고의 수였다. 만일 다음날 전투를 했으면 전세가 불리한 러시아는 전쟁터에서 백기를 들어야 했을 것이다.

쿠투조프는 알렉산드르 1세에게 "적은 어디에서도 승리하지 못했다."고 보고했다. 러시아로서 이 정도 전투라면 승리라고 해도 과언이 아니었다. 나폴레옹 군단이지 않은가! 알렉산드르 1세는 전투에서 승리했다고 선언했다.

보로디노 전투는 나폴레옹 군이 이겼다. 왼쪽과 중앙에서 우세였다. 하지만 피해가 엄청나게 컸다. 나폴레옹 군은 3만 명가량 사상자를 냈다. 전체 병력의 22퍼센트였다. 러시아는 4만 명가량으로 전체의 33퍼센트였다. 보급과 지원병이 원활치 않은 상황에서 나폴레옹은 전투에 이겼지만 점점 수세로 몰리는 전쟁이었다.

러시아군은 모스크바 크렘린궁에서 7킬로미터 떨어진 이곳 박물관이 있는 승리공원까지 퇴각했다. 쿠투조프는 사령관들과 함께 농가의 오두막에서 토론했다. 여기서 전투할 것인지 모스크바에 정착할 것인지 더 후퇴할 것인지 10명의 참모와 1명의 비서가 모였다. 베닉슨 장군 외 1명은 여기서 전쟁을, 바클레이 데 톨리 장군 외 2명은 모스크바에서 싸우는 것을 지지했고 3명은 결정을 못 했다. 마지막으로 라예프스키 사령관이 말했다.

"러시아는 모스크바가 아닙니다. 모스크바는 아들이지요. 병사를 보호할 필요가 있습니다. 제 생각은 전쟁 없이 모스크바를 남겨두는 것입니다."

이제 모두가 총사령관의 입을 쳐다보았다. 6명은 전쟁을 원했고 3명은 전쟁을 피하는 것이었다. 그는 자리에서 천천히 일어섰다.

"나는 퇴각하기를 명령합니다."

사령관들은 방을 떠났고 총사령관의 방에서는 울음소리가 흘러나왔다. 모스크바를 적에게 준다는 건 아무나 결정할 수 없는 일이었다. 병사들은 모스크바로 행군했고 도시를 가로질러 랴잔으로 이동했다. 주민들은 눈물을 흘리며 도시를 비웠다. 비참했다. 모스크바를 적에게 내놓는 것은 국가의 심장을 주는 것이었다. 쿠투조프는 전군을 이끌고 후퇴했다.

1812년 9월 14일, 나폴레옹은 모스크바에 들어왔다. 그날부터 도시는 며칠간 불타올랐다. 전체 9,158개의 가옥 중 6,532채가 불탔다. 329개 성당 중 111개가 불탔다. 도시 전체가 불기둥이었다. 나폴레옹이 도시로 들어오기 전에 모스크바 수비대의 고의적 방화라는 게 정설이다. 불을 끌 수 있는 사람들이 다 도망갔으니 그냥 탈 수밖에 없었다.

나폴레옹은 승리했다고 생각했는데 아무도 그를 마중하러 오지 않고 항복문서와 평화조약을 들고 오는 사람도 없었다. 그는 평화협상을 세 번이나 시도했지만 알렉산드르 1세는 이에 응하지 않았다. 황제는 쿠투조프에게 나폴레옹과의 협상을 금지시켰다.

러시아군은 점차 힘을 보충하였으며 코사크가 프랑스군을 습격하는 일이 잦았다. 10월 19일 보급이 불확실한 상황에서 겨울이 다가오자, 나폴레옹은 퇴각을 결정하고 모스크바를 떠났다. 퇴각은 험난한 여정이었고 러시아군의 끊임없는 습격과 추위로 나폴레옹은 많은 병사를 잃었다. 겨울용 말발굽을 하지 않아 기동성이 떨어졌고 보급품이 실린 수레를 끌 수 없었다. 그것이 결정적인 패인 중 하나였다. 심지어 러시아 농민까지 프랑스군을 공격했다. 게릴라전이었다. 나폴레옹은 칼루가를 거쳐 빌뉴스로 퇴각했다. 프랑스 연합군은 최종 5만 명만이 되돌아갔다. 1812년 12월 21일 쿠투조프 총사령관은 군인들에게 말했다.

"영광스러운 해가 지나가고 있습니다. 하지만 당신들이 이룬 위대한 업적과 헌신은 사라지지 않을 것이며 무시되지 않을 것입니다. 후손들은 기억할 것입니다. 당신들은 피로 조국을 구했습니다. 용감한 승리의 군대! 여러분 모두 각자는 조국의 구원자입니다. 러시아는 그 이름으로 당신들을 맞이할 것입니다."

이 말은 쿠투조프 대로의 개선문 중앙에 새겨져 있다. 1813년 1월 13일, 이제 러시아군이 국경을 넘어 유럽으로 진군했다.

파노라마 관을 나와서 뒤쪽으로 가니 오두막집이 있었다. 바로 이곳이 쿠투조프와 그의 사령관들이 숙의한 끝에 모스크바를 비우기로 한 오두막집이었다. 집 옆에는 오벨리스크가 있고 그 옆에 쿠투조프 사령관의 동상이 있었다.

쿠투조프 대로를 따라 구경하다가 발이 아파서 더 이상 여행하지 못하고 집으로 회군했다. 전쟁은 인간이 만든 가장 폭력적인 수단이다. 그 폭력을 제어하는 방법을 수천 년간 연구했지만 여전히 우리 곁에 있다. 속삭인다. '오른쪽 귀에서는 힘만큼 힘을 다스리는 게 없다고. 왼쪽 귀에서는 평화는 협상과 인류애로 가능하다고.'

트레티야코프 미술관

06

여섯째 날, 트레티야코프 미술관과 차이콥스키 음악원

"나는 내게 남아있는 힘까지 총동원하여 내 생각을 사실적으로 표현하기 위해 노력했다. 사람들의 삶은 나를 흥분시켰고 쉴 시간 없이 나를 캔버스 앞에 있도록 만들었다."

레핀, 1883년, 「쿠르스크 지방의 십자가 행렬」에 대한 화가의 심정

"나는 내 영혼을 담아 작곡했어. 작곡 중에 자꾸 눈물이 나왔지. 엄청나게 집중해서 작곡했어. 이 곡은 내 모든 작품 중 가장 심혈을 기울인 곡이야. 가장 진지한 곡이지. 이 작품만큼 내가 사랑하는 곡은 지금까지 없었어."

- 차이콥스키, 1893년, 「비창」에 대한 작곡가의 글 중에서

트레티야코프
| 황제에 맞선 수집광

여행 여섯째 날. 계획된 여행이 마지막을 향하고 있었다. 이날은 트레티야코프 미술관과 차이콥스키 음악원에 가기로 했다. 예술 분야가 여행의 뒤로 밀린 것은 솔직히 관심 밖이었기 때문이었다. 하지만 안 가보면 후회한다는 말에 호기심 많은 내가 가지 않을 수 없었다. 인간은 호기심의 동물이지 않은가!

러시아에 오기 전, 돈 내고 미술관에 간 적은 단 한 번도 없었다. 초대장을 받아도 남에게 주고 가지 않았다. 이런 나의 무식을 눈 뜨게 한 곳이 트레티야코프 미술관이었다.

처음엔 단순히 보기만 하다가 차츰 시간이 지나면서 궁금증이 생겼고, 홀마다 그림을 지키는 할머니에게 그림에 대해서 조용조용 여쭈었다. 때론 귀동냥으로 해설사의 설명을 들으면서 뭔가 흥미로워졌다. 붉은 광장이나 크렘린궁보다 미술관을 한 번 더 보고 싶을 때 모스크바를 떠나 한국으로 귀국했다.

러시아 여행을 가면 크렘린궁과 예르미타시는 누구나 둘러본다. 하지만 그곳을 가더라도 러시아 그림을 많이 볼 수 없다. 크렘린궁은 이콘이 많고 예르미타시는 세계 명작이 대부분이다. 러시아 그림은 모스크바 트레티야코프 미술관과 상트페테르부르크 러시아 박물관에 가야 한다.

19세기 러시아에서 예술을 끔찍이 사랑한 두 명이 있었다. 서로 경쟁하듯 그림을 수집했다. 한 명은 사업가 트레티야코프였고 그의 맞수는 알렉산드르 3세 황제였다. 사업가는 모스크바에 트레티야코프 미술관을 세웠고 황제의 아들은 아버지의 수집품을 모아 상트페테르부르크에 러시아 박물관을 건립했다.

처음 간 날 트레티야코프 미술관을 찾기가 어려웠다. 미술관은 모스크바 중심에서 남쪽으로 약 1.5킬로미터밖에 떨어져 있지 않았는데도 보통 때와는 달리 길거리에서 헤맸다. 노보쿠즈네츠크 모스트역에서 나와 뱅글뱅글 돌다가 겨우 찾았다. 드디어 건물 앞을 보는데 느낌이 왔다.

"저것이 미술관 맞나요?"

"네. 맞아요."

미술관 앞에 있는 동상에서 사람들이 사진을 찍고 있다.

"이 사람이 유명한 화가인가요?"

"아뇨. 미술관을 만든 사람이에요."

"아, 그렇군요. 이름은요? 무슨 일을 한 사람인데요?"

"트레티야코프예요. 사업가였어요."

"엄청난 부자였나요?"

"네. 수집한 그림을 모스크바에 기부했어요."

"기부했다고요? 오, 대단하네요."

놀라움에 입을 다물지 못했다. 모스크바를 방문하는 모든 사람이 한 번쯤 관람하고 싶은 곳이 기부로 만들어졌다니 대단하지 아니한가! 이후 난 이 위대한 사람에 대해 궁금해졌다. 그는 어떤 삶을 살았을까?

트레티야코프(Tretyakov, 1832~1898)는 거상의 장남으로 태어났다. 그가 태어난 곳은 모스크바강 강변에 있는 조각 공원에서 시내 방향으로 조금만 가면 된다. 단조로운 2층 건물에 10개의 방이 있는 집이었다. 그가 살았던 집을 살펴보니 귀족이나 공후들처럼 저택은 아니고 오히려 주변 건물에 비해 너무도 낙후되어 있었다. 부자 상인이었지만 부를 과시하지 않는 집안이었다.

그는 엄격한 가정교육을 받았다. 예를 중시하는 러시아 정교회 교육이었다. 동생과 함께 정기적으로 성당을 다녔을 뿐 학교는 다니지 않았다. 동네에 예술가가 있었는데 자연스럽게 그들과 친구가 되면서 음악, 문학, 연극 등을 알게 되었다. 동네 친구가 세계적 음악가인 루빈시테인 형제였다. 안톤 루빈시테인(Rubinstein, 1829~1894)은 차이콥스키의 스승이면서 러시아 최초의 음악원인 상트페테르부르크 음악원을 세운 사람이다. 트레티야코프는 어려서부터 이들과 책과 판화를 수집하러 시장에 가곤 했다.

12세부터 동생과 함께 부친의 회사에서 근무하며 회계장부를 관리했다. 물론 가게를 청소하고 쓰레기를 비우고 물을 길어오는 등 허드렛일부터 배웠다. 부친은 방직 회사를 운영하는 국제무역상으로 모스크바에 공장이 두 개가 있었고 직물 가게와 식료품 가게를 운영했으며 런던과 암스테르담에도 상점이 있었다. 그는 아내에게 죽기 직전 이런 말을 했다.

"채무자들이 빚을 갚지 못하여 감옥에 갇히는 일이 없도록 호의를 베풀고 형편에 따라 빚을 면제해 주세요."

부친은 사업가였지만 선량한 사람이었다. 성당과 교회를 지속해서 후원했다. 어머니 역시 상인의 딸이었다. 18세에 부친이 사망하자 트레티야코프는 가업을 이어받았다. 그는 사업가의 자질을 물려받았고 동생과 함께 회사를 운영했으며 볼가강의 코스트로마에 있는 직물공장을 인수하면서 거상이 되었다.

그는 조용하고 겸손했다. 키는 크지만 야윈 몸으로 갸름한 얼굴에 수염을 기르고 눈은 우수에 가득 차 있었다. 오른손 약지에 반지를 꼈고 손가락은 길었으며 늘 팔짱을 끼고 그림을 관람했다.

그는 거상이었지만 평생 단벌 신사였다. 무릎까지 오는 신사용 프록코트를 입었다. 화려함을 좋아하지 않았지만 늘 깔끔한 신사였다. 그는 아침 6시에 일어나서 커피를 한잔 마신 후 미술관에 가서 그림을 보았다. 사색에 잠긴 후 아침 겸 점심을 먹고 회사에 출근했다. 저녁 6시가 되면 칼같이 퇴근하여 자녀들과 함께 식사했다.

그는 시간을 내어 여행을 다녔는데 유일한 취미였다. 해외에서 한 달간 여행하기도 하고 상트페테르부르크를 자주 방문했다. 물론 여행지에서 늘 가보는 곳은 미술관이었다.

1852년 가을, 그의 나이 20세에 처음으로 상트페테르부르크에 있는 예르미타시 박물관을 구경했다. 어머니에게 기쁜 마음을 담은 편지를 썼다.

"어머니, 저는 수천 개의 그림을 보았어요. 위대한 예술가들의 그림이었어요. 수많은 조각상도 보았어요. 살면서 한 번도 본 적이 없는 것이에요."

예르미타시 박물관은 아무나 관람할 수 없었다. 지금은 입장료만 내면 되지만 당시에는 관청에서 표를 받아야 했고 예복이나 제복을 입은 귀족이나 엘리트만 입장할 수 있었다. 예카테리나 2세 여제의 개인 소장품으로 박물관을 열었기 때문이다.

그는 예르미타시에서 느낀 황홀감을 잊을 수 없었다. 그림을 수집하기로 마음먹고 부지런히 전시회에 참여하며 전시 도록을 읽는 등 독학으로 예술을 공부했다.

24세가 되었을 때 처음으로 그림을 샀다. 쉴데르의「유혹」과 후디아코프의「핀란드 밀수업자와의 교전」이었다. 화가 후디아코프에게서 구매영수증을 받은 날짜가 1856년 5월 22일이었다. 이날이 트레티야코프 미술관의 설립일이다.

어느 날 그는 해외 전시회에서 네덜란드 그림을 구매했는데 그림 중 위작이 있었다. 이후 그는 될 수 있으면 그림을 중개상인을 통하지 않고 화가에게서 직접 구매했다. 자신이 원하는 초상화 등은 화가에게 주문했다. 그가 수집할 때 가장 중요시한 건 화가의 진정성과 진실성이었다. 풍부한 자연도, 장엄한 구도도, 조명 효과도, 기적도 원하지 않았다. 그림에 담긴 시흥이 진실해야 했다. 그는 진솔하지 않은 그림은 수집하지 않았다.

그가 좋아한 화가들이 있었다. '14인의 반란'이라고 불리는 이동파 화가였다. 1863년 11월 9일 제국예술 아카데미의 졸업시험에서 첫 과제에 합격한 14명이 있었다. 그들은 그림의 주제를 자신이 선택할 수 있게 해 달라고 요청했다. 원래 과제는 스칸디나비아 신화에 나오는 「발할라에서의 연회」였다. 아카데미의 의도는 크림전쟁에서 싸운 병사들을 신으로 묘사하라는 것이었다. 14인의 요청으로 아카데미는 졸업시험 주제에 대해 논의했지만 결국 거부했고 그들은 졸업장 없이 떠났다.

이 시험경쟁에서 금메달을 받으면 국비 장학생으로 프랑스와 이탈리아에 갈 수 있었다. 유학 기간은 대개 3년으로 생활비까지 주었다. 대단한 혜택이었다. 또한 이 시험에서 화가의 등급이 결정되기에 중요한 관문이었다. 이것을 포기한다는 건 엄청난 용기였다.

졸업장 없이 아카데미를 떠난 화가들은 협회를 만들고 여러 지역을 이동하면서 그림을 전시했다. 총 47회를 전시했고 국민의 열렬한 호응을 받았다. 그들을 이동파(移動派) 화가라고 불렀다. 그들은 예술의 자유를 추구한 최초의 화가들이었다. 트레티야코프는 이들의 그림을 수집하면서 물적 지원을 아끼지 않았다.

작가 톨스토이의 권유로 화가 레핀의 「이반 뇌제와 아들」과 게의 「자비」 그림을 수집하기도 했다. 당시 당국에서 이 그림들을 승인하지 않았기 때문이다. 그는 음지에서 화가들을 도왔다.

33세에 트레티야코프는 결혼했다. 아내는 거상 집안의 딸이자 '모스크바의 메디치가'인 마몬토프의 사촌 여동생이었다. 트레티야코프는 결혼에 대해 이렇게 말했다.

"저는 어렸을 때부터 유용한 기관을 설립하여 사회에서 얻은 재산을 환원하는 것을 꿈꿔왔습니다. 이 생각은 평생 떠나지 않았습니다. 그런 관점에서 아마도 저는 결혼하지 말았어야 했습니다."

그는 자기 재산을 사회에 환원하기 위해 걸림돌이 될 수 있는 결혼을 후회한 수집가였다. 대단하지 않은가. 트레티야코프가 특히 좋아한 화가는 페로프(Perov, 1834~1882)와 크람스코이(Kramskoy, 1837~1887)였다. 페로프의 그림은 세계인이 가장 많이 본 러시아 그림이다. 트레티야코프의 특별 주문으로 페로프는 도스토옙스키와 오스트롭스키 등 유명인의 초상화를 그렸는데 책의 표지에 늘 작가의 초상화가 들어갔다. 트레티야코프는 유언장을 썼다.

"그림을 열렬히 좋아하는 나는 많은 사람이 관람하고 만족할 수 있는 공공 미술관을 세우고 싶습니다. 이보다 더 간절한 소망은 없습니다."

유언장을 처음 쓸 때 그의 나이는 28세였다. 그는 수집을 시작하면서 국민에게 돌려주려는 마음을 간직하고 있었다. 1867년 그동안 수집한 1,276개의 그림과 조각 등을 국민에게 무료로 공개했다. 동시에 그는 작곡가, 작가, 예술가 등의 유명인 초상화를 제작했다. 수집품이 늘어나자 건물을 새로 짓고 1881년 미술관을 대중에게 공개했다.

"나는 도시에 가치 있는 기관을 세워서 러시아 예술의 발전을 장려하고 수집한 작품을 영원히 보관하고 싶습니다."

드디어 미술관 개막식 날, 일반인이라면 축사도 하고 설립 취지도 설명할 텐데 그는 다른 행동을 했다. 가족과 함께 6개월간 모스크바를 떠나버렸다. 후에 알렉산드르 3세 황제는 그에게 귀족의 작위를 내리려 했다. 이 기쁨을 전달하기 위해 찾아온 관리에게 그는 말했다.

"나는 상인으로 태어났고 상인으로 죽을 겁니다."

이 말은 그의 성격을 단적으로 보여주는 전설적인 말이다. 사회적 명예를 싫어했으며 사회에서 얻은 자산을 사회에 환원하는 걸 당연한 의무로 생각했다. 1892년 그는 모든 수집품과 미술관, 그리고 동생 수집품까지 모스크바시 의회에 기부했다. 흥미롭게도 정부에 준 것이 아니라 시민을 대표하는 시의회에 기부했다. 그는 관료제가 없는 곳에 기부하는 게 가장 중요하다고 말했다. 시의회는 그를 평생 큐레이터로 임명했다.

어느 날 알렉산드르 3세 황제가 트레티야코프 미술관으로 와서, 화가 수리코프(Surikov, 1848~1916)의 「귀부인 모르조바」 그림을 보며 자신에게 양도할 것을 요청했다. 트레티야코프는 말했다.

"그 그림은 모스크바시에 주었기 때문에 더 이상 제 그림이 아닙니다."

황제는 물러서면서 그에게 고개를 숙였다. 황제가 고개 숙인 자선가였다. 개인이 아닌 공공의 이름이었기에 황제도 어떻게 할 수 없었다.

한 번은 알렉산드르 3세가 전시회에 왔다. 마음에 드는 그림을 사려고 하니 이미 트레티야코프에게 팔린 것이었다. 아쉬움을 표하며 다른 걸 사려고 하니 그것도 팔려있었다. 주최 측에서 당황하여 다음번 전시회부터는 차르가 올 때까지 누구에게도 팔지 않겠다고 약속했다. 이 얘기를 들은 트레티야코프는 전시회 개최 전에 미리 그림을 샀다.

그는 플라비츠키(Flavitsky, 1830-1866)의 「타라카노바 공주의 죽음」 그림을 본 후 단 1루블도 깎아서 사고 싶지 않았다. 화가 최고의 걸작으로 오늘날 트레티야코프 미술관의 대표 소장품 중 하나이다. 사업가는 인내하며 기다렸고 화가는 누구에게도 팔지 않았다. 화가가 사망한 후 그의 가족에게 4천 루블이라는 거금을 주고 샀다.

그는 페로프의 유명한 그림 「트로이카」를 50루블에 구매했다. 화가의 대표작 중 하나이다. 화가가 죽자 미완성 그림을 7천 루블에 구매했는데 그림보다 예술가의 가족을 돕기 위한 행동이었다. 그가 죽으면서 마지막으로 이런 말을 했다.

"미술관을 잘 돌보세요. 그리고 건강하세요."

가족이 지켜보는 가운데 조용히 눈을 감았다. 그가 죽었을 때 자산은 380만 루블이었다. 당시의 상속법은 우선 아들에게 모든 걸 상속하고 그 상속분의 1/7은 아내에게, 1/14은 딸에게 주는 것이었다. 그는 아들이 두 명이었고 딸이 네 명이었다.

그는 유언장을 남겼지만 문제가 생겼다. 유언장의 보증인 세 명 중 한 명이 당시 법에 따르면 보증인 자격이 없는 회사 직원이었다. 모스크바 법원은 유언장이 효력이 없다고 판결했다. 유산을 사회에 환원하려는 그의 일평생 소원이 그런 실수로 위기를 맞이했다.

설상가상으로 그가 죽은 후 3개월도 되지 않아 아내마저 죽었다. 이 경우 아들에게 가장 많이 상속되는데 아들 미하일은 어려서부터 정신적 문제가 있었고, 자선가가 가장 사랑한 막내아들 이반은 어려서 병으로 죽었다. 그의 꿈이 물거품이 될 위기였다. 딸들은 부친의 유언을 존중했다. 가족은 황제에게 청원서를 올렸다.

"저희 아버지께서는 세계 어디에서도 찾아볼 수 없는 특별한 일을 열렬히 주장하셨습니다. 아버지는 모든 사랑을 미술관에 담았고 이미 모스크바시 의회에 그림을 선물로 주셨습니다. 이제는 미술관 유지와 관리, 그리고 발전을 위한 일만이 남아있다고 말씀하셨습니다."

트레티야코프는 살아생전에도 기부를 많이 했으며 마지막 자산까지 사회에 환원하기를 원했다. 황제는 법원에 유언장을 다시 살펴보도록 했다. 아들 미하일에 대한 모스크바 의료국의 소견서, 딸들의 동의서, 법정대리인의 의견서 등을 제출하여 원로원의 승낙을 받은 유가족은 그 승낙서와 함께 법원에 다시 유언장을 제출하였다. 법원은 유언장대로 집행하라고 명령했다. 내용은 이러했다.

"코스트로마 직물공장의 자산 1,156,240루블은 네 명의 딸에게, 아들은 20만 루블, 모든 직원은 일정 금액의 유산 분배금, 모스크바시 의회에 835,199루블, 트레티야코프 미술관에 22만 5천 루블, 예술가의 미망인과 고아를 위한 아파트 건설에 15만 루블 등등."

  그는 미술관 기부 외에도 예술인을 후원하고 보육원을 세웠다. 그는 모스크바국립대학, 모스크바음악원, 상업학교 등에서 공부하는 수백 명의 학생에게 장학금을 지급했으며 청각 장애인과 말 못 하는 사람을 위해 아낌없는 지원을 했다.

  이 위대한 상인에 관해 이야기하지 않고서 어찌 러시아 미술을 말할 수 있단 말인가! 트레티야코프 미술관은 한 명의 고귀한 기업인의 영혼이 담긴 영롱한 그릇이다. 그의 숭고한 정신을 알고 그림을 관람하면 숙연해진다.

  미술관 안으로 들어가서 표를 파는 곳으로 갔다. 학생증을 보여주니 나의 얼굴을 슬쩍 본 후 값싼 러시아 학생 티켓을 주었다. 감사히 고개를 숙이고 외투를 맡기고 들어가서 계단으로 올라가니, 아까 보았던 미술관 설립자의 초상화와 책, 조각 등이 전시되어 있다.

  1번 홀부터 마지막 홀까지 그림이 수없이 걸려있다. 18세기에서 20세기 초에 그려진 러시아 작품들이다. 그림의 구도도, 색깔도, 조명도 모르는 난 놀라움의 연속이었다. 무려 2시간가량 그림을 봤다. 당시 나로서는 이 정도면 정말 많은 시간을 할애한 것이다.

  이후 친구들이 물으면 미술관 다녀왔다고 당당히 말했다. 아무것도 모르는 촌놈이 장에 가면 제일 시끄럽지 않은가!

  "미술관에 뭐가 있던데?"

  "러시아의 유명한 초상화들이 있더라. 억수로 신기했다."

"뭐가?"

"얼마나 사실적이면 내가 이쪽에서 보면 이리 보고, 저쪽에서 보면 저리 보고, 초상화의 눈깔이 막 돌아가더라. 완전히 살아 있는데."

"또 뭘 봤는데?"

"엄청나게 큰 그림. 벽면 전체가 그림 한 개인데 태어나서 그리 큰 건 처음 봤다. 멀리서 예수님이 오시고 사람들이 그쪽을 보는데 아니 몇 명이 벌거벗고 있더라. 나는 부끄러워서 쳐다보지도 못하는데 사람들은 엉덩이를 뚫어져라 쳐다보고 있데. 민망할 낀데. 안 부끄러운 모양이더라."

"또?"

"해골바가지가 피라미드처럼 쌓여 있더라. 해골 위에 까마귀가 있는데 내 인생에서 해골이라는 해골은 다 본 것 같다."

난 계속 말했다.

"진짜 웃기는 건 러시아 여자 하면 딱 떠오르는 게 날씬한 미녀인데 화폭에 뚱뚱한 여자가 나체로 떡 누워있더라. 제목이 뭔지 아나? 「미녀」라고 적혀 있더라. 내가 하도 어이가 없어서. 난 부끄러워서 슬쩍 보고 지나쳤지."

"사냥꾼 세 명이 있는데 진짜 이야기하고 있는 줄 알았다. 저렇게 실감 나게 그리면 사진사는 뭘 먹고 살지 걱정되더라."

"이반 4세라는 사람이, 자기 애를 지팡이로 때려서 피가 흐르는데 진짜인 줄 알고 만져 볼라 했지. 그림을 지키는 할매가 고함을 치더라. 만지지 말라고. 러시아 할매들 엄청 무섭다. 조심해라. 알겠제."

"할배와 손녀로 보이는 소녀가 결혼하는 것도 있더라. 처음에는 아부지가 없어서 대신 결혼식장에 서 있는 줄 알았거든. 알고 보니 아니 그 늙은 영감탱이가 신랑이고 그 십 대 소녀가 신부인 기라. 말이 되나? 빌어먹을 놈 아이가. 아무리 돈이 많아도 그렇지."

"애들 세 명이 큰 물수레를 끌고 오는데 엄청 힘든 모양인지 반은 죽어가는 모습이더라. 그걸 보고 슬프지 않으면 정신적으로 문제가 있는 기다."

"감옥에 여자가 있는데 완전히 정신 나간 사람이더라. 상실감에 젖어 있는데, 침대 위에서 벽에 기대고 있더라. 자세히 보니 물이 점점 들어오고 생쥐가 물에서 침대로 올라오고. 표트르 대제의 딸 엘리자베스가 낳은 사생아라고 하더라. 공주는 전설 속 인물이라고 하데."

관람 이야기는 수없이 많은 영웅담이었다. 사실적인 그림은 눈에 들어왔고 추상적인 그림은 뭐가 뭔지도 몰랐다. 흥미롭게도 나는 허리가 찌릿찌릿하고, 다리도 쑤셔서 아파 죽을 지경인데 러시아 어린이들은 진지하게 해설사의 이야기를 듣고 있었다. 떠들지도 않고 장난도 안 치는 어린이들의 관람 태도에 놀랐다.

난 미술관에 자주 오면서 가장 마음에 드는 화가가 생겼다. 미술관 17번 홀에 있는 페로프였다.

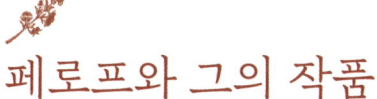

페로프와 그의 작품

| 세상은 그림 하나로 바꿀 수 있다

화가 페로프(Perov, 1834~1882)는 시베리아 북쪽의 토볼스크에서 검사의 아들로 태어났다. 부모가 결혼하기 전에 태어나서 아버지와 다른 성을 가졌다. 후에 부모가 결혼했지만 당시 법적으로 성을 받을 수 없었다. 바실례프라는 대부의 성을 가지고 있었는데 어느 날 글쓰기 선생이 그의 글씨가 예쁘다고 펜(페로)을 뜻하는 '페로프'라는 성을 지어 주었다.

화가의 아버지는 자유주의 사상을 가진 데카브리스트와 친했다. 집에 그들을 초대하여 자주 대화를 나누었다. 화가는 계몽된 아버지의 영향을 많이 받았으며 어머니에게서 시와 문학을 배웠다. 그는 기억력이 좋아 시도 많이 외웠다. 안타깝게도 어려서 천연두에 걸렸고, 화가에게 생명이라고 할 수 있는 시력을 잃었다. 하지만 그는 불굴의 의지로 장애를 극복하고 최고의 화가가 되었다. 나쁜 시력도 예술에 대한 열정을 방해할 수 없었다.

언젠가 화가의 아버지는 공무원을 풍자하는 시를 썼는데 문제가 되어 일터를 잃었다. 이후 가족은 친족 집으로 전전긍긍하며 떠돌아다녔고, 아버지는 그가 그림에 열정이 있는 것을 알고 회화학교에 보냈다. 중도에 돈이 없어 그만두려고 했지만 스승이 자기 집에 머물게 하면서 가르쳤다.

화가는 1852년 어려운 가정형편에도 불구하고 모스크바 회화·조각 학교에 입학했다. 지도교수는 한눈에 그의 재능을 알아보고 아낌없이 그를 지원했다. 그는 자신이 원하는 주제의 그림을 자유롭게 그렸는데 농노와 빈자를 포함하여 모든 계층의 사람들을 그리는 걸 좋아했다. 1860년 그는 「부활절 날 마을의 행렬」이라는 작품을 제국예술 아카데미에 제출했지만 거절되자, 「마을에서 설교」라는 작품을 다시 제출했는데 이 그림이 상트페테르부르크 예술 전시회에 출품되면서 사회적 논쟁을 일으켰다.

그림을 보면, 마을의 성당에서 사제가 손으로 하늘을 가리키며 설교한다. 사람들은 무관심하다. 뚱뚱한 지주는 자고 있고 젊은 연인들은 사랑을 속삭인다. 누더기를 입은 농민은 무슨 말인지 몰라서 머리를 긁적거리고, 설교를 듣고 있는 사람은 사제 바로 앞에 있는 가난한 소녀뿐이다. 아이 한 명은 얼굴을 잔뜩 찌푸리고 있다.

어디에서도 볼 수 없는 그림이다. 하지만 사실 그대로 그린 그림이었다. 종교에 대한 인간의 불신과 무지를 풍자한 것이다. 트레티야코프는 바로 구매했다. 사회적 논쟁이 심한 그림이어서 전시하지 않는다는 조건으로 서약한 후 겨우 샀다.

페로프는 이 작품으로 「큰 황금」 메달을 받았으며 3년간 프랑스로 국비 유학을 가게 되었다. 화가는 특이하게도 파리의 아름다움을 감상하거나 미술관을 관람하지는 않고 도시의 빈곤층과 걸인, 어린이와 환자 등 사회적 약자를 관찰하고 화폭에 담았다. 일반 화가와는 세상을 보는 시선이 달랐다. 그는 오히려 제국예술 아카데미에 유학 기간을 줄여 달라고 요청하여 조기 귀국했다.

페로프는 프랑스가 아닌 러시아를 그리고 싶었다. 모스크바 회화·조각 학교 교수가 되어 후학을 양성하다가 1870년 이동파 예술협회를 설립하는 데 참여했지만 7년 후에 협회를 그만두었다.

트레티야코프는 그의 재능을 알아보고 전시되지 않은 그의 작품을 구매하고 초상화를 주문했다. 그의 그림에는 지루함이 없다. 긴장감과 차분함을 준다. 하지만 강렬하다. 가슴을 도려내는 슬픔과 세상을 품는 따뜻한 시선이 있다. 인간의 영혼을 화폭에 담았다. 작품의 캐릭터는 주로 가난한 농민과 뚱뚱한 지주, 술에 취한 수도승, 권력을 쥔 경찰, 망연자실한 죄 없는 청년, 부자 상인과 가난한 가정교사, 누더기를 입은 가엾은 어린이 등이다. 사회적 아픔을 그린 화가였다.

트로이카

그의 대표작 중 하나는 1866년에 그린 「트로이카」이다. 이 세상에서 가장 슬픈 그림 중 하나이다. 이 시기 러시아는 농노제가 폐지되었지만, 농노의 자녀들은 먹을 것이 없어 품팔이 노동을 했다. 아이들은 물수레를 끌고 돈을 벌어 빵을 샀다.

한겨울에 해는 이미 졌고 어둠이 밀려온다. 세 명의 꼬마 아이들이 큰 물통의 수레를 끌고 있다. 물수레를 끄는 인간이 아닌 말(馬)이다. 바람은 거세게 불고 날씨는 얼마나 추운지 물통에서 튕겨 나온 물이 금방 하얀 고드름으로 바뀐다. 아이들은 장갑도 없다. 맨손이다. 신발은 엄청나게 커서 헐거워 보인다. 남의 신발이다. 옷은 다 낡았고 오른쪽 여자아이는 외투가 바람에 날려 치마가 보인다. 희미한 눈은 거의 닫혀있고 핏기가 하나도 없다. 왼쪽 아이는 머리를 젖히고 있다. 이제는 한 걸음도 내딛기가 힘들다. 하얀 목은 더욱 가엾어 보인다.

그림의 핵심은 바로 가운데 아이의 얼굴이다. 옆의 아이들보다 조금 큰 아이이지만 어쨌든 물수레를 끌고 가야 한다는 무거운 책임감이 있다. 아이는 지쳐있고 힘도 없지만 머리를 들고 얼굴은 정면을 보고 있다. 고통을 인내하며 세상의 풍파를 헤쳐 나갈 수밖에 없는 인간의 전형적인 모습이다.

화가는 그림을 반 이상 그릴 때까지 자신이 그리고자 하는 가운데 아이를 찾지 못했다. 어느 날 트베르 거리에서 노파와 아이를 발견했다. 자초지종을 이야기하며 모델이 되어달라고 간청했다.

화실까지 따라간 노파는 그림을 보고 고개를 절레절레 흔들며 안 된다고 했다. 남편과 자녀들이 죽고 유일하게 살아남은 아들이라고 말했다. 그림을 그리면 시들어 죽는다고 생각했다. 러시아 사람 중에는 초상화를 그리면 죽는다고 생각하여 싫어한 사람도 꽤 있었다. 화가는 그런 건 동화에 나오는 이야기이며 자신은 황제와 주교의 초상화도 그린다고 설득했다.

페로프(Perov), 1866년, 「트로이카. 물을 길어오는 견습 공예가들」, 캔버스에 유채, 124X168.5cm, 트레티야코프 미술관, 모스크바

    4년 후 어느 날 노파가 화가를 찾아왔다. 아들 바샤가 죽었다고 말했다. 둘은 슬픔에 잠겼다. 노파는 아들 그림을 살 수 있는지 화가에게 물었다. 화가는 아픈 마음을 억누르며 불가능하다고 말했다. 이미 팔려서 트레티야코프 미술관에 있다고 했다. 노파는 화가와 함께 미술관으로 갔다. 「트로이카」 그림을 보며 무릎을 꿇고 눈물을 하염없이 흘리며 기도했다. 마음이 너무도 아픈 화가는 노파에게 아들 초상화를 그려주었다. 「트로이카」는 어린이 노동을 비판하는 그림이다. 화가는 어린이의 꿈을 빼앗지 말 것을 그림 하나로 보여주었다.

페로프(Perov), 1871년, 「휴식하는 사냥꾼들」, 캔버스에 유채, 119X183cm, 트레티야코프 미술관, 모스크바

사냥꾼

페로프는 슬픔을 담은 그림 외에도 삶의 유쾌함을 담은 그림도 그렸다. 1871년에 그린 「사냥꾼」이 대표작이다. 작가의 취미가 사냥이었다.

흐린 날 오후 늦은 시간에 세 명의 사냥꾼이 휴식을 취하고 있다. 총은 사냥꾼 옆에 놓여있고 잡아 온 토끼와 새가 있다. 왼편에는 사냥개가 엉덩이를 보이며 냄새를 맡고 있다. 그림을 한참 보고 있으면 웃음이 절로 난다.

그림의 핵심은 왼쪽 나이 든 사냥꾼의 눈과 손이다. 너무도 사실적이어서 사냥꾼의 흥미진진한 이야기에 쏙 빨려 들어간다. 마치 큰 호랑이를 맨손으로 잡은 것 같은 몸짓이다. 오른쪽 젊은 사냥꾼은 이야기가 재미있어 담배에 불을 붙이는 것마저 잊어버렸다. 왼손에 들고 있는 불이 꺼져 연기가 난다. 그의 눈은 다음 이야기를 빨리해 주길 간절히 바라고 있다. 그림의 가운데 사냥꾼을 보면 이야기가 허풍이라는 걸 알 수 있다. 왼손으로 머리를 긁적거리며 영웅담을 얘기하는 왼쪽 사냥꾼을 보고 웃고 있다. 화폭의 왼쪽 나이 든 사냥꾼이 화가의 친구로 의사였다. 가운데 사냥꾼 역시 의사이며 예술가였다. 오른쪽 사냥꾼은 후에 모스크바 시의원이 되었다. 화가는 친구들의 모습을 사실감 있게 그렸다.

비평가 중에는 너무도 과하게 그렸다고 비난했다. 하지만 그의 그림은 캐릭터의 내면세계를 너무도 사실적으로 화폭에 담았다. 인간의 감정을 이렇게 드러낼 수 있는 재능을 가진 사람은 문학에서는 도스토옙스키, 회화에서는 페로프였다. 도스토옙스키는 이 작품을 보고 이렇게 말했다.

"우리에게 잘 알려진 이 그림에서 한 명은 열렬히 고의로 거짓말을 하고 있고, 다른 한 명은 온 힘을 기울여 듣고 믿으며, 세 번째 사람은 어떤 것도 믿지 않고 누워서 웃고 있다. 얼마나 매력적인가! 우리는 그가 무엇을 말하는지 알고 있으며, 거짓말, 스타일과 감정의 표현까지 모든 걸 이해한다."

- 도스토옙스키, 「작가 일기」, 1873

페로프와 도스토옙스키

| 도스토옙스키의 지혜와 영혼을 그리다

페로프(Perov), 1872년, 「도스토옙스키 초상화」, 캔버스에 유채, 99.6X81cm, 트레티야코프 미술관, 모스크바

페로프는 러시아의 대표적인 초상화가이다. 그는 평생 총 34점의 초상화를 그렸다. 그중 백미는 바로 도스토옙스키 초상화다. 당시 트레티야코프는 러시아의 영혼을 간직한 문학가와 예술가들의 초상화를 수집했다. 그것도 화가에게 직접 주문 제작을 요청했다. 1872년 3월 31일 트레티야코프는 도스토옙스키에게 편지를 썼다.

"친애하는 표도르 미하일로비치(도스토옙스키)경에게,

당신을 잘 알지도 못하면서 다음과 같은 요청을 드려 송구합니다. 저는 작가들의 초상화를 수집하고 있습니다. 이미 카람진, 주콥스키, 레르몬토프, 투르게네프, 오스트롭스키 등의 초상화를 수집했습니다. 또한 게르첸, 네크라소프 등과도 예약을 했습니다. 당신의 초상화를 예약하고 싶습니다. 저의 조심스러운 요청을 거절하지 않기를 희망합니다. 편한 시간이 언제인지 알려 주십시오. 저는 당신이 편하게 대할 수 있는 화가를 추천할 것입니다. 초상화를 잘 그릴 겁니다. 귀하께서 동의하시리라 감히 의심하지 않습니다. 가능한 빨리 알려주셨으면 합니다. 깊은 존경과 함께, 당신의 가장 겸손한 공복 트레티야코프에게 영광을."

트레티야코프는 왜 페로프에게 소설가의 초상화를 맡겼을까? 그는 페로프가 도스토옙스키를 존경하고 그의 작품을 좋아하며 무엇보다 화가와 소설가의 세계관이 닮았다고 생각했다.

페로프는 도스토옙스키의 내면세계를 깊숙이 알고 싶어 했다. 그는 상트페테르부르크로 가서 무려 7일간 도스토옙스키와 대화를 나눈다. 작가의 지혜와 영혼을 훔치기 위해 끊임없이 질문했다. 그가 대답할 때의 표정을 자세히 보면서 사진기로 연속 촬영하듯 최고의 한 장면을 찾는다.

당시 도스토옙스키는 소설 「악령」을 집필하고 있었다. 악령이 무정부주의자의 정신세계에 스며들어 자신의 국민성을 상실하고 종교도 잃어버렸다는 것이다. 작가는 이들을 비판하기 위해 펜을 들었다. 작가는 심혈을 기울여 작품을 쓰고 있었다.

이런 상황에서 화가는 작가에게 러시아의 국민성과 정교 등 근원적인 물음에 대해 질문하고 영혼의 소리를 들었다.

도스토옙스키 초상화를 보면 어두운 공간에 앉아 있다. 얼굴은 얼어붙었고 뭔가에 극도로 집중하고 있다. 작가의 긴장도가 높다. 바늘 하나도 들어갈 수 없는 얼굴이다. 이마는 지혜를 상징하듯 빛난다. 눈은 한 곳을 응시하지만, 그곳을 보는 건 아니다. 자기 내면을 깊숙이 보고 있다. 손은 깍지를 끼고 있다. 사색에 잠겨있다.

화가가 초상화에 숨겨둔 보물은 어디일까? 바로 도스토옙스키의 이마이다. 그다음이 눈과 손이다. 이 세 개를 자세히 들여다보면 이 작품이 얼마나 심오한지 알 수 있다. 암흑의 세상을 밝히는 지성은 도스토옙스키의 이마에 있다. 세상의 선함을 찾는 마음은 눈에 있고 깍지를 꽉 낀 손은 빈틈없는 논리적 추론을 상징한다. 도스토옙스키의 아내는 초상화에 대해 이렇게 말했다.

"유명한 화가 페로프가 모스크바에서 왔고, 그는 작업을 시작하기 전 일주일간 매일 우리를 찾아왔다. 페로프는 남편의 다양한 기분을 포착하고 대화를 나누고 논쟁을 유도하면서 그의 얼굴에서 가장 특징적인 표정을 알아차렸다. 그건 남편이 예술에 몰두했을 때의 표정이다. 페로프는 남편의 창작 순간을 초상화로 그렸다. 나는 남편의 서재에 갔다가 그의 얼굴에서 그런 표정을 여러 번 봤다. 그가 '자기를 들여다보고 있을 때'는 아무 말 없이 서재를 나오곤 했다. 그는 자기 생각에 완전히 몰두하여 내가 들어온 것도 모르고 자기 방에 다녀간 것을 믿지 않았다. 페로프는 총명하고 다정한 사람이어서 남편은 그와 대화하는 걸 좋아했다. 나는 그가 그림을 그릴 때면 늘 그곳에 있었다. 페로프와 함께한 시간은 좋은 추억이었다."

- 도스토옙스카야, 『도스토옙스카야 회고록』

페로프는 도스토옙스키의 창작의 순간을 붙잡았다. 마지막 터치에서 받은 쾌감은 형언할 수 없었다. 초상화는 성공적으로 그려졌고 소설가 최고의 초상화이자 화가의 최고 작품이 되었다.

페로프는 무엇이 정의인지 단 한마디도 말하지 않았지만, 그의 작품을 보면 무엇이 정의이고 무엇을 개혁해야 하는지 알 수 있다. 그의 초상화는 단순하다. 채색도 절제되어 있다. 구도도 완벽하다. 초상화 인물이 어떤 사람인지 한눈에 들어온다. 불멸의 진실을 알려준다. 그의 그림을 가만히 지켜보고 있으면 자동으로 감정이 이입된다. 그림 하나로 세상을 개혁하고 그림 하나로 영혼을 훔쳐본 위대한 러시아 화가였다.

크람스코이와 톨스토이
| 소설과 그림에서 대화하는 두 거장

위대한 작가 톨스토이는 누가 그렸을까? 당대 최고의 화가이지 않을까 생각했다. 아니나 다를까 톨스토이는 최고의 초상화가 크람스코이(Kramskoy, 1837~1887)가 그렸다. 이곳 미술관 20번 홀에 있다.

트레티야코프는 앞에서 말했듯 러시아 위인의 초상화를 수집하고 있었는데 1873년 가을이 되어도 그리지 못한 사람이 있었다. 톨스토이였다. 그리지 못한 이유는 간단하다. 톨스토이가 강하게 거절했다. 그것도 여러 번. 톨스토이는 자신의 초상화를 그리는 것을 탐탁지 않아 했다.

트레티야코프는 당대 최고의 천재 화가였던 크람스코이에게 요청한다. 그는 제국예술 아카데미에서 '14인의 반란'을 주도한 화가였다. 그는 황실의 속박에서 벗어나, 그림의 자유를 강하게 요구한 대표적 인물이었다. 그는 톨스토이의 생가에서 멀지 않은 곳에 정착했다.

"안녕하세요. 여기가 톨스토이 작가님 집이죠?"

"네. 출장 갔어요."

"그렇군요. 언제 오시나요?"

"알 수 없어요."

아쉬움을 달래고 나오는 길에 나무토막을 자르는 사람을 만났다. 대화하는 중에 그가 톨스토이인 줄 알게 되었다. '아니 작가가 나무를 자르다니. 백작이지 않은가!'

"존경하는 작가님. 트레티야코프의 편지를 받으셨는지요? 초상화를 그리고 싶습니다."

"음, 안 돼요."

여러 번 권유했지만 톨스토이는 단호히 거절했다. 물러났다. 화가는 다시 톨스토이가 사는 생가에 도착했다. 젖 먹던 힘까지 동원하여 이번에는 꼭 설득하겠다는 강한 각오를 다졌다.

"정말 작가님의 초상화를 그리고 싶습니다."

"안 돼요."

"트레티야코프가 하는 초상화 수집은 러시아를 위해 중요한 일이에요. 도움을 주세요."

"안 돼요."

"틀림없이 삼사십 년이 지나면 초상화는 생길 겁니다. 하지만 사람들은 초상화가 왜 그 시기에 그려지지 않았는지 후회할 겁니다."

이 말에 톨스토이의 눈이 미묘하게 움직이는 걸 보고 화가는 작가를 압박했다. 대화를 더 나누고 나서 결국 동의를 받아냈다. 그런데 조건이 있었다. 뭘까? 초상화가 그려진 후 톨스토이의 마음에 안 들면 찢어버린다는 것이고, 마음에 든다 해도 미술관으로 그림을 보내는 건 톨스토이의 결정에 따른다는 조건이었다. 초상화는 미술관의 재산인데도 말이다. 보기보다 까칠한 톨스토이였다. 그의 마음에 따라 집에 평생 놓아둘 수 있었다.

톨스토이는 화가에게 자신의 아이들을 위해 초상화를 소유하고 싶으니 사본을 줄 수 있느냐고 물었다. 화가는 초상화를 동시에 두 개를 그리기로 했다. 톨스토이의 결정에 따라 하나는 생가에 남기고 다른 하나는 미술관으로 보내기로 했다. 여기까지 화가와 작가는 합의하고, 다음날 1873년 9월 6일부터 그리기 시작했다.

당시 작가는 소설 안나 카레니나를 막 쓰기 시작한 시점이었다. 1분 1초가 아쉬운 상황이었다. 작가는 지인들에게 "나는 방앗간에 갇혀 살고 있다."라고 말할 정도로 극도로 몰입하고 있었다. 작가는 한 문장 한 문장을 고뇌하며 쓰던 시기이다. 안나 카레니나의 첫 문장을 이 시기에 적었다. "모든 행복한 가정은 서로서로 닮았지만, 불행한 가정은 제각각이다."

화가와 작가는 그림을 그리는 동안 끊임없는 대화를 나누었다. 삶과 예술, 교육과 사회 계몽, 진리와 정의 등이었다. 화가는 작가의 천재성에 감탄했고 그와 대화하는 순간마다 흥분되었다. 작가는 화가의 고마움에 화답하듯 안나 카레니나에서 화가 미하일로프를 등장시키는데 이 사람이 크람스코이였다.

오늘날 초상화는 둘이다. 하나는 톨스토이 생가에 있고 다른 하나는 트레티야코프 미술관에 있다. 45세의 톨스토이 모습이다.

내가 트레티야코프 미술관에서 이 초상화를 보았을 때 그 느낌을 아직도 기억한다. 중년의 톨스토이는 단조로운 회색 옷을 입고 금욕적인 삶을 사는 수행자를 닮아 있었다. 그의 이마는 빛을 받아서 밝은 색이다. 미간은 고뇌의 흔적이 있으나 눈은 생기로 가득하다. 온 세상을 꿰뚫어 보고자 하는 의지를 담고 있다. 눈 아래 얼굴은 홍조를 띠고 코는 강렬함을 준다. 머리카락과 수염은 가지런히 정돈되어 있고 머리는 정면을 향하고 있다. 손은 왼손이 오른손을 가리고 살짝 주먹을 쥐고 있다. 고뇌하는 젊은 수행자의 모습이다.

흥미롭게도 톨스토이 생가의 초상화에는 왼손 약지에 반지가 있고 배경이 밝고 부드럽지만, 트레티야코프 미술관의 초상화는 반지가 없고 배경은 어둡다. 천재 화가는 가정용 톨스토이와 미술관용 톨스토이를 그린 것이다. 대단하지 않은가! 위대한 작가가 쉽게 선택할 수 있도록 그린 것이다. 러시아에 여행 가서 이 두 개를 모두 볼 수 있다면 행운이다. 크람스코이가 죽자 톨스토이의 초상화는 그의 제자가 그린다. 또 한 명의 위대한 화가 레핀이었다. 청출어람이다. 누가 나에게 "러시아 최고의 화가가 누군가요?"라고 물으면 바로 답한다. "레핀이에요. 레핀."

레핀과 톨스토이

| 30년간 이어진 천재들의 우정

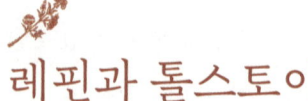

레핀(Repin), 1887년, 「톨스토이 초상화」, 캔버스에 유채, 124X88cm, 트레티야코프 미술관, 모스크바

1880년 10월 어느 저녁 무렵, 한 예술가의 화실에 사람이 찾아왔다. 문이 열리자 화가는 들어오는 사람을 보았다. 예사롭지 않은 인물이다. 검은 긴 코트를 입은 톨스토이였다. 화가는 작가와 대화를 나누었다. 작가는 사회현실에 대한 불만을 쏟아내면서 예술에 대한 자신의 안목을 스스럼없이 말했다. 유리잔에 물을 마셔가며 열변을 토했다.

화가는 36세였고 작가는 52세였다. 첫 만남이었다. 화가는 스승 크람스코이에게서 작가에 대해 들었다. 작가 역시 화가가 러시아의 미술을 이끌고 갈 차세대 샛별임을 알았다. 화가 레핀(Repin, 1844~1930)은 당시의 심정을 예술 평론가 스타소프에게 썼다.

"오, 그가 말한 모든 걸 나는 대리석 판에 황금으로 새기고 싶습니다. 나는 이 계율을 아침부터 잠잘 때까지 읽고 싶습니다."

톨스토이가 서민을 위한 출판사를 세웠을 때 작품에 들어갈 삽화를 레핀에게 요청했고 화가는 흔쾌히 동의했다. 서로가 서로에게 좋은 감정으로 인연을 맺었고 화가는 작가를 알면 알수록 그의 초상화를 그리고 싶었다. 7년간 인고의 시간을 견뎠다. 스승이 죽은 후 드디어 화가는 작가의 집에 찾아간다. 1887년 8월 10일이었다.

톨스토이는 친구에게 이런 편지를 썼다.

"내일이면 레핀이 우리 집에서 초상화를 그린 지 일주일째이지. 그는 내 시간을 뺏었지만 기분이 좋아. 그가 매우 마음에 들어. 네 말이 옳았어. 그는 상당히 진지하고 좋은 사람이야."

당시 레핀은 그림을 두 개 그렸다. 하나는 안락의자에 앉아 있는 톨스토이였고 또 하나는 쟁기질하는 톨스토이였다. 내가 트레티야코프 미술관의 레핀 홀에서 보았던 초상화는 톨스토이가 안락의자에 앉아 있는 그림이었다. 59세의 톨스토이였다.

왼손에 책을 들고 있다. 마치 방금 한 문장을 읽고 사색하는 듯한 모습이다. 오른손은 글 쓰는 작가의 손이라고 하기에는 거친 손이다. 얼굴에는 노년의 기품이 서려 있다. 사람은 저렇게 늙어야 한다고 생각했다. 검은색 옷을 입고 세상의 지혜를 나누어 주는 설교자의 모습이다. 경건하게 앉아 있으면서 세상을 응시하는 형형한 눈이다. 걸작 중 걸작이다.

하루는 톨스토이가 쟁기를 끌고 밖으로 나갔다. 작가의 일거수일투족을 관찰하던 화가는 그에게 동행해도 좋은지 물었다. 가능하다고 했다. 톨스토이는 두 마리 말로 밭을 갈았다. 화가는 최대한 가까이에서 그의 생생한 모습을 담았다. 기존의 그림과 확연히 달랐다. 톨스토이가 쟁기 뒤에 있고 자연이 배경이었다. 바람에 수염이 날리고 땀에 젖어 있는 모습을 그렸다.

작가 스스로 만족하는 그림이었다. 톨스토이는 이날 무려 6시간 쟁기질을 했다. 대충 일하는 톨스토이가 아니었다. 작가는 자기가 좋아하는 화가가 그린 그림이기에 인쇄본을 사용하는 것마저 허락했다. 가족들은 작가의 사적인 삶이 대중화되는 것에 반대했으나 대중은 이 그림 하나로 톨스토이 백작의 삶을 알 수 있었으며 그를 존경했다. 쟁기질하는 백작의 모습에 대중의 시선은 빨려 들어갔다.

4년 후 레핀은 톨스토이 생가로 다시 갔다. 이번에는 2주간 머물렀다. 작가가 부활을 쓴 이후였다. 두 개의 초상화를 그렸는데 하나는 숲속에 누워서 책을 읽고 있는 모습이었고 또 하나는 사회에 반감을 불러일으킨 맨발의 톨스토이였다. 레핀은 당시의 감정을 표현했다. "아침 내내 톨스토이는 숲속에 누워 책을 읽으며 쉬고 있다. 나뭇가지 사이로 햇빛이 그를 비춘다. 오, 얼마나 아름다운 광경인가!"

이번에는 맨발의 톨스토이가 어딘가로 가고 있었다. 동행을 허락받고 방해하지 않기 위해 살금살금 따라갔다. 톨스토이가 어느 한 지점에 멈추고 오랫동안 사색했다. 형제의 전설이 묻혀있는 '녹색 막대기' 지점이었다. 오늘날 톨스토이의 무덤이 있는 곳이다. 사색하는 모습을 담기 위해 화가는 빨리 스케치했다. 이 그림은 10년 후에 완성되어 전시되었다. 귀족사회에 강하게 반감을 일으켰다. '어떻게 맨발을….' 화가는 작가를 구도자의 모습으로 그린 것이다.

1907년 레핀은 79세의 톨스토이를 그렸다. 이번에는 아내와 함께 있는 초상화였다. 어떤 그림일까? 아내는 뭔가 호기심이 있는 표정을 짓고 톨스토이는 엉뚱한 곳을 본다. 작가의 병약한 모습이다.

레핀이 그린 톨스토이의 마지막 작품은 1909년 초상화이다. 톨스토이 최후의 모습이다. 분홍색 의자에 앉은 초췌한 작가이다. 머리도 흩날리고 눈썹마저 하얀 할아버지이다. 얼굴은 죽은 반점이 있고 눈은 어딘가를 응시한다. 죽음을 앞둔 모습인데 눈만 살아 있다.

이 초상화를 끝으로 레핀과 톨스토이는 30년간의 우정을 마무리한다. 레핀의 그림은 트레티야코프 미술관 29번과 30번 홀에 있다.

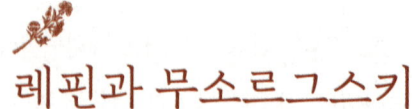
레핀과 무소르그스키
| 러시아의 이동파 화가와 국민악파가 만나다

    레핀은 초상화를 많이 그렸다. 현존하는 것만 170여 개다. 그중에 앞에서 본 톨스토이와 음악가 무소르그스키(Mussorgsky, 1839~1881) 초상화가 걸작이다.

    레핀과 무소르그스키는 둘도 없는 친구였다. 화가는 작곡가의 연주회에 늘 참석했고 작곡가 역시 화가의 전시회를 관람했다. 화가가 그림을 그릴 때 작곡가는 피아노를 쳐주었다. 레핀은 음악을 들으면서 그림을 그리는 걸 좋아했는데 음악에 푹 젖어 있는 상태에서 영감을 얻기도 했다.

    어느 날 화가는 작곡가의 생명이 다 되어간다는 이야기를 듣고 병실로 급히 갔다. 1881년 3월 2일이었다. 그로부터 나흘 동안 친구의 마지막 초상화를 그렸다. 작곡가는 한 달도 못 되어 죽었다.

    이 그림은 작곡가가 죽어가는 모습이 아니었다. 그의 얼굴에는 생기가 여전히 흘러넘치고 이마는 지혜를 보여주듯 밝은 빛을 내뿜고, 헝클어진 머리카락은 오히려 야성적으로 보였다. 작곡가의 눈은 말 그대로 화룡점정이었다. 깜짝 놀랐다. 어떻게 저렇게 그릴 수 있을까? 완전히 살아 있는 눈이다. 약간 오른쪽 위에 초점을 두어 영적인 눈으로 보였다.

붉은 코와 얼굴은 술을 한잔한 듯한 모습이다. 작곡가에게 생명을 부여하기 위해 빨간 옷깃을 길고 진하게 표현했다. 물론 속옷은 환자용 흰 가운이다. 화가는 병약한 친구의 모습이 아닌 작곡가 최고의 장면을 화폭에 넣었다.

초상화에 얽힌 사연들을 하나씩 알게 되면서 그림을 보는 흥미가 높아졌다. 초상화는 아무나 그리는 게 아니며, 아무에게나 그려달라고 의뢰해도 안 된다는 걸 알았다. 화가와 대상이 서로 호흡이 맞아야 하며 무엇보다 서로 성향도 비슷해야 잘 그릴 수 있고 최소 일주일간 동고동락해야 한다. 화가는 그의 생각과 사상을 읽어야 하고 정신과 육체를 자세히 스케치해야 하며 무엇보다 최고의 한 장면을 찾아야 한다. 그 불꽃 튀기는 명장면을 화폭에 옮기는 것이다.

그것은 삶의 순간을 포착하여 기억을 붙잡는 것이다. 기억의 순간을 화폭에 영원히 보존하는 것이다. 쉽지 않다. 그 쉽지 않은 곳에 창조가 있고 예술이 있다.

쿠르스크 지방의 십자가 행렬

| 신에 대한 인간의 믿음과 끝없는 갈망

어느 날 레핀은 고향 집 근처 쿠르스크 지방의 십자가 행렬에 참여했는데 이 행렬에서 강한 인상을 받고 영감이 떠올랐다. 무려 3년간 수없이 습작하며 그림에 몰입한다. 트레티야코프가 이 그림을 무려 1만 루블이라는 거금에 구매했다. 어떤 그림일까?

쿠르스크 지방의 십자가 행렬은 러시아에서 신성시하는 종교 행렬 중 하나이다. 1295년 9월 8일, 쿠르스크 지방의 투스카리강 유역에 있는 나무뿌리 근처에서 한 사냥꾼이 이콘을 발견했다. 그날이 성모 마리아 탄생일이었다. 이 이콘을 「쿠르스크 뿌리 이콘」이라고 부른다. 이콘이 있었던 자리에 샘이 솟아났고 사냥꾼은 조그마한 성당을 짓고 이콘을 모셨다. 이콘을 보고 성호를 긋고 회개하면 중병 환자도 나았다. 주민들이 이 사실을 알고 신성시했다.

1618년부터 1918년까지 매년 십자가 행렬을 했다. 대개 6월 중순 무렵인 부활절 이후 아홉 번째 금요일에 쿠르스크의 즈나멘스키 대성당에서 뿌리 성당으로 이콘을 이동하고, 9월 25일에는 즈나멘스키 대성당으로 돌아왔다. 이 이콘을 또한 기적의 이콘이라고 부르는데 조국을 수호했기 때문이다. 크림 타타르와의 전쟁, 나폴레옹 전쟁, 제1차 세계대전에도 참여했다.

1898년 3월 8일, 한밤중에 사회주의 혁명가들이 국민의 신앙심을 파괴하기 위해 즈나멘스키 대성당을 폭파시켰다. 놀란 주교와 주민이 눈물을 흘리며 뛰어갔다. 성당의 돔과 유리창, 문 등 성물(聖物)이 완전히 파괴되었다. 사람들이 촛불을 켜고 내부로 들어가니 유일하게 이콘만 그대로였다.

혁명 후 데오판 대주교는 볼셰비키를 피해 이콘을 벨고로드로 긴급 이송시킨 후 유럽을 거쳐 1951년 1월 23일 뉴욕의 시노달 즈나멘스키 성당으로 피신시켰다. 이콘은 매년 샌프란시스코 정교회 성당으로 행렬을 가고 브라질, 아르헨티나, 호주, 유럽 등 세계 곳곳으로 간다. 2009년 처음으로 모스크바의 구세주 성당에 잠시 안치된 후 그해 쿠르스크 행렬을 마치고 다시 뉴욕의 즈나멘스키 성당으로 갔다. 세계에 평온을 주는 이콘이다.

쿠르스크 십자가 행렬의 전체 길이는 약 35킬로미터다. 레핀은 1877년 6월 행렬에 참여했다. 쿠르스크 즈나멘스키 대성당에서 뿌리 성당으로 이동했다. 방향은 남에서 북이다. 레핀이 그림을 그린 위치는 어디일까? 내가 전체 거리를 하나하나 살펴보니 행렬이 시작된 지점에서 약 3킬로미터 이내이다. 그 이후로는 평야 지대여서 그림에서 보이는 산등성이가 없다.

그림의 시간은 종교의식을 두어 시간 거행한 후 이동했기에 해는 중천에 있었다. 이미 땀을 흘리는 사람도 있다. 그날은 건조한 무더운 날씨이다. 비가 많이 오지 않아 먼지가 날린다. 이런 악조건에서도 하느님의 은총을 받기 위한 참가자들의 걸음걸이는 가뿐하다. 출발 지점에서 얼마 되지 않아 행렬은 제대로 갖추어지지 않았다.

레핀이 그림을 그릴 시기, 행렬 참여자는 얼마였을까? 1860년대에는 대략 6만 명이 넘었고 많이 참여하면 행렬의 마지막 사람이 출발할 시점에 이콘은 뿌리 성당에 도착해 있었다. 레핀이 참여한 시기에는 적어도 7만 명가량이 참석한 대단히 큰 규모였다. 이를 화폭에 넣어야 하니 대단한 기술이 필요했는데 그가 주안점을 둔 건 인간의 다양한 모습을 뚜렷하게 그리는 것이었다.

그림의 중앙에는 이콘을 든 사제, 성직자, 지주, 귀족 등이 걸어가고 약 20미터 간격으로 성화 깃발이 펄럭인다. 이콘이 지나가는 가운데 길을 확보하기 위해 말을 탄 경찰이 양옆에 일정한 간격으로 이동한다. 왼쪽 끝에는 가난한 자들이다. 레핀은 행렬의 앞쪽에 있는 사람들을 돋보기로 당겨 보듯이 세밀하게 그렸다. 각각의 심리 상태를 화폭에 담았다. 그는 당시의 심정을 이렇게 썼다.

"나는 내게 남아있는 힘까지 총동원하여 내 생각을 사실적으로 표현하기 위해 노력했다. 사람들의 삶은 나를 흥분시켰고 쉴 시간 없이 나를 캔버스 앞에 있도록 만들었다."

레핀(Repin), 1881~1883년, 「쿠르스크 지방의 십자가 행렬」, 캔버스에 유채, 178X285.5cm, 트레티야코프 미술관, 모스크바

이 그림을 보았을 때, 가장 먼저 들어온 게 그림 왼편의 지체장애인이었다. 그의 모습이 매우 인상적이다. 강렬한 눈, 큰 손과 발, 턱을 앞으로 쭉 내밀고 목발로 걷는다. 하얀색 블라우스를 입은 것으로 보아 가난한 사람은 아니지만 장애인이기에 부득이 행렬의 가운데 못 들어갔다. 그럼에도, 그는 가운데로 들어가기 위해 온갖 힘을 쓰지만 막대기로 제지당한다. 하지만 전혀 아랑곳하지 않고 당당히 걷는다. 신앙심이 대단하다. 불굴의 인간이다.

　경찰들의 모습을 보면, 행렬을 지휘하는 총괄 대장, 회초리를 휘두르고 고함치는 경찰도 있다. 이콘 함을 멘 검은색 농민 뒤에 젊은 여성과 노인이 뭔가가 든 나무상자를 소중히 들고 간다. 그림의 정중앙에는 향로를 흔들며 머리의 땀방울을 닦는 대주교가 있고 그 뒤로 귀부인이 이콘을 들고 행진한다. 몸은 뚱뚱하고 부유하다.

　레핀은 행렬을 사실적으로 표현했다. 한 명 한 명 역동성을 부여하며 개별적 특성을 그대로 살렸다. 그에게 예술은 채색의 화려함과 구도의 완벽함이 아니었다. 자기 생각을 화폭에 실감 나게 옮기는 것이었다. 레핀은 인간의 영혼과 삶의 자세를 쿠르스크 행렬을 통해 엿본 것이다.

이반 4세와 아들

| 저 그림을 없애주세요! 난도질당한 그림

    1913년 1월 16일, 한 명의 젊은 이콘 화가가 트레티야코프 미술관에서 하나의 그림을 보고 있다. 그의 얼굴은 극도의 슬픔에 빠져있고 손에는 10센티미터가량의 칼을 들고 있다. 오전 10시 30분 그는 그림에 칼을 그었다. 세 번이나 크게 난도질했다.

    소식을 들은 모든 러시아 사람이 경악했다. 어떻게 그 위대한 그림을 그을 수 있나요, 정말인가요! 모두 경악을 금치 못했다. 그는 끌려가면서 외쳤다. "주님, 제가 무엇을 하였습니까?"

    사건 직후 미술관 관장은 사임했고 미술관 수석 큐레이터 흐루슬로프는 기차선로에 몸을 던졌다. 그는 트레티야코프가 죽으면서 그림을 잘 관리하라는 말을 가슴에 새기고 있었다.

    과연 어떤 그림일까? 트레티야코프 미술관에서 가장 끔찍한 그림이다. 인간의 감정 중에 공포를 재현해 두었다. 누구나 한 번만 보면 잊히지 않는 그림이다. 「1581년 11월 16일 이반 4세와 그의 아들」이라는 작품이다. 화가 레핀은 이 그림의 제목에 살인이 일어난 날짜까지 넣었다. 레핀은 러시아 작곡가 림스키-코르사코프(Rimsky-

Korsakov, 1844~1908)의 교향곡 2번 「안타르」를 듣다가 영감을 얻었다. 그의 머릿속에 떠오른 인물이 이반 4세였다. 음악에서 받은 영감을 그림으로 묘사했다. 「안타르」는 아랍 시인인 안타르의 이야기를 담은 것이다. 아라비안나이트와 함께 아랍 문학의 걸작이다.

안타르는 큰 새가 가젤을 공격하는 것을 보고 그 큰 새를 죽였다. 안타르의 꿈에 가젤이 요정이 되어 나타났다. 요정은 여왕이었고 감사한 마음으로 선물을 주었다. 그의 삶에서 놓친 세 가지 기쁨이었다. 복수, 권력, 사랑이었다. 안타르가 복수와 권력의 기쁨을 느끼고 최후에 여왕과 사랑의 기쁨을 만끽하며 그녀의 품에서 죽는다는 이야기이다.

림스키-코르사코프는 폴란드의 동양학자 센콥스키의 안타르 이야기에 영감을 받아 4악장으로 작곡했다. 1악장은 사막의 신비로움을 불러일으키며 우울하다. 안타르가 가젤을 구하는 장면이 클라이맥스이다. 2악장은 복수의 기쁨이다. 첼로가 복수를 나타내듯 강한 소리를 내면서 현악기들이 격렬하게 휘몰아친다. 분노를 풀어낸다. 3악장은 권력의 기쁨인데 경쾌한 행진곡이다. 웅장하고 당당하다. 인생에서 권력을 아직 느껴보지 못한 사람은 이 장을 듣고 즐거움을 맛보기 바란다. 4악장은 사랑의 기쁨인데 강렬하지 않고 절제되어 있다. 호른과 클라리넷으로 시작하여 하프의 부드러움과 연민이 전달된다. 조용하면서 서정적이다. 안타르는 품에 안겨 죽는다.

레핀은 림스키-코르사코프가 속한 러시아 국민악파와 친했다. 그들은 러시아 색채의 음악을 추구했다. 러시아 이동파와 국민악파와의 통섭이었다. 예술과 문학을 토의하고 작품을 서로 감상하고 관람했다. 예술이 활짝 꽃핀 시기는 미술과 음악의 융합 시대였다.

레핀은 그림을 그리기 위해, 이반 4세 모델이 입을 검은 수도승복과 왕자 모델이 입을 은빛 광택의 분홍 옷과 파란 바지를 직접 재단했다. 거울, 왕좌, 베개, 함 등 각종 액세서리를 크렘린궁 무기고에서 스케치했다. 또한 살인을 재연하기 위해 귀족의 방을 임대했다.

화가는 이반 4세와 왕자에게 맞는 사람을 찾기 위해 친구와 친척은 말할 것도 없고 행인까지 샅샅이 들여다보았다. 결국 이반 4세의 모델은 행인이었고, 왕자는 작가 가르신이었다. 가르신을 선정한 이유는 곧 죽을 것 같은 여윈 얼굴이었다. 가르신은 병을 앓고 있었고 그림이 완성된 후 자살했다.

화가는 그림을 쉽게 그리지 못했다. 영감은 사라지고 스스로 공포에 휩쓸려 그릴 수 없었다. 결국 유럽으로 여행을 떠난 그는 우연히 투우 장면을 보았다. 피로 범벅이 되어있는 소를 보고 그림을 다시 그렸다. 최종적으로 상트페테르부르크에서 4년 만에 완성했는데 비밀리에 스승과 친구에게 보여주었다. 그들은 입을 다물고 기절할 정도였다. 스승 크람스코이마저 오랫동안 침묵했다.

1885년 3월 모스크바 전시회에 작품이 전시되자마자 황제가 금지를 명령했다. 최초로 금지된 작품이었다. 차르는 위엄이 있어야 하는데 늙은 원숭이 얼굴에 자식을 죽인 광인으로 묘사했기 때문이다.

트레티야코프는 두 가지 조건으로 당국의 허가를 받고 구매했는데, 대중에게 전시하지 않고, 인쇄본을 제작하여 배포하지 않는 조건이었다. 알렉산드르 3세의 가정교사였던 예술가 보고류보피가 황제에게 간곡히 요청했다. "이 그림은 역사적 환상입니다. 사실이 아닙니다. 대중이 볼 수 있게 허락해 주십시오." 3개월이 지나 트레티야코프 미술관에서 전시되었다. 톨스토이는 전시된 그림을 보고 극찬했다.

"훌륭하다. 훌륭해. 레핀! 강력하고 대범하게 목표를 정확하게 명중했다. 자신이 말하고 싶은 걸 명확하게 표현했다. 잘했다. 레핀."

내가 이 그림을 본 후, 이 세상에 이것보다 더 사실적인 것을 본 적이 없다. 왕좌는 뒤로 넘어져 있고 빨간 융단 위에 이반 4세가 아들을 안고 있다. 아들의 왼쪽 관자놀이를 때린 쇠지팡이는 널브러져 있다. 뒤늦게 자기 잘못을 깨우친 아버지는 자식을 안고 왕자의 얼굴에서 흐르는 피를 막고 있다. 아버지의 얼굴에도 피가 튀겨있다. 피가 붉은 융단에 스며든다. 차르의 눈은 완전히 공포감에 전율한다. 이 세상 어디에서도 볼 수 없는 공포의 눈이다. 지옥으로 가는 사자를 보아도 이것보다는 나을 것이다. 왕자의 눈에서는 눈물이 떨어진다. 왼팔로 간신히 몸을 지탱하고 있다.

「안타르」에서 복수와 권력을 휘두르고 마지막 사랑의 연민이 차르의 가슴에 스며들었다. 왕자는 품에 안겨 죽어가는 안타르이다.

이반 4세가 아들을 죽였다는 건 러시아 연대기에는 없다. 다만 아들을 통해 권력을 잡으려고 한 세력에 분노하여 자식을 복수 대상으로 죽였다는 야담이 있다. 또 다른 얘기로는 임신한 며느리가 잠옷을 입고 돌아다닌다고 분노하여 며느리를 때려 유산되자 왕자가 항의하다가 쇠막대기에 맞았다는 이야기가 있다.

작가가 이 그림에서 진정 보여주고자 한 건 당시의 시대 상황이었다. 1881년 3월 13일 개혁 군주 알렉산드르 2세가 테러로 죽자, 러시아 사회는 경악했다. 공포의 사회였다. 작가는 미래가 불투명한 답답한 벽 같은 공포 사회를 묘사한 것이다.

당시 이 그림이 찢어졌을 때는 레핀이 살아 있을 때여서 다행히 복구가 되었다. 하지만 화가는 옛날의 모습으로 재현하기 힘들었다. 복구에 참여한 다른 화가가 완성했다. 레핀의 감정이 바뀌었고 무엇보다 그의 오른손은 이미 그림을 그릴 수 없는 마비 상태였다.

2018년 5월 25일 밤 8시 55분, 마감 5분을 앞두고 이 그림을 보호하는 두꺼운 유리가 깨졌다. 파편이 그림을 강타했다. 그림을 산산조각 낸 사람은 이 그림이 신자들의 마음을 상하게 할 뿐 아니라 역사적으로도 사실 여부를 알 수 없다고 말했다. 그림의 수난은 여전히 진행형이다.

그림을 보려면 뒷짐을 지고 보아야 한다. 너무도 사실적이어서 자신도 모르게 어느 순간 손이 그림으로 향한다.

레핀(Repin), 1885년, 「1581년 11월 16일 이반 4세와 아들」, 캔버스에 유채, 199.5X254cm, 트레티야코프 미술관, 모스크바

'자포리자 코사크'

| 불후의 명작, 무려 13년간 함께하다

    돈 많은 트레티야코프도 살 수 없었던 그림이 있었다. 황제가 한 발 빨랐다. 바로 「자포리자 코사크」였다. 거금 3만 5천 루블. 당대 최고의 금액이었다. 트레티야코프는 아쉬움을 달래며 그림을 화가에게 하나 더 주문했다. 「자포리자 코사크」는 트레티야코프 미술관에도, 러시아 박물관에도 있다. 러시아 박물관 그림이 더 선명하다. 두 그림을 비교하며 보는 재미도 쏠쏠하다.

    황제와 사업가가 경쟁한 그림! 불후의 명작! 최고의 걸작! 자유와 평등, 박애, 그리고 애국심이 한 땀 한 땀 묻어있다. 화가는 자신이 받은 영감을 화폭에 옮긴다. 거짓과 속임 없이 사실 그대로 표현한다. 한 치의 오차도 그에게 허용되지 않는다. 무려 13년 만에 완성했다. 인생 최고의 순간으로 화가 나이 47세였다.

    1892년 자포리자 코사크의 원제목인 「자포리자인이 튀르크 술탄에게 편지를 쓰다」가 전시되었다. 매일 수백 명의 관람객이 몰려들고 시카고, 부다페스트, 뮌헨, 스톡홀름에서 전시되었다.

그림을 그리는 동안 그의 가정은 코사크로 시작해서 코사크로 끝났다. 화가의 딸은 말했다. "아버지는 코사크와 함께 살고 있어요. 매일 밤 코사크 시와 이야기를 큰 소리로 낭독했어요."

이 시기 화가는 여러 걸작을 동시에 그렸지만 코사크에 대한 영감을 잃지 않기 위해 끊임없이 속삭였다.

"코사크인의 자유와 기사도 정신은 저를 기쁘게 합니다. 러시아에서 멀리 떨어져 있는 그들은 평등한 형제애를 중시하여 정통 신앙과 민중을 위해 최전선을 수호했습니다. 수천 명의 슬라브족이 강한 이슬람교도에게 노예로 끌려갔을 때, 종교, 명예, 자유가 모독당했을 때, 이 코사크인들은 동양의 포식자 술탄에게서 유럽을 보호했습니다."

레핀은 어렸을 때부터 코사크의 무용담을 듣고 자랐으며 그들을 존경했다. 화가는 어디서 영감을 얻었을까?

1878년 레핀은 모스크바에서 60킬로미터 떨어진 아브람체보에서 작품 활동을 했다. 이곳은 마몬토프의 개인 영지였다. 무더운 여름, 저녁에 음악원 교수 루베츠크가 편지 두 통을 읽었다. 하나는 오스만제국의 술탄이 자포리자 코사크에게 보내는 편지였고 하나는 코사크의 답신이었다.

이 편지는 레핀과 함께 그 자리에 있었던 역사가 야보르니츠키가 건네준 편지 사본이었다. 그 자리에 있던 모든 이가 코사크의 통쾌한 답신을 듣고 웃지 않는 사람이 없었다. 레핀 역시 그런 편지가 있었다는 건 어려서부터 알았지만 직접 들어 본 건 처음이었다. 너무도 흥미로웠고 코사크인의 자유분방함에 깜짝 놀랐다. 영감을 받은 그는 바로 스케치에 들어갔다. 그날이 1878년 7월 26일이다. 편지는 어떤 내용이었을까?

"나는 술탄 마호메트의 아들, 태양과 달의 형제, 신의 손자이자 대리자, 튀르크와 그리스의 황제, 마케도니아, 바빌로니아, 예루살렘, 이집트의 통치자, 왕 중의 왕, 통치자 중의 통치자, 용감한 전사, 누구에게도 패하지 않는 자, 기독교인의 비방자, 십자가에 못 박힌 신의 보관자, 이슬람교도에게 희망과 기쁨을 주는 자, 기독교인에게는 불행과 멸망을 주는 자이다. 나는 너희들이 모든 이들과 함께 우리에게 자발적으로 복종할 것을 명령한다."

편지는 1676년 러시아와 튀르크와의 전쟁 당시이며 여기에 나오는 술탄이 오스만제국의 중흥기인 마호메트 4세였다. 그의 통치 시기 오스만제국은 최고의 영토였다. 모든 사람을 웃게 한 답신은 무엇이었을까?

"술탄! 저주받을 술탄의 아들, 사탄의 친구, 지옥의 나락, 그리스의 발 디딤대, 바빌로니아의 요리사, 예루살렘의 갑옷, 아시리아의 바퀴, 이집트의 양조자, 알렉산드리아의 돼지, 막돼먹은 안장, 타타르의 수캐, 저주받은 세상에 사는 자, 포돌스키의 납치범, 온 세상의 조롱거리, 구두쇠, 이슬람교도를 망국으로 이끄는 자, 노랑이, 사탄의 일당, 지옥의 회합자, 저주받은 사탄의 파발꾼, 십자가에 못 박힌 신의 적, 노예들의 박해자, 이슬람교도에게 불행과 멸망을 주는 자. 우리는 네 놈에게 굴복하지 않고 싸울 것이다."

편지에서 욕은 제외했다. 러시아 욕설은 상상을 초월한다. 욕설 사전도 있을 정도로. 러시아어를 전공해도 싸움터에서 하는 욕은 난해하다. 욕을 이해하면 러시아어 최고 고수다.

러시아와 튀르크는 앙숙 중 앙숙이었다. 제1차 세계대전까지 약 3백 년간 12번의 전투를 펼쳤다. 콘스탄티노플을 차지한 오스만제국과 동방정교의 계승자를 자처한 러시아제국은 창과 방패였다. 러시아의 선봉대가 남쪽에 있는 코사크였다.

코사크는 돈강 유역에 있는 돈 코사크와 우크라이나의 자포리자 코사크로 나뉜다. 이 편지에 나오는 코사크가 자포리자다. 코사크인은 전통적으로 복종을 싫어하고 자유를 좋아하고 형제애를 중시하는 용감한 전투사다. 흔히 말해 자유로운 영혼이다. 코사크는 독립심이 강해서 튀르크와 타타르뿐 아니라 러시아와 폴란드와도 전투했다.

오늘날 키예프의 광장에 자포리자 코사크 수장이었던 흐멜니츠키(Khmelnitski, 1597~1657)의 동상이 있는데 편지의 답신을 지시한 세르코(Serko, 1610~1680) 장군이 그의 부하였다.

레핀이 이 그림을 위해 기울인 노력은 상상을 초월한다. 그는 작품의 배경과 장소에 대한 철저한 고증과 역사적 자료를 조사하며 수없이 많은 습작을 그렸다.

1880년 여름, 레핀은 제자 세로프와 함께 첫 번째 답사를 간다. 장소는 우크라이나 카차노프카 마을로 코사크 박물관이 있었다. 화가는 코사크인이 사용했던 칼, 악기, 술병, 장신구, 옷과 모자 등을 스케치했다. 이어서 그들은 드네프르강을 따라 배를 타고 자포리자 코사크의 중심 무대로 갔다. 오늘날 도시 이름이 자포리자이다. 이 도시는 드네프르강 강변에 있고 호르티쟈섬이 있는데 섬은 요새였다. 화가는 코사크 사람들의 생활 모습과 전쟁터를 스케치했다.

요새는 술탄의 수도 콘스탄티노플에서 약 1천1백 킬로미터 거리이고 흑해에서 3백 킬로미터 떨어져 있다. 대부분 평야이기에 전쟁을 선포하고 공격하면 며칠 이내에 닿는 지역이다.

답사 후 레핀은 큰 스케치를 했다. 1880년 10월 어느 날 톨스토이가 레핀의 화실에 들렀다. 우연히 그림의 습작을 보았다.

"알고 있니? 네가 그린 「소피아 공주」와 「볼가강의 배 끄는 인부」는 그림이 아니라 습작 수준이지 않니! 이것도 습작에 불과해. 그림의 의미를 좀 더 넣어. 반드시 심오하고 근원적인 사상이 들어 있어야 해. 그것이 없지 않니?"

톨스토이의 예술을 보는 눈은 예리했다. 레핀은 작가의 말을 듣고 깊게 고민했다. 단순히 코사크의 삶과 개별 인물을 그리는 게 아니라 고귀한 민족의 품위와 자부심과 민중의 영혼이 담긴 서사시를 그렸다. 그들의 자유로움과 자신감을 얼굴에 표현했다.

그는 작품에 등장하는 스물한 명의 인물을 찾았다. 총동원되었다. 트레티야코프 미술관에 있는 그림의 경우, 그림의 오른쪽에 빨간색 옷을 입고 흰 모자를 쓴 뚱뚱한 사람이 음악원 교수인 루베츠크이다. 술탄의 편지를 읽은 사람이다. 그림의 가운데 편지를 쓰고 있는 사람이 술탄의 편지 사본을 준 역사가 야보르니츠키이다.

레핀(Repin), 1880~1890년, 「자포리자인이 튀르크 술탄에게 편지를 쓰다」, 캔버스에 유채, 69.8X89.6cm, 트레티야코프 미술관, 모스크바

    그 뒤에 파이프를 물고 있는 가장 강렬한 사람이 세르코 장군인데 진짜 장군 한 명이 모델이 되었다. 1968년 소련 고고학자 게라시모프는 세르코 장군의 무덤을 열었다. '아니, 그의 흉상이 레핀이 그린 장군의 얼굴과 똑같잖아! 대머리에 수염까지 똑같지 않은가!' 레핀의 그림은 진정한 사실화였다.
    특이한 것이 있다. 그림의 왼쪽에 상의를 벗고 있는 사람이다. 한겨울 털모자에 털옷을 입고 있는 병사도 있는데 왜 맨몸일까? 코사크는 카드놀이를 할 때 남을 속이지 않는다. 속이면 죽음이다. 카드를 나누는 딜러는 옷을 반드시 벗었다.

그림에서 한 명이 손가락으로 가리키는 곳이 술탄의 수도 콘스탄티노플 방향이다. 이 사람은 레핀이 드네프르강 답사 도중 만난 사람이다. 편지를 쓰는 사람 바로 뒤 검은색 모자를 쓴 사람은 코사크 박물관의 관장이었다.

레핀은 8년이 지나서 다시 아들과 함께 답사했다. 그림을 완전히 스케치하고 또 답사하다니. 대단한 치밀함이다. 하나하나 다시 고증 작업을 했다. 사소한 것 하나라도 소홀히 하지 않는 화가였다. 톨스토이의 충고를 듣고 최고의 작품을 창작한 것이다.

이 그림을 보았을 때, 첫 느낌은 어떻게 이렇게 웃는 모습이 다양할까였다. 자신감이 펄펄 넘치지 않는가! 당장이라도 콘스탄티노플을 함락할 것 같다. 코사크의 모든 영웅을 다 모았다. 자유와 호탕함, 장군과 참모진의 평등, 죽음을 무릅쓴 패기와 용기, 조국을 수호하는 세르코 장군의 눈빛이 들어왔다. 그의 눈빛에는 그 누구도 갖기 힘든 애국심이 담겨있다.

술탄에게 보낸 편지는 사본이 아니라 지어낸 창작이라는 게 정설이다. 최고의 그림답게 레핀은 그림을 판 돈으로 새로운 거처를 마련하고 제국예술 아카데미의 교수가 되었다.

레핀과 알렉산드르 3세

| 황제의 그림 속으로 숨어버린 화가

    레핀은 제국예술 아카데미에서 인기 교수였고 학생들은 그를 지도교수로 선택하려고 서로 경쟁했다. 무려 1백여 명의 학생을 지도했다. 아카데미 수업은 대부분 종교화와 역사화로 진행되었는데 최초로 누드화 수업을 넣은 것도 바로 그였다. 자신이 몸담았던 이동파와는 점차 멀어졌고 새로운 미술협회를 만들려고 했다.

    그가 황제의 주문으로 그린 작품이 「알렉산드르 3세의 연설」이다. 알렉산드르 2세의 사망 후 새 황제에 대한 불만이 고조되자 황제는 중소규모의 마을 읍장(邑長)을 만나 연설을 했다.

    "여러분들을 뵙게 되어 무척 기쁩니다. 러시아 전역에서 뜨거운 호응을 불러일으킨 행사에 참여해 주셔서 진심으로 감사드립니다. 고향으로 돌아가시면 저의 진심 어린 감사의 마음을 모두에게 전달해 주십시오. 귀족 지도자들의 조언과 지침에 따라 주십시오. 터무니없는 소문을 믿지 마시고 토지 재분배와 무상 측량에 관해서 이야기를 나누십시오. 소문들은 우리의 적들이 퍼뜨렸습니다. 개인의 모든 재산은 당연히 그 누구도 함부로 침범할 수 없습니다. 행복과 건

레핀(Repin), 1886년, 「모스크바 페트로프 궁전에서 알렉산드르 3세가 읍장들을 맞이함」, 캔버스에 유채, 292.7X490cm, 트레티야코프 미술관, 모스크바

강을 빕니다."

이 글귀는 「알렉산드르 3세의 연설」 그림의 액자에 새겨져 있다. 황실 주문의 그림은 황금 액자에 넣는 전통이 있고 액자의 정중앙 위에 러시아를 상징하는 쌍두독수리 문양이 있다. 그림을 잘 보면 화가 레핀이 그림 속에 숨어 있는데 그림의 오른쪽 뒤에서 뭔가를 적고 있는 사람이 화가 자신이다.

그림의 장소는 예카테리나 2세 여제와 나폴레옹도 머물렀던 페트로프 궁전(Petrovsky Palace)이다. 레핀은 황제가 빛을 많이 받을 수 있는 공간을 찾았다. 그림의 중앙에 황제가 있고 뒤에 황후와 어린 니콜라이 2세가 있다. 황제 중심으로 읍장이 모여 있는데 황제의 얘기가 마음에 들지 않은 것일까. 그들의 얼굴은 회의적이다.

언젠가 내가 이 페트로프 궁전에서 일주일가량 머무른 적이 있는데 황제가 서 있는 마당으로 태양이 정확하게 들어왔다. 궁전의 방향이 남서향이기에 그림의 그림자를 보면 오전 11시쯤이다. 지금은 황제가 서 있던 위치에 꽃이 심어져 있다.

트레티야코프 미술관은 1번 니키틴부터 48번 쿠즈네초프까지 거장들의 작품이 전시되어 있다. 레핀, 수리코프, 칸딘스키 외에 이바노프, 푸키레프, 페로프, 크람스코이, 쉬시킨, 게, 브루벨, 세로프, 샤갈, 말레비치 등이 있다.

그림 하나하나는 단순한 그림이 아니다. 세상의 모든 그림은 사연이 있고 그 사연을 하나하나 이야기로 읽으면 흥미롭다. 화가가 그림을 그릴 때 보여주고자 한 핵심 포인트가 있는데 그것을 찾아내는 즐거움은 상상을 초월한다.

그림, 어떻게 찾을 수 있을까? 화가가 숨겨 놓은 핵심은 색깔, 조명, 구조, 긴장감이 다르다. 그 부분을 자세히 보면 가장 먼저 화가의 의도를 짐작할 수 있다. 이후 왜 저 그림을 그렸을까, 어떤 영감을 받고 그렸을까, 저 그림이 뜻하는 것은? 그림의 시대 상황은? 이렇게 그림의 배경을 알고 나서 보물을 찾듯 그림 속 주인공이 되어 몰입해 들어가면 남다른 느낌을 받게 된다.

그림을 볼 때, 옷은 될 수 있으면 깔끔하게 입고 편안한 신발을 신고 팔짱을 끼고 약간 떨어져서 보면 좋다. 특히 팔짱을 끼면 마음이 편안해지면서 좌뇌와 우뇌가 활성화된다. 팔짱은 화가가 숨겨 놓은 보물을 찾는 최고의 자세이다. 트레티야코프는 늘 그 자세로 그림을 감상했다.

어떤 그림부터 보면 좋을까? 의견은 다양하겠지만 나의 경우에는 사회 풍습과 사람의 삶을 알 수 있는 풍속화를 먼저 보았다. 그런 다음 초상화를 보고 역사화는 그림의 역사적 지식을 습득한 후에 보았다. 정물화와 풍경화는 한참 지난 후에 관람했고 제일 마지막에 본 게 아방가르드였다. 처음부터 난해한 것을 보면 보기 싫어진다. 다른 사람은 그림을 보고 고개를 끄덕이는데 왜 나만 모를까. 후에 알았다. 하나의 그림을 만 명이 보면 만 개의 그림이 된다는 것을. 남의 시선이 아닌 나의 시선만 존재한다는 것을.

하나씩 보다 보면 화가의 마음을 알게 되고 그가 숨겨둔 보물을 움켜잡을 수 있다. 그림이라는 걸 알게 되자 그림 감상은 보물찾기였다. 이쪽에서 보물, 저쪽에서 보물.

그림 하나로 백 년 전의 화가와 대화할 수 있다는 건 행복이다. 이 즐거운 보물찾기에 많은 사람이 동참하길 바란다. 백문이 불여일견이라고 모스크바에 가면 어디? 트레티야코프 미술관. 내가 너무도 사랑한 삶의 공간이었다.

차이콥스키 음악원

| 러시아 음악이 살아 숨 쉬다

▶ 차이콥스키 음악원

모스크바음악원을 흔히 차이콥스키 음악원이라고 부른다. 음악원 입구 도로가 좁아서 처음 가면 찾기가 쉽지 않다. 시내 중심에 있어 차도 막히고 지하철역에서 걸어가도 꽤 된다. 실수하기 쉬운 건 명칭 때문이다. 모스크바에는 차이콥스키 콘서트홀과 차이콥스키 음악원 볼쇼이 홀이 있는데 서로 다른 곳에 있다.

이날 난 트레티야코프 미술관을 구경하고 늦은 점심을 먹은 후 지하철을 타고 차이콥스키 음악원으로 갔다. 하지만 도착한 곳은 마야콥스키 동상이 있는 차이콥스키 콘서트홀이었다. 아뿔싸! 이런 실수를 하다니. 홀에서 나와 마야콥스키 동상만 보고 피곤한 몸을 이끌고 시내 구경을 더 하다 돌아왔다.

난 음악에 문외한이다. 음표만 볼 줄 알아도 삶이 바뀌었을 텐데 아쉽다. 유학 온 친구에게 물었다. 사진 하나로 세상을 엿보는 예술가다. 난 그를 작가라고 부른다.

"러시아 음악 하면 차이콥스키잖아요? 어떤 게 좋아요?"

친구는 웃으면서 말했다. 친구는 음반 수집광이다. 집안에 가면 가득가득. 음악에도 상당한 실력이 있어 늘 부러웠다.

"당연히 피아노 협주곡 1번이죠."

이후 나는 카세트 테이프를 사서 피아노 협주곡 1번을 수없이 들었다. 길게 늘어날 때까지. 당연히 협주곡, 서곡, 교향곡, 4중주, 실내악, 오페라 이런 생소한 단어와는 만리장성을 쌓은 사람이었다.

긴 겨울 하얀 눈이 올 때 피아노 협주곡 1번을 들으면 러시아의 대자연이 파릇파릇 살아난다. 거대한 풍경이 눈 앞에 펼쳐진다. 이 곡은 눈이 너무 많이 와서 오도 가도 못하는 그때 들으면 최고다.

언젠가 차이콥스키 음악원에서 공연을 봤을 때 그 느낌은 지금도 생생하다. 그날은 11월 마지막 월요일 저녁이었다. 벌써 거리에 눈이 쌓였다. 제자들이 여는 연주회인 '클라스느이 베체르(Классный вечер)' 공연이었다. 학생들은 일 년에 한 번씩 스승을 모시고 연주회를 한다. 자신의 기량을 부모, 친척, 음악 애호가에게 보이는 연주회다.

음악원 입구에 있는 차이콥스키 동상을 보고 시간이 되어 음악원으로 들어갔다. 2층 라흐마니노프 홀이다. 사람은 모여들고 나도 자리에 앉았다. 내 생각은 단순했다. 코 골고 자지만 않으면 성공이었다. 지옥의 다리를 졸지 않고 건너는 것이었다.

드디어 한 명씩 무대에 나왔다. 교수님은 바그다사랸이다. 아르메니아계 러시아인으로 키는 작고 얼굴은 둥글다. 너무도 선하게 생겼고 연세가 드셨지만 장난기가 가득하다. 웃음을 머금고 계신 훈훈한 할아버지시다. 제자 한 명 한 명을 유명 예술가로 여기는 것일까. 몸에 배려심이 스며들어 있다. 사사 받은 한국인이 한 명 있었다. 인연이 되어 매년 연주를 들었는데 늘 감동했다. 아낌없는 박수를 보내고 응원했다. 스승과 제자의 참모습을 보는 것만큼 감동적인 것이 있을까.

"너희들은 연습할 때 다 모인 자리에서 가르치니?"

"네. 왜요?"

"그럼, 모든 학생이 소리를 다 듣니?"

"네. 그렇죠."

"누가 잘하는지도 다 알 수 있겠네?"

"네. 당연히 알죠."

맞다. 예술은 숨김이 없다. 어떻게 숨길 수 있겠는가! 차이콥스키 역시 작품을 속이지 않았다. 자기 작품이 초연이 되면 늘 가슴을 졸였다. 천재인 그도 순수한 인간으로 돌아가서 남의 호응에 귀를 기울였다. 때론 속상해하기도 하면서 말이다.

작곡가의 수많은 작품 중에 처음부터 대중의 반응이 좋았던 건 손에 꼽힐 정도로 많지 않다. 하지만 그는 항상 심혈을 기울여 작곡했으며 스스로 확신한 작품은 결국 걸작으로 인정받았다.

차이콥스키의 삶과 작품

| 천상의 소리를 인간 세상에 들려준 작곡가

러시아 예술에서 차이콥스키를 모른다면 무슨 말을 할 수 있을까. 1840년 5월 7일은 곱슬머리에 갈색 눈을 가진 차이콥스키가 모스크바에서 동쪽으로 1천 킬로미터 떨어진 우드무르트에서 태어난 날이다. 할아버지는 우크라이나의 코사크 출신 군의관으로 귀족이었다. 아버지는 우드무르트광산의 감독관이었다. 플루트를 연주하고 연극과 오페라를 좋아했는데 오페라를 보면서 눈물을 흘린 적도 꽤 많았다. 상대방을 배려하고 친절한 아버지였다.

외할아버지는 프랑스인으로 프랑스어와 독일어 교사였고 러시아로 귀화하여 관세청에서 일했다. 어머니는 어려서부터 수사학, 문학, 외국어를 배우고 하프와 피아노를 연주했다. 특히 프랑스어와 독일어에 탁월했으며 로망스 부르기를 즐겼다. 어머니는 나이 20세에 아버지와 결혼했는데 나이 차이는 무려 18살이었다.

집안에는 피아노와 오케스트리온이 있었고 저녁이면 음악이 흘러나왔다. 오케스트리온은 다양한 악기와 타악기 등 오케스트라의 요소를 하나의 기계로 결합한 악기이다. 어린 작곡가는 다양한 음악을 접할 수 있었고, 특히 모차르트의 오페라 「돈 조반니」를 가장 감명 깊게 들었다. 그는 네 살부터 식사 시간을 제외하고는 어른들과 분리되어 조기 교육을 받았는데 아침 6시부터 자유시간이 제한된 홈스쿨링이었다. 그는 상당히 예민했다. 혼을 내거나 화를 내면 깜짝 놀랐다. 극도의 신경과민으로 한밤중에 발작하기도 했다.

그는 제국법률학교를 졸업하고 법무부에서 근무하면서 음악협회에서 주관하는 강의를 들었다. 이 음악협회가 후에 상트페테르부르크 음악원이 되는데 그곳에서 유명한 음악가 안톤 루빈시테인을 만난다. 후에 차이콥스키의 스승이 된다. 스승은 제자가 오직 음악에 헌신하기를 원했다. 마침내 차이콥스키는 일을 그만두고 본격적으로 음악을 공부하기 시작했다. 그의 나이 스물셋이었다. 아버지는 그를 뜨겁게 격려했다.

이제 작곡가는 음악에 집중하면서 마음은 평온해졌다. 그의 도움을 받지 못하게 된 가족은 생활비를 아끼고 저렴한 곳으로 이사했다. 이 시기 그는 작곡 이론, 악기, 플루트, 오르간 등을 체계적으로 배웠다.

최초의 작품은 오스트롭스키의 『뇌우』 서곡이었다. 이 곡은 1864년 여름 우크라이나에서 휴가를 보내면서 작곡했다. 안타깝게도 작곡가 생전에는 연주되지도, 출판되지도 못했다. 스승 루빈시테인이 이 작품을 승인하지 않았고 작곡가 라로시는 "음악의 우스꽝스러운 박물관"이라고 혹평했다.

그의 졸업 작품은 독일 시인 실러의 「환희의 송가」였다. 세상의 화합과 따뜻한 인류애를 상징하는 시를 곡으로 만들었는데 평가는 엇갈렸다. 스승은 맘에 들지 않았지만 잠재력이 있다고 기뻐한 사람도 있었다. 이 작품 역시 출간되지 못했다. 차이콥스키는 "미래가 없는 젊은 시절의 작품"이라고 스스로 평가했다.

그의 우등 졸업장을 보면, 작곡 이론과 악기 과목은 수(5점), 오르간은 우(4점), 피아노는 전반적 우(4점), 지휘는 보통(3점)이었다. 음악원 평의회는 그에게 '자유 예술가'라는 칭호를 수여했다. 동료 라로시는 그의 탁월한 능력에 찬사를 보냈다. "러시아에서 가장 위대한 음악적 재능이 있습니다. 당신에게서 우리 음악의 희망을 봅니다."

음악원을 졸업하고 작곡가는 무엇을 했을까? 취직이 중요한 건 예나 지금이나 마찬가지 아닌가! 스승은 동생에게 말했다. "졸업을 앞둔 학생 중 차이콥스키가 있어. 네가 최근에 만든 모스크바음악원에서 학생을 가르치게 하는 건 어때?"

차이콥스키는 연봉 1천2백 루블을 받는 모스크바음악원 교수가 되었다. 후에 교수직을 사임할 때 받은 연봉은 2천7백 루블이었다. 당시 공장 노동자 한 달 월급이 20루블이었다.

1866년 1월 17일 그는 제국의 수도 상트페테르부르크에서 모스크바로 왔고, 음악원 원장인 니콜라이 루빈시테인은 그를 자기 집에 머물게 했다. 가난한 예술가를 돕기 위한 것이었다. 원장은 유력 인사와의 만남도 주선했다. 그에게 첫 교향곡을 쓰도록 독려하고 원장은 그의 곡을 지휘하며 초연을 성공적으로 마칠 수 있도록 도왔다. 죽기 전까지 작곡가의 재능을 알아보고 지지한 음악가였다.

차이콥스키가 가르치는 학생은 23명에서 무려 90여 명까지 늘었다. 그는 작곡, 음악 이론, 화성, 악기 수업을 가르쳤는데 대충하는 사람이 아니었다. 섬세하게 가르쳤고 과제도 많이 주었다. 성실 그 자체였다. 하지만 정작 자신은 창작하지 못해 힘들어했다. 독일어로 된 슈만의 『젊은 음악가를 위한 삶의 규칙과 조언(국역: 젊은 음악가를 위한 슈만의 조언)』, 요한 로베의 『음악 교리서』, 프랑스어로 된 게바르트의 『악기 안내서』를 번역하여 학생을 가르쳤다.

이 시기 교향곡 1번을 작곡했다. 스승은 만족하지 못했지만 청중은 좋아했다. 그는 극작가 오스트롭스키를 만나 서곡을 만든 뇌우를 오페라로 만들고 싶다고 했다. 하지만 극작가는 그를 위해 『지방관』이라는 작품을 주었고 작품은 연주되었지만, 평론가들은 음악과 대본이 맞지 않는다고 혹평했다. 얼마 후 작곡가는 모든 악보를 찢어 버렸다.

1869년 그는 관현악 걸작인 「로미오와 줄리엣」을 썼다. 사랑의 선율과 인물의 성격 묘사가 탁월한 작품으로 러시아 음악계에 그의 이름을 처음으로 알린 곡이다. 이 곡은 국민악파 발라키예프(Balakirev, 1837~1910)의 권유로 작곡했다. 작곡가는 그에게 작품을 헌정했지만 초연 후 관객은 실망했고 공연 후 지휘자와 작곡가는 저녁 식사 내내 곡에 대해 아무 말이 없었다. 1880년 작곡가는 음악적 재능이 일취월장했을 때 이 곡을 수정했다. 풍성한 선율의 곡으로 재탄생했고 이름도 「환상 서곡」으로 바꾸었다.

1872년 그는 『하모니의 실용 연구 지침서』를 출간했는데 책은 153페이지로 전체 34장이다. 1897년 판을 읽어보니 첫 구절에 "소리의 결합은 두 가지이다. 하나는 소리가 이어서 나오고 다른 하나는 동시에 나온다. 첫 번째는 멜로디이고 두 번째는 하모니이다."라고 되어 있다. 작곡가는 이 시기 재정적 어려움으로 신문에 칼럼을 기고했는데 4년간 무려 81편이었다. 워낙 인기가 있어 대중은 그의 칼럼을 늘 기다렸다.

1874년 차이콥스키는 우크라이나에서 휴식을 취하면서 여름 동안 오페라 「대장장이 바쿨라」를 작곡했다. 고골의 소설 「성탄전야」를 대본으로 창작한 민속 오페라이다. 고골 또한 차이콥스키의 할아버지처럼 우크라이나의 코사크 출신이다. 그는 이 곡을 "Ars longa, vita brevis(예술은 길고 인생은 짧다)."라는 필명으로 경진대회에 제출했고 우승했다. 당시에 익명으로 작품을 제출할 경우, 이 표어를 사용했다. 상금은 1천5백 루블이었다.

피아노 협주곡 1번

차이콥스키가 음악을 본격적으로 시작한 지 10여 년이 지날 때쯤 암흑기를 지나 드디어 훌륭한 작품이 나오기 시작했다. 누에가 비단실을 내뿜듯. 1875년 작곡가는 피아노 협주곡 1번을 완성했다. 차이콥스키 음악원 원장이자 스승인 니콜라이 루빈시테인에게 헌정하는 곡이었다. 차이콥스키는 그에게 악보를 보여주었다. 그는 여러 번

피아노를 쳐 보더니 말했다.

"어렵군. 연주하기 불편해. 이건 쓸모없어. 그 누구도 치지 않을 거야. 악보를 바꾸어 보는 게 어때."

작곡가는 말했다.

"어렵다고요? 난 어떤 악보도 바꿀 수 없습니다."

자존심에 상처를 입었지만 단 하나의 악보도 바꾸지 않았다. 그는 오히려 독일 피아니스트 뷜로에게 곡을 헌정했다. 뷜로는 1875년 10월 보스톤에서 초연했다. 관객은 환호했고 대중은 찬사를 보냈다. 한 달 후 뉴욕에서도 연주되었고 이후 스승 루빈시테인의 재평가와 함께 큰 성공을 거두었다.

이 곡의 주제는 우크라이나의 민속 음악이다. 1악장에서 그는 우크라이나의 민속 악기 리라 소리를 옮겨놓았다. 이렇게 말했다.

"시각 장애인이 연주하는 리라 소리를 들었습니다. 고대 리라와는 달랐습니다. 작은 러시아(우크라이나)의 시각 장애인이 부르는 노래가 놀라울 정도로 민속 음악이랑 똑같았어요. 내 피아노 협주곡 첫 장에 이 곡을 넣었어요."

마지막 악장은 우크라이나의 민속 노래 「나와라, 나와라, 이반카(Выйди, выйди, Иванку)」를 넣었다. 가사 내용은 이렇다. "나와라, 나와라, 이반카! 우리에게 노래해 줘! 겨울에 우리는 노래하지 않고 봄을 기다렸어. 봄. 봄. 우리의 봄. 우리에게 뭘 가져왔니?"

차이콥스키의 피아노 협주곡 1번은 봄을 기다리며 듣는 곡이다. 작곡가가 살아 있는 동안 가장 인기 있는 곡이었다. 그는 뉴욕 카네기 홀 개관식에서 이 곡을 직접 지휘했고 죽기 9일 전 마지막으로 지휘한 콘서트에 이 곡을 넣었다. 수많은 피아니스트가 이 곡을 연주하고 녹음했다. 오늘날 모스크바 차이콥스키 국제콩쿠르 최종 결선에 고정적으로 들어가는 곡이다.

차이콥스키와 톨스토이

작곡가의 명성은 점점 높아졌다. 1876년 12월 그는 톨스토이를 위해 모스크바음악원에서 현악 사중주를 연주했다. 1번 2악장의 안단테 칸타빌레를 감상한 톨스토이는 감동의 눈물을 흘린다. 2악장은 인간의 영혼을 흔들어 흐느끼게 한다. 선율이 매우 감미롭다. 작곡가는 러시아 민요 「바냐가 소파에 앉았다」라는 곡을 쿠르스크 지방의 목수에게서 듣고서 2악장에 넣었다. 이 민요를 들어 보니 편안하고 잔잔했다.

작곡가는 평소에 톨스토이를 존경했다. 자신의 연주에 눈물을 흘린 걸 보고 기쁨을 감추지 못했다. 톨스토이와 차이콥스키는 여러 번 대화를 나눴는데 주로 톨스토이가 차이콥스키를 찾아왔고 작가는 러시아의 민요집과 서사 시집을 주며 작곡을 권유했다. 하지만 베토벤 등 고전 음악가에 대한 톨스토이의 비판은 그의 마음을 불편하게 했다. 작곡가는 자기 작품에 이런저런 조언을 하는 톨스토이를 힘들어했다. 결국 톨스토이가 권유한 러시아 민요곡을 만들지 않았다.

폰 메크 부인

1876년은 작곡가 인생에서 행운의 해였다. 모스크바음악원 원장인 루빈시테인은 철도재벌의 미망인 폰 메크(Von Meck, 1831~1894)에게 말했다. "우리 음악원에 천재 작곡가가 있어요. 그를 도와줄 수 있는지요?"

그녀는 매년 6천 루블을 후원했다. 유럽 여행경비도 지원했다. 미망인은 음악가 바그너를 도와준 루드비히 2세의 이야기를 듣고 후원한 것이다. 위대한 작곡가 뒤에 늘 위대한 후원자가 있었다.

차이콥스키가 미망인에게 보낸 편지는 무려 1천2백 통이다. 작곡가는 서간문학의 대가이다. 그는 평생 7천여 통의 편지를 썼다. 그가 쓴 편지만 읽어도 예술과 철학, 문학과 사상에 얼마나 심취했는지 알 수 있다. 자연에 대한 그의 시적 표현은 백미이다. 한 인간이 일생에 그렇게 많은 편지를 쓴다는 건 그 자체가 위대하다. 그는 작곡가일 뿐 아니라 위대한 문학가였다.

차이콥스키는 미망인에게 일상생활부터 예술까지 다정다감한 이야기를 편지로 보냈다. 흥미롭게도 둘은 만나서 커피 한잔하지 않았다. 왜일까? 후원하되 만나지 않는다는 조건을 걸었기 때문이다. 낭만적이지 않은가! 언젠가 둘은 마차를 타고 가는 길에 우연히 만났다. 차이콥스키는 존경의 표시로 모자의 챙을 잡고 살짝 고개를 숙였다.

이제 금전적 여유가 생겼고 학생을 가르치지 않아도 되었다. 작곡에 집중했다. 진정한 작곡가의 길을 걷게 되었다.

백조의 호수

1877년 3월 4일, 볼쇼이 극장에서 그 유명한 발레가 초연되었다. 바로 백조의 호수였다. 초연은 실패했다. 감동을 주지 못했다. 안무가 엇박자였다. 작곡가 사후에 프랑스인 안무가 프티파가 발레를 새롭게 만들어 마린스키 극장에 올렸는데 성공이었다. 러시아 발레극에서 처음으로 진정한 영웅이 등장했다. 시련과 고통을 이겨내고 자신의 운명에 도전하여 사랑을 쟁취하는 남자 주인공이다.

'작은 백조의 춤'은 네 마리 백조가 손을 잡고 춤을 추는 명장면이다. 대부분 발레를 패러디할 때 이 장면을 묘사한다. 역시 블랙 파드되이다. 제자리에 서서 무려 32바퀴를 도는 푸에테를 춘다.

결혼

1877년 봄, 작곡가는 한 통의 편지를 받았다. 한 여인의 진심 어린 사랑의 편지였다. 모스크바음악원에서 작곡가의 수업을 들었다고 했다. 이전에도 여러 여인으로부터 사랑의 편지를 받았지만 답장하지 않았다. 그는 심성이 따뜻한 그녀에게 편지를 보냈고 여러 번 오가는 중 그녀는 결정적인 편지를 보냈다.

"정말 한 번도 만나지 않고 나와의 서신을 끊을 건가요? 나는 당신이 그렇게 잔인하지 않을 거라고 확신해요! 나는 당신에게 온몸을 던져 키스할 준비가 되어있어요. 안녕. 나의 사랑. 더 이상 나를 실망하게 하지 마세요. 시간 낭비예요. 당신 없이 난 살 수 없어요.

이제 목숨을 끊을 수밖에 없네요. 다음 세상에서 당신과의 키스를 기억하기 위해 당신을 보고 키스하게 해 주세요. 안녕."
- 영원한 당신의 사랑 밀류코바(Miliukova, 1848~1917).

죽을지도 모른다는 말에 마음이 약해진 작곡가는 그녀와 결혼한다. 당시 작곡가의 마음은 이러했다.

"이건, 나의 운명이야. 피할 수 없다는 결정을 했지. 설사 우리가 불행해진다고 해도 내 잘못은 아니라는 걸 신도 아실 테지. 사랑 없이 결혼하게 된다고 해도 내게는 달리 어쩔 도리가 없어."

결혼 후 두 달이 지날 때쯤 어느 추운 9월 저녁, 작곡가는 집을 나와 강으로 향했다. 그는 정신없이 걸었다. 그의 머릿속에는 '죽고 싶다. 이 저주받은 집에서 탈출하고 싶다.'라는 생각뿐이었다. 강물에 몸을 던졌다. 죽음을 그토록 두려워한 작곡가가 자살을 시도한 것이다. 그는 창작 활동을 방해하는 모든 것에 분개했다. 감수성이 예민한 그는 오직 음악에만 몰두하고 싶었다. 결혼 생활은 그의 음악적 창의력을 소멸시켰다. 동생에게 보낸 편지에서 이렇게 말했다.

"아내는 나에게 극도로 혐오스러운 존재가 되었어. 나에게 유일한 장점인 음악적 재능이 이제 얼어붙었어."

사랑 없는 결혼의 종착역은 어딜까? 작곡가는 3개월 만에 집을 나와 스위스로 떠나 버렸다. 그곳에서 교향곡 제4번을 쓰고 폰 메크 부인에게 헌정했다. 이 시기 그는 푸시킨의 예브게니 오네긴을 오페라로 완성했다.

예브게니 오네긴

1877년 작곡가는 성악가 라브롭스카야에게서 푸시킨의 작품 『예브게니 오네긴』을 오페라로 만들어 볼 것을 추천받았다. 그는 당황했다. 이 거룩한 작품을 오페라로 만들 수 있을지 두려웠다.

어느 날, 선술집에서 저녁을 먹다가 성악가의 목소리가 귓전에 울렸다. 곰곰이 생각했다. 집으로 급히 돌아온 후 책을 정신없이 완독하고 밤새 즐거운 마음으로 상상의 나래를 펼쳤다. 잠 못 이루는 밤이었고 작곡을 시작했다. 그는 소설의 무대를 가정 드라마로 한정했다. 작품의 핵심이 되는 부분을 선택하여 서정적 장면을 강조했다. 작곡가는 작품에 완전히 함몰되었다. 당시의 심정은 이랬다.

"나는 타티야나(여주인공)와 사랑에 빠졌고 푸시킨의 시에 매료되어 작품을 씁니다. 그의 시는 나를 저항할 수 없도록 만듭니다. 오페라에 완전히 빠져들어요."

작품에서 시골 여인 타티야나는 자신의 순수한 사랑을 밤새 편지로 써서 도시에서 온 오네긴에게 보냈다. 오네긴은 사랑을 거절했다. 오히려 훈계했다. 이 시기 작곡가는 아내 밀류코바에게서 사랑의 편지를 받았다. 작곡가는 예브게니 오네긴의 여주인공 타티야나와 밀류코바를 동격화했다. 마음이 아픈 작곡가는 주인공 오네긴과 반대로 사랑을 받아들였고 그건 비극이었다. 곡은 1879년 말리 극장에서 초연했다. 반응은 좋지 않았다. 많은 사람이 음악이 단조롭고 지루하다고 말했지만 작곡가는 다르게 평가했다.

"이 오페라는 큰 무대가 아닌 작은 무대에서 성공할 겁니다. 대중들에게 오페라를 알리는 건 큰 극장이 아닙니다. 조금씩 오페라를 알아 가면 사랑에 빠질 겁니다."

정말 모든 사람이 사랑에 빠졌고 「스페이드 여왕」과 함께 작곡가 최고의 오페라가 되었다. 오페라의 제목을 예브게니 오네긴이 아닌 타티야나라고 하는 게 맞다. 그만큼 작곡가는 여주인공에 집중했다. 최고의 아리아가 타티야나가 오네긴에게 편지를 쓰는 장면이다.

바이올린 협주곡

1878년 봄, 그는 서서히 우울증과 슬픔에서 벗어났다. 제자 코텍은 작곡가가 있는 스위스로 오면서 프랑스 작곡가 랄로의 스페인 교향곡 악보를 가져왔다. 그는 이 곡에서 깊은 감명을 받고는 바이올린 협주곡을 만들기 시작했다. 편곡까지 마무리하는 데 25일이 걸렸다. 대단한 집중력이었다.

"오늘 아침부터 나는 이해할 수도 없고 어디서 왔는지도 모르는 영감의 불꽃에 휩싸였습니다."

그날은 봄을 알리는 비가 왔다. 이 곡은 봄의 정취가 물씬 풍긴다. 희망에 가득찬 삶의 기쁨을 표현한다. 1악장 중반에 강력한 봄의 소리가 울린다. 2악장은 피렌체를 상기시키는 이탈리아의 칸초네이다. 피날레는 전통 민요풍이며 러시아적 특성을 담고 있다.

그는 이 작품을 유명한 아우에르에게 헌정했다. 악보를 본 아우에르는 너무도 복잡하다며 작품을 연주하지 않고 오히려 혹평했다. 이후 이 곡을 브로드스키가 비엔나에서 초연하면서 최고의 작품 중 하나가 되었다. 청중은 환호했다. 베토벤과 브람스의 바이올린 협주곡과 함께 걸작으로 평가받는다. 이 곡은 차이콥스키 콩쿠르 바이올린 부문 필수곡이다.

1812년 서곡

1882년 8월 20일, 모스크바 구세주 대성당에서 장엄한 곡이 울려 퍼졌다. 나폴레옹과의 전쟁에서 승리한 70주년 기념으로 차이콥스키가 작곡한 「1812년 서곡」이었다. 황실은 알렉산드르 2세 즉위 25주년과 전쟁 승리를 상징하는 서곡을 작곡가에게 요청했고 1880년 11월 20일에 완성했다.

막상 차이콥스키는 이 곡을 시끄럽고 예술적 가치가 없다고 스스로 평가절하했다. 하지만 애국심을 고취하는 관현악곡으로 지금까지 인기가 있다. 엄숙하고 장엄하며 대규모 교향악단이 연주한다. 군악대와 함께 대형 종과 대포가 등장한다. 진짜 대포다. 얼마나 장엄하기에 판매본에 적혀 있었다. "당신의 스피커가 찢어질 수 있으니 소리를 줄이세요."

시작과 함께 러시아 정교 음악이 나온다. 승리를 위한 기도문이다. "오 주님, 당신의 백성을 구원하소서!" 선율은 러시아의 서정적 민요에 가깝다. 프랑스의 침공을 표현할 때는 프랑스 곡 「라 마르세예즈」가 울려 퍼진다. 러시아군을 상징할 때는 러시아 민요 「문에서, 문(у ворот, ворот)」이 울린다. 서로 공격하고 방어한다. 마지막에는 러시아제국의 국가인 「신이시여, 차르를 구원하소서」가 나온다.

"신이시여, 차르를 구원하소서! 강건하고 위엄있는 영광을 위해, 우리의 영광을 위해 통치하소서! 우리의 기쁨을 위해 다스리소서! 정통 차르를! 신이시여, 차르를 구원하소서!"

러시아 혁명 전까지 사용된 국가이다. 승리를 상징하는 종과 16발의 대포가 발포되면서 곡은 끝난다. 차이콥스키는 이 곡으로 황제에게서 성 블라디미르 훈장과 상금을 받았다.

차이콥스키는 이 시기 처음으로 해외 공연을 했다. 그의 명성이 높아지자 곳곳에서 초청했다. 독일, 체코, 프랑스, 런던 등이었다. 함부르크에서 브람스를 만났다. 당시 첫 만남을 이렇게 표현했다.

"브람스는 러시아의 성직자 같습니다. 너무도 순박하고 쾌활하고 편안했어요. 거만하지도 않고 허영심도 없습니다. 그에게 흠뻑 빠져 들었답니다."

유럽에서의 열광적인 환대는 차이콥스키를 흥분시켰다. 유럽의 관점에서 보면 러시아는 음악의 변방이었다. 차이콥스키 자신도 말했다. "러시아 음악가가 유럽 전역을 돌며 이렇게 환대받을 줄 알았겠습니까?"

그는 음악을 시작하면서부터 모차르트를 제외하고 바흐, 헨델, 베토벤, 바그너, 브람스 등의 음악가를 평범한 작곡가로 생각했다. 그들의 작품을 심하게 비판하기도 했다. 그의 꿈은 모차르트처럼 천상의 화음을 적는 것이었다. 모차르트를 예수님처럼 신성한 존재로 받아들였다. 프라하에서 공연할 때 너무도 많은 사람이 환호하여 모차르트 같은 작곡가가 된 기분이었다.

잠자는 숲속의 미녀

1888년 차이콥스키는 마린스키 극장의 예술 감독인 프세볼로시스키로부터 대본을 받았다. 읽은 후 "이것은 나와 완전히 맞는 내용입니다. 음악을 작곡하기 위해 이보다 더 좋은 건 없어요."라고 편지를 썼다. 안무가 프티파와 감독이 함께 만든 대본이었다. 흥미롭게도 다음과 같은 내용이 있었다.

"2/4, 빠르게. 두려움에 그녀는 더 이상 춤을 추지 않습니다. 이것은 춤이 아니라 독거미에게 물린 것처럼 어지럽고 미친 행동입니다! 결국 그녀는 숨이 끊어지면서 쓰러집니다. 이 광란은 24~32박자를 넘지 않아야 합니다."

프랑스인 프티파의 자세한 설명이었다. 박자 수까지 세밀하게 썼다. 작곡가는 그의 모든 요구에 따라 발레곡을 만들었다. 고전발레의 최고봉이었다. 이 발레를 고전무용의 백과사전이라고 불렀다. 바로 「잠자는 숲 속의 미녀」이다.

1890년 1월 상트페테르부르크 마린스키 극장에서 초연이 있었다. 청중은 환호했다. 두 시즌 동안 무려 50회를 공연했다. 이 곡으로 차이콥스키는 러시아 작곡가 중 가장 뛰어난 작곡가로 인정받았고 자신의 생전에 유일하게 성공한 발레곡이었다.

최고의 걸작 스페이드 여왕

1890년 봄, 그는 피렌체에서 또 하나의 걸작을 44일 만에 완성했다. 마린스키 극장의 감독이 오페라로 작곡해 줄 것을 여러 번 요청했고 동생 모데스트가 대본까지 준비해 주었다.

오늘날 러시아 국민이 가장 사랑하는 오페라이다. 러시아에서 이 공연을 보면 예술에 관한 생각이 달라진다. 바로 스페이드 여왕이다. 푸시킨의 소설이 원작이다. 오페라의 플롯이 완벽하다. 숨이 막힌다. 느슨함이 없다. 소설보다 더 극적이다. 무려 3시간가량 진행되는데 청중들의 혼을 빼놓는 작품이다.

독일계 러시아인 게르만이 부자가 되기 위해 백작 부인이 알고 있는 카드놀이의 비밀을 밝히는 내용이다. 인간의 탐욕과 맹신, 사랑과 좌절 등을 담고 있다. 소설은 남자 주인공 게르만을 정신병원으로 보내고 여자 주인공 리자를 다른 남자와 결혼시키지만, 오페라에서는 극적으로 둘 다 자살로 마무리한다. 마지막 순간 카드놀이에서 스페이드 여왕을 펼칠 때 게르만은 좌절한다. 자살하지 않을 수 없다.

러시아인들이 가장 많이 하는 놀이가 카드놀이이다. 누구나 집에서 심심풀이로 한다. 이 놀이를 오페라로 만들었으니 매 순간 흥미롭다. 소설과는 달리 배경은 18세기 예카테리나 2세 여제 시기로 장소는 수도 상트페테르부르크이다. 당시의 풍습과 문화를 알고 싶은 사람은 꼭 보아야 하는 예술이다.

1890년 12월 마린스키 극장에서 오페라 「스페이드 여왕」이 초연되었다. 작곡가 스스로 최고의 걸작이라고 말했다. 그는 당시 콘스탄틴 대공에게 편지를 썼다.

"전례 없는 열정으로 썼으며 작품 안에서 일어나는 모든 걸 생생하게 느끼면서 동시에 고통받았습니다."

작곡가는 곡을 만들면서 주인공의 감정에 빠져들었다. 마치 연극배우가 자신이 맡은 역할에 몰입하듯. 오페라 중 가장 유명한 아리아가 2막 1장에 있는, 옐레츠키 공이 약혼녀 리자에게 부르는 「나는 당신을 사랑해요(Я вас люблю)」이다. 게르만에게 마음이 가 있는 약혼녀 리자에게 진심을 담아 부른다.

1890년 9월 22일, 차이콥스키는 폰 메크 부인으로부터 편지를 받았다. 기업이 파산하여 더 이상 그에게 후원금을 줄 수 없다고 했다. 이제 연간 6천 루블의 후원금이 없어졌다. 그는 폰 메크 부인에게 편지를 썼다.

"사랑하는 친구에게,
당신의 이야기를 듣고 가슴이 아팠어요. '저를 잊지 말고 한 번씩 생각해 주세요.'라는 편지에 저는 상처를 받았답니다.
진심은 아니겠죠. 정말로 내가 당신에 대해 특별히 기억하는 이유가 단지 당신의 돈을 받았기 때문이라고만 생각하는 건 아니겠죠! 저는 당신이 저에게 후원금을 보낼 수 없다고 했을 때 기뻤어요. 저는 온 마음으로 형용할 수 없는 감사의 표현을 할 수 있게 되었어요."

하지만 차이콥스키의 진심은 어떠했을까? 출판업자 유르겐손에게 보낸 편지에 잘 나타나 있다. "너에게 안 좋은 소식을 알려줄게. 이제부터 난 수입 중 연간 6천 루블이 적어졌어…. 난 불쾌하고 타격을 받았어."

이후 둘 사이의 관계는 단절되었고 차이콥스키가 죽고 나서 두 달 후에 그녀도 죽었다.

뉴욕 음악 축제

1891년 4월 그는 뉴욕 음악 축제에 초대되었다. 그는 친구들에게 말했다. "어떻게 사람들이 13층에도 살 수 있지?" 모든 게 새로웠다. 신세계였다. 그는 뉴욕에 온 최고의 작곡가였다.

"유럽보다 여기에서 더 환대받고 있습니다. 도시의 각 신문에 제가 공연한다고 알려져 있습니다. 미국 전역에서 나의 친필 서명을 받고 싶다는 편지가 와 있습니다."

5월 5일 저녁 8시, 그는 카네기 홀 개관식에서 피아노 협주곡 1번을 지휘했다. 당시 그는 최고급 노르망디 호텔에 머물면서 나이아가라 폭포도 관람했다. 저명한 인사들이 그와 만나기를 원했고 매 5분 단위로 사람들이 찾아올 정도였다. 당연히 앤드루 카네기도 만났다. "정말 놀랄 만큼 특이한 사람이야. 배달 소년이 미국의 최고 부자가 되었다니. 하지만 그는 여전히 소박하고 겸손해. 누구도 낮추어 보지 않아. 진정한 음악의 왕이 나라고 청중에게 말하면서 나를 끌어안았지. 그의 아내 역시 눈에 띄게 소박하고 다정해."

호두까기 인형

1892년 12월 마린스키 극장에서 차이콥스키의 마지막 발레인 호두까기 인형이 오페라 이올란타와 함께 초연되었다. 청중들의 반응은 부정적이었다. 뭐가 문제였을까? 잠자는 숲 속의 미녀가 히트작이었지 않은가! 사람들은 실망했다.

이 작품의 원본은 호프만의 『호두까기 인형과 생쥐 왕』이다. 대본은 프티파가 만들어 작곡가에게 주었으며 작곡가는 자신의 어린 시절과 그의 죽은 여동생을 생각하며 작곡했다. 최종 안무는 백조의 호수를 맡은 이바노프였다. 하지만 프티파가 만든 대본과 곡이 일치하지 않고 이야기의 줄거리와 무대동작 사이의 부조화가 있었다.

차이콥스키 사후 안무가 고르스키가 만든 무대로 볼쇼이 극장에서 다시 공연하면서 그제야 발레는 성공했다. 그는 볼쇼이 발레단을 세계적인 수준으로 끌어올린 안무가였다. 그의 발레가 오늘날까지 전 세계에서 공연된다. 크리스마스와 새해가 되면 볼쇼이 극장에서는 어김없이 호두까기 인형을 공연한다. 발레와 함께 차이콥스키의 명성은 영원하다.

교향곡 6번 비창

1893년 10월 마린스키 극장에서 차이콥스키가 죽기 9일 전에 교향곡 6번이 초연되었다. 이 곡은 그가 인류에 남긴 마지막 선물이다. 그가 직접 지휘했다. 반응은 좋지 않았다. 곡이 침울하다는 것이었다. 하지만 그는 이렇게 썼다.

"나는 내 영혼을 담아 작곡했어. 작곡 중에 자꾸 눈물이 나왔지. 엄청나게 집중해서 작곡했어. 이 곡은 내 모든 작품 중 가장 심혈을 기울인 곡이야. 가장 진지한 곡이지. 이 작품만큼 내가 사랑하는 곡은 지금까지 없었어."

1891년에 그는 죽기 전에 장엄한 교향곡을 작곡하길 원했다. 구상할 당시 제목도 「삶」이었다. 1악장은 삶의 충동, 자신감, 갈망, 2악장은 사랑, 3악장은 실망, 4악장은 소멸이었다.

하지만 그는 교향곡을 쉽게 끝내지 못했고 오히려 그동안 작곡한 것을 찢어버리기도 했다. 우여곡절 끝에 1893년 3월 말에 최종 마무리했다. 이후 작곡가는 휴식을 취하면서 케임브리지대학에서 명예박사 학위도 받고 10월이 되어서야 초연했다. 이 교향곡은 작가의 자전적 작품이다.

1악장은 어린 시절 음악에 대한 거부할 수 없는 갈망을 적었다. 느리게 시작된다. 우울한 심연 속에서 애절한 갈망이 싹튼다. 죽음에 대한 작가의 두려움과 강렬한 투쟁, 아름다움과 자비에 대한 경외심을 표현했다. 장례 예배에 사용되는 「성도들과 함께 쉬십시오」가 들어 있는 곡이다. "그리스도여, 성도들과 함께 쉬십시오. 그곳에는 병도 없고 슬픔도 없고 탄식도 없고 영원한 생명이 있나이다."

2악장은 작가의 쾌활한 삶을 뜻한다. 왈츠곡인데 특이하다. 4분의 3박자가 아닌 4분의 5박자이다. 우아하다가 애절한 소리가 나온다.

3악장은 타란텔라 리듬에 행진곡이 합쳐있다. 그가 음악가로서 살아왔던 삶을 담았다. 곡은 소란하고 불협화음이 나오지만, 시간이 지나면서 자신감 있는 승리의 행진곡이 된다. 이것은 작곡가가 세계적인 명성을 얻었음을 뜻한다. 청중 중 3악장을 마칠 때 승리에 도취해 환희의 박수를 보낸다. 4악장이 있으니 기다려야 한다.

4악장은 장례 음악처럼 느리다. 작가의 마지막 삶을 뜻한다. 곡이 우울하고 애절하다가 조용히 사라진다. 작곡가 말년의 슬픔과 고통을 상징하며 조용히 죽는다는 것이다. 예술가로서의 명성은 일시적이며 그가 그토록 사랑하고 영원하다고 생각한 게 무의미했음을 뜻한다.

그는 이 교향곡 제목을 처음에는 「프로그램(Программная)」이라고 했지만 마음에 들지 않아 폐기했다. 그의 동생 모데스트가 그에게 '애절한(Патетическая)'이라는 수식어를 넣으라고 했다.

하지만 그는 출판사에 제목 없이 출간하라고 했다. 그의 사후 동생은 자신이 붙인 이름으로 출간했다. 우리는 이것을 마음이 몹시 슬프다는 뜻으로 「비창(悲愴)」이라고 부른다.

작가는 비창을 마지막으로 눈을 감았다. 나이 53세였다.

차이콥스키의 마지막 길
| 국민의 열광 속으로 소리 없이 사라지다

  1893년 11월 9일 목요일, 상트페테르부르크의 카잔 성당은 아침부터 분주했다. 러시아 전역에서 온 추모객들이 하나둘 모여들었다. 이미 입장권 6천 장은 매진되었고 카잔 성당 앞 넵스키 대로에는 긴 행렬이 끝이 없었다. 그날, 6만 명이 참여했다. 위대한 문학가 도스토옙스키의 장례식 이후 그렇게 많이 모인 건 처음이었다. 무려 두 배가 더 많았다.

  황제의 지시로 모든 장례비용은 국가가 부담하기로 했으며 황실에서는 하얀 장미를 보내고 콘스탄틴 대공이 참여했다. 마지막 길을 위해 제국 오페라합창단과 성가대가 특별히 출연했으며 몰차노프 주교가 장례를 주관했다.

  장례 의식을 마치고 그의 관이 성당을 나온 후 여섯 마리 말이 끄는 운구대에 놓였다. 천천히 이동했다. 운구는 제국의 판테온인 넵스키 수도원으로 향했다. 그의 묘는 도스토옙스키도 묻힌 곳으로 작곡가 무소르그스키의 무덤에서 얼마 떨어져 있지 않았다.

  오후 5시 드디어 관이 땅속으로 내려갔다. 향로를 든 주교님의 추모 의식 후 가족들이 흙을 던졌다. 온 국민이 슬퍼했다.

그는 죽기 6일 전 1893년 11월 1일 저녁 8시에 연극을 보고 밤 11시에 넵스키대로 「문학 카페」에서 새벽 2시까지 있었다. 이 카페는 푸시킨, 도스토옙스키, 레르몬토프 등 문학가들이 자주 가는 곳이었다. 그는 마카로니를 저녁으로 간단히 먹고 백포도주와 시원한 물을 마셨다.

물에 이상이 있었을까? 건강한 사람이 설사에 복통을 호소했다. 다음날 모든 일정을 취소했다. 제국 최고의 의사가 진찰했다. 콜레라였다. 1850년대 영국에서 유행했던 콜레라는 모스크바를 초토화했고 이미 제국의 수도 곳곳에서 발생하고 있었다.

안타깝게도 그의 어머니도 콜레라로 죽었다. 수백 명의 시민이 그의 건강을 염려하여 집 근처에 몰렸다. 병이 호전될 때는 농담도 하고 간호사에게 좀 쉬라고 말하기도 했다. 그는 살고자 했지, 죽고자 하지 않았다.

죽기 전날 우울증이 도졌고 기력은 회복될 수 없었다. 끝끝내 신장 기능마저 멈추었다. 임종이 다가올 무렵 이삭 성당의 사제가 급히 병자성사를 했다. 가족이 지켜보는 가운데 11월 6일 월요일 새벽 3시에 조용히 눈을 감았다. 공동상속자였던 조카 다비도프, 그의 형제들, 주치의 등이 있었지만 아내는 없었다. 자녀도 없었다.

예술이 그러하듯 차이콥스키의 유산은 영원하다. 그의 음악처럼 우리 사회가 순수하면 그만큼 인간의 영혼이 살아 숨 쉰다. 그의 삶을 1시간 만에 알고 싶으면 비창을 들으면 된다. 비창은 그의 삶을 표현한 곡이다.

그는 천상의 소리와 자연의 소리, 전통 민요에 귀 기울였다. 스스로 그런 소리를 듣고 영감을 얻어 작곡했다. 오늘날 우리가 듣는 걸작은 그가 최고의 아름다운 소리를 찾아 악보에 옮긴 것이다. 걸작을 감상한다는 것. 그것은 나의 정신을 깨우고 내 삶 그 자체를 윤택하게 만든다. 최고의 음악은 인간의 심성을 아름답게 한다.

차이콥스키는 콜레라로 죽은 것이 아니라 동성애 때문에 비소를 먹고 자살했다는 설도 있다. 당시 러시아 법에서 동성애자는 사형 또는 시베리아 유형이었다. 작곡가의 동성애는 법률학교 때부터였다. 남동생 모데스트도 동성애자였다. 그는 친구 아푸힌, 제자 코텍, 조카 다비도프를 사랑했다. 자기의 성적 성향에 고통을 받았고 극복하려고 노력도 했다. 그들에게 사랑을 느꼈다.

구세주 그리스도 성당

07

일곱째 날, 꽝!

"러시아 국민은 조국에 대한 열정과 신앙심,
충성과 사랑을 영원히 기억하기 위해,
러시아를 파멸로부터 구해 주신 하느님에 대한 감사를 기리기 위해,
우리는 어머니의 도시 모스크바에 구세주 그리스도 성당을 세웁니다."

알렉산드르 1세(재위: 1801~1825)

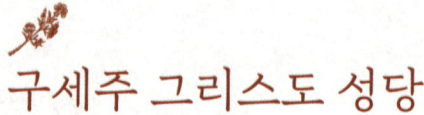
구세주 그리스도 성당
| 신이시여 민중을 보호하소서

여행의 마지막 날. 제목이 말해주듯 '꽝'이다. 이날 결국 앓아누웠다. 엿새 동안 이어진 겨울 여행이 발목을 잡았다. 원래 계획은 대단했다. 오전에 구세주 성당과 푸시킨 박물관을 관람하고, 오후에 노보데비치 호수와 수녀원, 노보데비치 묘지, 모스크바국립대학을 구경한 후, 마지막으로 참새 언덕에서 모스크바 전경을 볼 계획이었다.

여행이 꽝이 된 건 고리키 공원에서 스케이트를 무리하게 타고 추위 속 강행군으로 지쳤기 때문이다. 또 하나, 유학하면서 점점 약해진 체력, 다음에라도 볼 수 있다는 안일한 생각 등등.

7일간의 모스크바 여행은 마지막 일정을 제외하고 모두 소화했다. 시간이 날 때마다 주말이면 못다 한 여행을 이어갔다.

구세주 그리스도 성당

로마에 가면 바티칸 대성당을 가듯이 모스크바에 가면 구세주 그리스도 성당을 가야 한다. 이 성당은 러시아에서 가장 높은 103미터의 성당으로 1만 명을 동시에 수용할 수 있으며 총대주교가 기도를 드리는 곳이다.

천년의 러시아 정교회 성당! 하지만 막상 가보면 깔끔한 현대식 건물이어서 놀란다. 혁명으로 옛 성당이 파괴되었다. 처절하게. 만일 로마의 정치인이 새로운 이념을 국민에게 주입하기 위해 성당들을 하나씩 부수고, 국민이 애지중지하던 바티칸 대성당을 파괴한다면 어떻게 될까? 로마의 가톨릭 신자뿐 아니라 전 세계인들의 슬픔은 이루 말할 수 없을 것이다. 구세주 성당이 그런 아픔을 간직했다.

러시아에서는 대개 큰 전쟁에서 승리 후, 죽은 병사를 기리고 하느님께 감사하는 마음을 담아 성당을 봉헌했다. 키예프의 소피아 성당은 페체네그족을, 바실리 성당은 카잔 칸국을, 모스크바의 카잔 성당은 폴란드를, 구세주 성당과 상트페테르부르크의 카잔 성당은 나폴레옹과의 전쟁 승리로 봉헌했다.

알렉산드르 1세는 러시아의 승리를 기리고 하느님께 감사하는 마음을 담아 성당 건립을 위한 문서에 서명했다.

"이 어려운 시기 러시아 국민은 조국에 대한 열정과 신앙심, 충성과 사랑을 영원히 기억하기 위해, 러시아를 파멸로부터 구해 주신 하느님에 대한 감사를 기리기 위해, 우리는 어머니의 도시 모스크바에 구세주 그리스도 성당을 세웁니다.……신의 축복이 있기를! 이 성전이 수 세기 동안 존재하기를 바라며, 조상의 업적에 대한 사랑과 모범적인 사례로 하느님의 거룩한 보좌 앞에 향이 피워지질 바랍니다!"

성당은 신속하게 세우지 못했다. 국민 성금과 재무부의 특별기금으로 1839년에 시작하여 1883년에 봉헌했다. 봉헌식 날은 알렉산드르 3세의 대관식 날이었다. 원래는 알렉산드르 2세가 봉헌하려고 했지만 테러로 목숨을 잃었다. 봉헌 1년 전인, 1882년 전쟁 승리 70주년을 맞이하여 차이콥스키는 「1812년 서곡」을 작곡했으며 이 성당에서 초연했다.

봉헌식 날은 러시아 전체가 축일이었다. 황제의 대관식도 있었으니, 근위병은 최대한 안전을 확보해야 했다. 크렘린궁에서 구세주 성당까지 1.5킬로미터가량의 거리와 강변에 근위병이 서 있었다.

봉헌식 전날, 오후 4시에 크렘린궁 12사도 교회의 성물을 황제의 대관식을 위해 성모안식 성당의 주 제단으로 보내고, 봉헌식을 위해 구세주 성당에서는 축복의 성수를 뿌렸다. 저녁 6시부터 모스크바의 모든 성당에서 철야 기도가 있었다.

봉헌식 날, 구세주 성당에서는 오전 8시 종소리와 함께 축복의 성수를 뿌리고 크렘린궁 기적의 수도원 합창단이 성가를 불렀다. 10시에 총대주교의 기도문 낭독이 끝난 후 종교행렬이 시작되었다. 이콘과 예수님 깃발을 따라 향로를 흔들며 이동했다. 구세주 성당의 서쪽 문을 나와 모호보이 거리를 따라 크렘린궁 삼위일체 문을 통과한 후 성모안식 성당으로 들어갔다.

돌아오는 행렬은 크렘린궁 성당 광장에서 보로비츠 탑을 통과하여 모스크바강 강변을 따라 구세주 성당으로 이동했는데 함께한 성직자는 대략 8백 명이었다. 황제와 황실 가족도 성모안식 성당에서 구세주 성당으로 이동하고 황제가 구세주 성당에 도착하자 제국의 국가가 울려 퍼졌다.

차이콥스키가 작곡한 「1812년 서곡」에 나오는 '신이시여, 차르를 구원하소서.'였다. 황제를 맞이하기 위해 성당의 서쪽 문에 대주교, 모스크바 총독, 그리고 구세주 성당을 세운 건축가가 나와 있었다. 봉헌식이 끝날 때 모스크바의 모든 종이 일제히 울리고 강변에 배치된 대포에서 축포가 터지면서 합창단이 장엄하게 노래했다. 최고의 의례였다.

1918년 혁명 후 볼셰비키는 성직자 처형, 교회 재산 몰수, 종교행렬 금지, 성당과 수도원 폐쇄 등 다양한 방법으로 종교를 무너뜨렸다. 왜 극단적으로 파괴했을까? 국민의 종교적 믿음을 없애야만 신과 차르를 부정하고, 사회주의 이념을 주입할 수 있었기 때문이다.

혁명 직후 볼셰비키들은 '반러시아제국과 반황제'라는 캠페인을 시작하면서 황제와 연관 있는 기념비를 즉각 파괴했다. 이곳 성당에 있던 알렉산드르 3세 기념비도 없앴다.

1929년은 광란의 해였다. 그해 상반기에만 4백여 개의 교회와 수도원을 파괴하거나 폐쇄했고 8월 한 달 동안 무려 103곳이 문을 닫았다. 특히 1929년 성탄절을 '안티크리스마스'로 명칭하고 고리키 공원에서 10만여 명이 모여 이콘, 종교 서적, 성물 등을 불태웠다. 현대판 분서갱유였다. 1930년대 스탈린은 '반부활절'과 '반성탄절' 캠페인을 지시했다. "신이 없는 모스크바, 신이 없는 집단 농촌을 위해"라는 슬로건 아래 종교를 능멸했다.

결국 1931년 12월 5일 정오, 103미터의 거대한 성당은 폭파되었다. 1차 폭파에 건물이 완전히 무너지지 않자, 폭발물을 재설치하여 파괴했는데 단 몇 시간 만에 산산조각 났다. 이 자리에 소련 당국은 세계에서 가장 높은 415미터의 궁전을 계획했지만 제2차 세계대전 발발로 무산되고 흐루쇼프는 수영장을 지었다.

최초의 우주비행사 가가린은 청년동맹 중앙위원회에서 이런 말을 했다. 가가린은 용기 있는 사람이었다.

"우리는 여전히 유물 보존을 고민하지 않고, 영웅적인 역사에 대한 존경심을 충분히 고양하지 못하고 있습니다. 모스크바에서는 「1812년 개선문」이 제거된 후 복원되지 않았으며 나폴레옹 전투에서의 승리를 기리기 위해 전 국민의 모금으로 세운 구세주 그리스도 성당이 파괴되었습니다. 이런 야만적인 행위로 희생된 것들을 수도 없이 열거할 수 있습니다."

소련 붕괴 후 구세주 성당을 세우기 위해 다시 국민 모금 운동을 했다. 한 푼 한 푼을 모아 세운 성당이 오늘날 우리가 보는 구세주 그리스도 성당이다. 잘 알겠지만, 이때 러시아는 역사상 가장 힘든 시기였다. 국가가 패망할 때 국민의 신념과 의지로 성전을 세웠다. 위기가 닥치면 종교의 힘으로 구원을 받고자 한 러시아였다. 국민 모금 운동을 추진한 사람이 러시아연방 초대 대통령 옐친과 모스크바 시장 루시코프였다. 그들의 장례식 장소는 당연히 이 성당이었다. 옐친은 이런 말을 했다. "제가 어렸을 때 어머니는 늘 이콘 앞에서 성호를 그으시고 성경을 읽었어요. 저는 어머니의 복음을 들으면 마음이 편안했어요."

이 성당에는 예수님의 옷이 있다. 크렘린궁 성당에 있던 걸 조금 잘라서 새 성당에 모신 것이다. 예수님을 나무에 박은 못도 있다. 고난을 상징하는 징표이다. 둘 다 진품이다. 보통 이 이야기를 하면 사람들은 믿지 않는데 성당에 가서 확인해 보기 바란다. 또한 성당에는 모스크바 필라레트 총대주교(표트르 대제의 증조할아버지)의 육신이 있으며, 넵스키 대공과 블라디미르 대공의 성물도 있다.

모스크바국립대학에서 학생을 가르칠 시기, 2007년 4월 어느 날 나는 아침 댓바람부터 갈 곳이 있었다. 일찍 나왔지만 벌써 줄이 모스크바강 강변까지 이어졌다. 연일 텔레비전에서 옐친 대통령에 대한 방송이 나왔다. 한참을 기다려 겨우 구세주 성당으로 들어갔다. 손에는 빨간 장미꽃 두 송이를 들었다. 러시아는 산 사람에게 홀수를 주고, 죽은 자에게는 짝수의 꽃을 헌화한다. 옐친을 영원히 배웅하는 줄이다. 러시아 곳곳에서 모여든 사람이 슬픔을 간직한 채 꽃을 들고 있었다. 이윽고 내 차례. 한 걸음 한 걸음 느릿느릿 발을 떼며 구세주 성당 중앙홀에 안치된 옐친의 관 앞에 꽃을 놓고 러시아식 성호를 긋고 그의 얼굴을 쳐다본 후 고개를 숙였다. 깨끗한 양복에 넥타이를 매고 조용히 눈을 감고 있었다.

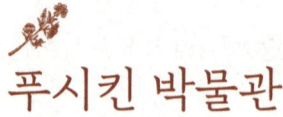
푸시킨 박물관

| 러시아에 잠들어 있는 트로이

　세계 최고(最古)의 유물을 관람하려면 어디로 가야 할까? 파리, 런던, 로마, 카이로, 테헤란, 베이징…. 하지만 모스크바의 푸시킨 박물관에 가면 기원전 16세기 이집트의 유물을 볼 수 있다. '가장 고귀한 처녀'라는 뜻의 핫셉수트(사망: 기원전 1,458년) 공주 시기의 최고 걸작이 여기에 있다. 이 걸작은 한 쌍의 부부 조각인데 아프리카 남부에서 수입된 흑단으로 만들어졌으며 배우자의 눈에는 유리 분말이 박혀있다. 갸름한 얼굴, 얇은 팔다리, 금박 보석 등등. 고대 이집트 예술의 아름다움을 담았다. 어떻게 이곳에 있을까?

　푸시킨 박물관은 구세주 성당을 나와 1~2분 정도 걸으면 도착한다. 크렘린궁과도 가까워 자주 간 곳이다. 처음 이곳을 관람했을 때 그 느낌은 지금도 잊을 수 없다. 최초로 미라를 내 눈으로 똑똑히 보았다. 파피루스도, 고대 이집트 부적도, 신의 조각상도…. 그날, 난 신화의 세계에 흠뻑 빠져들었다.

　자주 오게 되면서 관람이 편해졌는데 올 때마다 1번 홀에 있는 이

집트관에 오랫동안 머물곤 했다. 마치 이집트에 있는 듯 꾸며 놓았기 때문이다. 고대 인간의 역사를 직접 보는 건 오늘내일 전전긍긍하며 각박하게 살아가는 우리의 삶을 되돌아보는 계기가 된다. 난 고고학 연구를 높게 평가하는데, 이유는 과학적 방법으로 고증하기 때문이다.

3번 홀 트로이 황금 유물관은 호메로스의 작품 「일리아드」를 읽은 사람이면 보고 싶어 하는 유물이 가득하다. 트로이 왕자 헥토르와 아킬레우스의 전투, 생각만 해도 흥분된다. 온통 불타는 트로이 성. 슬픔과 연민…. 슐리만이 트로이에 가서 발굴한 유물 중 259개가 여기에 있다. 베를린에 있던 17개의 '대체 불가한' 최고의 보물 중 13개가 러시아로 왔다. 제2차 세계대전 당시 소련이 독일로부터 '약탈'한 것이다. 트로이를 구경하려면 어디로? 러시아로.

18.5센티미터의 「황금 배」 모양의 잔이 있는데 항구도시 트로이의 배 모형이다. 주둥이가 두 개로 종교의례나 축하 만찬을 위한 잔으로 추정된다. 슐리만은 트로이 유물 중 「망치」를 가장 가치 있게 여겼다. 청금석과 경옥으로 만든 망치의 손잡이는 금박이고 표면은 둥근 칼날이다. 이 박물관에 있다. 후에 밝혀졌지만 이 트로이 유물은 더 오래된 것이었다.

1912년, 혁명 전에 박물관은 개관했다. 당시에는 「모스크바 예술·교육 공공 박물관」이었는데, 1937년 푸시킨 박물관으로 개명했다. 예술 사학 교수였던 츠베타예프(Tsvetaev, 1847~1913)가 박물관 건립에 주도적 역할을 하고 고고학자, 건축학자 등 전문가가 준비위원으로, 황제의 동생인 세르게이 대공이 건립위원회 의장이었다.

건물부터 단순하지 않다. 본관은 아테네 아크로폴리스에 있는 에레크테이온 신전이다. 건물 앞뜰에서 하얀 대리석 열주와 부조물을 보노라면 아테네에 있는 느낌을 받는다. 현실이라는 이름에 과거를 입혀 놓았기에 건물을 감상한 후 들어가면 유물이 살아 있다. 러시아에서는 박물관 내외부 조형과 부조는 하나의 예술이다.

동양학자 골레니세프(Golenishchev, 1856~1947)는 이집트를 무려 60여 번을 탐방하여 컬렉션을 수집했는데 6천여 개를 러시아로 가져왔고 이곳 박물관에 기증했다. 역시 외교관 쉬체킨은 13~15세기 이탈리아 회화와 예술품을, 민족학자 보브린스키는 18~19세기 프랑스 예술품을, 대공과 황실 등 유명인들도 예술품을 기증했다.

상인의 미망인 알렉세예바는 박물관 건립을 위해 15만 루블을 기부했으며 트레티야코프를 포함하여 상인과 기업가 40여 명이 재산을 기부했다. 이런 노력으로 박물관은 건립되었다.

점차 수집품은 획기적으로 늘어났고 상설 전시를 하기 시작했다. 그리스, 로마, 이집트, 트로이 유물, 비잔틴 예술품 등등. 렘브란트, 마네, 모네, 르누아르, 반 고흐, 세잔, 고갱, 피카소 등의 작품도 있다.

오늘날 고고학 유물전과 현대 회화전 등 특별전시회도 주기적으로 개최한다. 이곳은 모스크바 예술의 메카이다. 현재 67만 점 이상의 회화, 조각, 판화, 화폐, 고고학 기념물을 보관하며, 표트르 대제 시기 예술 중 하나였던 판화도 대부분 이곳에 있다.

노보데비치 수녀원

| 호숫가에 비친 모스크바 바로크 예술

노보데비치 수녀원과 호수

    모스크바강 주변에는 아름다운 호수들이 여럿 있다. 그중 모스크바 남서쪽에 있는 노보데비치 호수는 단연코 최고이다. 호수와 함께 있는 수녀원은 거닐기에 좋고 유명인이 묻힌 묘지도 있어 사색하기에도 좋다. 난 모스크바 여행을 하면 제일 마지막에 가는 곳이 여기다. 묘지는 인생의 종착역이지 않은가. 삶의 마지막을 보는 것 같아 숙연해지기도 했다.

    수녀원이 있었던 지역은 킵차크 칸국과 인연이 깊다. 러시아는 킵차크 칸국에 매년 공납했는데 돈과 노예뿐 아니라 처녀도 함께 보냈다. 이곳이 처녀가 떠나기 전에 가족과 이별하던 곳으로 처녀라는 뜻의 '데비치'라고 불렀다. 다른 이야기에 따르면 수녀원 최초의 수녀 옐레나를 데보츠키나로 불렀는데 여기에서 유래했다고 하기도 한다.

이곳에 수녀원을 세운 것은 바실리 3세(재위: 1505~1533)였다. 차르 이반 3세와 비잔틴제국의 마지막 황제의 조카 소피아 사이에서 태어난 그는 리투아니아와 전쟁하여 스몰렌스크를 정복했는데 그 기념으로 수녀원과 스몰렌스크 성당을 세웠다.

수녀원에서 가장 중요한 것은 단연코 「스몰렌스크 성모」 이콘이다. 이콘에는 성모 마리아의 왼쪽 어깨 부분에 아기 예수님이 황금옷을 입고 있고 예수님은 왼손에 두루마리 복음서를 들고 있다. 다른 이콘과 차이점은 유독 가느다랗고 긴 성모 마리아의 오른쪽 손가락이다. 내가 이 손가락을 보았는데 정말 가늘고 길었다. 구원의 손이자 기적의 손이다.

수녀원은 여성의 아픈 역사를 간직한 곳이다. 권력에서 밀려난 비운의 여성들이 종종 갇혔다. 수녀원을 세운 바실리 3세는 20년간 자신의 후계자를 못 낳은 아내를 이곳에 유배시키려고 했다. 또한 러시아 류릭 왕조의 마지막 왕후 이리나도 이곳에 유폐되었고, 분열주의자였던 모르조바 부인도 유형을 가기 전에 갇혔으며, 표트르 대제와 권력 투쟁한 이복누이 소피아도 이곳에 유배되었다. 소피아는 호숫가에서 보이는 북서쪽의 '나-프루드나야(호수 방향)' 망루에 갇혔다. 표트르 대제의 첫 부인도 평생 감옥에서 살았는데 인생의 마지막 시기 이곳 수녀원에서 지내다 묻혔다. 그녀가 마지막으로 한 말은 이렇다. "하느님은 나에게 신의 위대함과 행복의 진정한 가치를 알게 해 주셨다."

수녀원의 건물은 대성당을 제외하고 대부분 17세기 말 당시에 유행했던 '모스크바 바로크' 양식을 따랐는데 표트르 대제의 아버지 시기부터 이런 건물들이 모스크바에 하나씩 지어졌다. 러시아 전통과 비잔틴, 서구의 바로크를 접목한 예술이다. 수녀원 내 5층 종탑은 17세기 모스크바 건축의 걸작으로 평가받는다. 높이 72미터의 종탑으로 아름다움과 기하학적 비례성은 당대 최고였다. 황금 지붕 위, 황금 십자가가 태양에 비치면 그 찬란함이 이루 말할 수 없다.

많은 사람은 노보데비치 호숫가만 산책하는데 이 수도원의 입구에 있는 5층 종탑과 스몰렌스크 대성당에 있는 「스몰렌스크 성모」 이콘을 보면 좋다. 성당 내 역사박물관도 있으며 입장료도 저렴하다. 이 전체 건물은 유네스코 세계문화유산에 등재되어 있다.

레스토랑 우 피로스마니

노보데비치 호숫가 옆에는 정상회담이 열렸던 조지아 레스토랑인 우 피로스마니(U Pirosmani)가 있다. 1996년 클린턴 대통령이 이곳을 방문하였고 그가 앉은 의자 뒤에 '1996 빌 클린턴'이라는 조그마한 팻말이 붙어있다. 고르바초프가 앉았던 의자도 있다. 고급 음식을 맛보고 와인을 마실 수 있는 곳이지만 비용은 그다지 비싸지 않다. 물론 유학생인 나에게는 '엄·청' 비쌌지만.

노보데비치 묘지

| 영웅들의 영원한 안식처

노보데비치 묘지 | 서커스 연출가 니쿨린 묘

　노보데비치 호숫가를 산책한 후 마지막으로 가는 곳이 노보데비치 묘지이다. 왜 하필이면 묘지에 가냐고 말하겠지만 러시아를 알고 싶으면 가보아야 한다. 장례문화뿐 아니라 하나의 예술을 보게 된다.
　묘지에는 총 2만 6천 명 정도가 묻혀 있고 작곡가, 가수, 화가, 영화감독, 연출가, 배우, 발레리나, 시인, 기술자, 의사, 학자, 스포츠인, 정치인 등의 유해가 안치되어 있다. 원래 러시아의 장례문화는 사람이 죽으면 십자가를 꽂거나 석관 위와 옆에 글을 새기는 정도로 단순하였다. 이것을 표트르 대제가 서구의 엠블린과 부조를 도입하면서 다양한 형태로 변화시켰다. 묘비를 꾸미기 시작하면서 묘비는 인간의 삶을 하나로 축약한 조각 예술이 되었다.

러시아제국 시기 여기에 묻히기 위해서는 '거금'을 내야 했다. 한 기당 비싼 땅은 무려 1천 루블이었다. 도스토옙스키가 죽었을 때 그의 아내가 급히 알아본 묘지도 이곳이다. 하지만 가격이 너무 비싸서 이곳으로 올 수 없었고 황실의 도움으로 넵스키 수도원에 묻혔다.

유명인의 이름만 적어두고자 하니 묘소를 산책하며 삶과 죽음에 대한 통찰을 얻기를 바란다. 추천답사지 중 하나이다.

문학인 체호프, 고골, 마야콥스키, 불가코프: 영화감독 예이젠시테인, 본다르축, 랴자노프, 숙신: 음악가 루빈시테인, 스크랴빈, 프로코피예프, 쇼스타코비치, 네차예프: 화가 세로프, 레비탄: 수집가 트레티야코프: 연출가 스타니슬랍스키, 바흐탄고프, 단첸코: 서커스 연출가 니쿨린: 백학을 부른 가수 베르네스: 학자 베르나드스키, 지노비예프: 정치인 흐루쇼프, 고르바초프, 옐친, 프리마코프 등등.

쇼스타코비치의 묘비에는 악보가 새겨져 있다. 레, 미-flat, 도, 시이다. 서커스 배우 니쿨린의 묘소에는 개 모형의 동상이 있고 연출가 스타니슬랍스키 주변에는 갈매기와 무대 커튼이 있다. 옐친은 러시아 삼색기로 덮여 있고 고르바초프는 아내 라리사 여사와 함께 묻혀 있는데 아내의 젊은 시절의 모습을 조각한 동상이 있다. 흐루쇼프는 흑백의 묘비인데 그의 혼돈상태를 표현해 두었다. 흥미롭게도 작가 고골의 묘에는 두상이 묻혀 있지 않다. 몸만 있다. 머리가 없다고! 어디에 있을까?

모스크바국립대학

| 파스테르나크와 고르바초프의 대학

모스크바국립대학 | 대학 설립자 로모노소프 동상

　모스크바국립대학은 도시 중심에서 남서쪽으로 7.5킬로미터쯤 떨어져 있는데 도시에서 제일 높은 '참새 언덕'에 있다. 산이 많은 우리나라 사람이 막상 올라가 보면 '이게 제일 높아?'라고 말하겠지만 모스크바의 전경을 볼 수 있는 곳이다. 대학은 고딕 양식의 건물로 모스크바에 이런 건물이 7개나 있고 멀리 바르샤바에도 있다.
　1755년 모스크바국립대학은 철학, 법학, 의학 3개 학부로 설립됐다. 모든 학생은 철학, 인문학, 자연과학을 1년간 공부한 후 전공을 선택했으며 1백여 명이 입학했다. 대학은 처음에 도시 중심에 있었지만 1953년 지금의 참새 언덕에 32층의 새 건물을 지었다. 높이는 239.5미터로 한때 유럽에서 가장 높은 건물이었다.

모스크국립대학은 노벨상 수상자 11명(물리 8명, 화학 1명, 문학 1명, 평화 1명)을 배출했다. 이들 중 수소폭탄을 만든 사하로프, 『닥터 지바고』로 유명한 파스테르나크와 서기장 고르바초프가 이 대학 출신이다. 수학계의 노벨상이라고 부르는 필즈상은 6명이 수상했다.

언젠가 이 대학교 입학을 위해 서류를 쥐고 대학 본관으로 갔다. 나는 루덴 예비학부 시절, 여기에 다니고 싶은 마음이 굴뚝 같았다. 러시아에 왔으면 러시아 최고의 대학에 다녀야 한다는 욕망이었을 것이다. 속으로 생각했다. '이 대학에서 학생을 꼭 가르쳐 보아야지.'

여덟 개의 대리석 기둥이 있는 우람한 건물 앞에 서니 심리적으로 위축되었다. 목을 젖혀 위를 보니 황금별이 있었다. 입학한다고 생각하니 심장이 떨렸다. 손에 땀이 흥건할 정도의 기쁨이었다. 건물로 들어서니 캄캄하다. 경비에게 비자를 보여주고 입학하러 왔다고 말했다. 당시에 '통행증'(학생증)이 없으면 단 한 발짝도 못 들어갔다.

엘리베이터를 타고 9층에 도착하니 복도에 중국인이 대부분이었지만 서양 학생도 드문드문 있었다. 루덴대학에서 많이 보았던 아프리카와 중동 학생은 드물었다. 서류를 등록하며 책상 위에 있는 홍보용 책자를 보았다. 가져가도 되냐고 물으니 가져가란다. 낯선 라틴어였다. "Scientia est recta studium veritatis, illuminans mentem(학문은 진리에 대한 명확한 지식을 주며 이성을 밝혀준다)." 대학의 좌우명이었다. 모스크바대학을 설립한 로모노소프의 『수사학』에 나오는 문구로 로마 최고의 웅변가 키케로가 한 말이다.

어디에서 살 것이냐고 묻기에 힘주어 말했다. "본관 기숙사요." 이 거대한 건물에 살고 싶은 나의 소소한 소망이었다. 본관 건물에는 학생 방 5,754개, 교수 아파트 184개, 강의실 162개, 연구실과 실험실이 1,693개가 있고, 외국의 대통령이 간혹 연설하는 800명 규모의 대강당, 실내 수영장, 식당, 체육관, 서점, 미용실, 상점, 은행 등도 있었다. 하나의 메가시티이다.

나의 방은 '참새 언덕' 방향이었다. 동북향이다. 아침 햇살을 볼 수 있는 명당이었다. 본관의 주요 입구는 서남향이었다. 난 늘 궁금했다. '아니, 우리는 남향이 정문인데 왜 유럽 쪽 방향인 서남향일까? 서양의 과학적 방법론을 기초로 하여 대학을 설립했기 때문일까?'

나의 방은 7층이었다. 니나 아주머니가 7층 관리자였다. 두 명이 돌아가며 격일로 근무했는데 모스크바 외곽에서 출퇴근하였다. 아주머니는 나의 주된 대화 상대였고 간혹 주먹만 한 사과를 주시곤 했다. 몇 년이 지난 후 기숙사가 그리워 잠깐 들른 적이 있다. 니나 아주머니를 마주했는데 얼굴이 너무 좋지 않아 무슨 일이 있었는지 여쭈었다. 옛날의 밝은 미소는 사라지고 횡설수설했다. 외아들이 체첸전쟁에서 크게 다쳤다고 말했다. 자신이 받는 월급으로 겨우 먹고 산다고 했다. 마음이 아팠다. 아주머니의 월급은 얼마였을까? 당시 50달러가 채 되지 않았다.

소련 붕괴 후 유능한 인재들은 학교를 떠났다. 해외로 갈 수 없는 사람은 비즈니스에 종사하기도 했다. 물론 자존심을 지키며 후학을 양성하고 인내하며 학자의 길을 끝까지 고수한 사람도 많다. 한때 교수의 평균 월급이 1천 달러도 되지 않았고 교수와 연구원은 몰락한 엘리트였다. 그들은 국가가 부강할 때 최고의 혜택을 누렸지만 붕괴하자 일용직 근로자보다도 월급이 적어졌다.

왜일까? 교수의 월급은 줄어들지 않았지만 물가가 상승하면서 화폐가치가 하락했기 때문이다. 반면 일용직은 시장 물가를 반영한 일급이니 시세에 맞춰 받을 수 있었다. 러시아인의 경우, 일용 근로도 마음대로 할 수 없었다. 중앙아시아나 코카서스에서 모스크바로 온 사람들이 직업을 구하자, 거리 청소부까지 이민자 또는 불법체류자의 몫이 되었다.

2000년 이후 국가가 차츰 안정화되고 교수의 월급이 상승하고 대우가 좋아지자, 다시 유능한 교수들이 모이고 있다. 흥미로운 건 러시아에서는 한 번 학과장은 영원한 학과장이요, 영원한 학장, 영원한 총장이다. 물론 제약이 있지만 무용지물이다. 대통령의 통치 기간만 비판하는데 사회 곳곳에 권력을 쥐면 놓지 않는 문화가 존재한다.

로모노소프가 모스크바국립대학을 세울 때 뭐라고 말했을까? 1754년 황제와 가까운 슈발로프에게 보낸 편지에서 "학문을 증진하는 것이 국가의 진정한 이익과 영광을 위하는 거라고 확신한다."라고 썼다. 어느 나라든 대학을 처음 세울 때의 그 순수한 마음으로 돌아가면 세상은 유능한 인재로 가득하고 국가는 발전할 것이다.

노보데비치 수녀원(Ensemble of the Novodevichy Convent) | 유네스코 세계문화유산, 노보데비치 수녀원은 16~17세기 '모스크바 바로크' 양식으로 건축되었다. 수녀원은 모스크바의 방어 요새로도 사용되었으며 정치·문화·종교와 깊은 연관이 있다. 러시아 건축의 뛰어난 유산으로 스몰렌스크 성당 내 중요한 회화와 예술작품을 소장하고 있다.

에필로그
Epilogue

3관 · 3장 · 3실, 나의 모스크바

"예술을 풍요롭게 하라! 예술은 나노 반도체보다 더 세밀하다.
소리의 울림과 빛의 찬란함, 그리고 인간의 몸짓은 세상을 전율하게 한다."

- 작가의 글 중에서

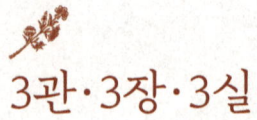
3관·3장·3실

| 국가의 흥망성쇠를 말하다

    언젠가 트레티야코프 미술관에서 그림을 감상하고 나오니 벌써 해거름이 몰려왔다. 3백 미터쯤 거리에 루시코프 다리가 있고 연인들이 '사랑의 나무'에 자물쇠를 채우고 열쇠를 강으로 던지고 있었다. 일명 키스 다리로 불린다. 손을 잡은 밝은 미소의 연인들, 세상을 다 가진 듯 환한 미소의 젊은이, 뚜벅뚜벅 퇴근하는 사람들 등등.
    다리를 건너니 넓은 공원에 동상이 하나 있다. 머리를 오른쪽으로 살짝 돌리고 왼손에 팔레트를 들고 있는 동상이다. 가까이 가서 글을 읽어보니 "소련 정부로부터, 위대한 러시아 화가 일리야 레핀"이라고 새겨져 있다. 레핀이다. 소련 정부와 러시아라는 말이 생소했다. 보통은 화가 일리야 레핀이라고 할 텐데….
    레핀의 동상을 보며 국가의 흥망성쇠(興亡盛衰)를 생각했다. 한 국가를 부강하게 하려면 여러 방편이 있는데 많은 사람은 정치·경제와 과학·기술을 말한다. 맞다. 하지만 그와 마찬가지로 중요한 것은 무엇이 있을까?
    내가 살펴본 제국에는 세 개의 관(館), 세 개의 장(場), 세 개의 실

(室)이 있었다. 우선 세 개의 관은 박물관, 미술관, 도서관이다. 어느 나라도 범접할 수 없는 최고의 박물관, 미술관, 도서관이 있다. 이 셋은 인류의 유산을 후세대에 전달하는 곳으로 삶의 지혜를 배우고 익혀서 새로운 걸 창조하는 공간이다. 제국의 아들딸들은 어려서부터 자연스럽게 관람하고 탐방하고 공부하니 강대국의 후손이 되는 것이다.

박물관은 먼지 하나 없을 정도로 깔끔하게 정돈되어 있고 고고학자들의 손길과 마음이 깊게 묻어있다. 유물을 담은 전시관은 감탄을 자아낸다. 입구부터 다르다. 강대국의 박물관은 전 세계의 유물을 모아두어 한눈에 세계사와 국가의 흥망성쇠를 알 수 있게 전시되어 있다.

미술관은 인간의 감정, 삶의 희로애락을 담은 최고의 작품들이 모여 있다. 작품 하나라도 귀중히 여기는 정신이 살아 숨 쉬는 곳으로 그림이 살아 있다. 그림 하나가 칼로 훼손되었다고 자살하는 수석 큐레이터가 있는 나라를 보았는가! 그 나라가 러시아다.

도서관의 문헌 정보를 보면 깜짝 놀란다. 이런 것마저 있다니. 국가가 붕괴해도 문서 하나 함부로 하지 않는다. 표트르 대제가 서구에서 도입한 서지학이 오늘날까지 완벽하게 보존되어 있다.

이 셋의 공통점은 천장이 아주 높다는 것이다. 바로 역사와 대화하는 공간이다. 천장이 높은 만큼 상상의 나래를 펼치고 역사는 어둠을 밝히는 불이니 그 불이 환하게 켜져 있는 것이다.

둘째, 세 개의 장(場)은 공연장, 극장, 전시장이다. 이 셋은 삶의 활동 무대인데 당대 최고의 작품과 상품들이 전시되니 세상의 탁월함을 보는 곳이다. 공간이 웅장하고 화려할수록 그만큼 예술품과 상품의 깊이가 다르다. 거대한 공간을 화려하게 채우고자 하는 인간의 순수한 욕망이 무대에서 돋보이니 탁월한 것, 좋은 것은 모두 여기에 있다.

공연장, 극장과 전시장에 가면 품위가 있다. 대충이라는 말은 어울리지 않았다. 자신의 모든 혼을 불어넣어, 최고의 기량으로 선보이니 손뼉을 치지 않을 수 없다. 브라보와 앙코르를 외치고 휘파람을 불며 환호하는 관객의 환한 웃음 뒤에 배우들의 땀이 배어 있다. 앙코르는 땀에 대한 선물이다. 이 셋이 활발한 국가가 강국이다. 굳이 국가의 통계를 보지 않아도 알 수 있다.

셋째, 세 개의 실(室)은 실험실, 연구실, 교실(학교와 아카데미)이다. 이 셋은 창조의 공간으로 인류 유산을 빨리 습득하고 새로운 기술을 연마하여 세상을 바꾸는 곳이다. 불굴의 의지와 노력과 끈기의 공간이다.

러시아제국은 빠르게 유럽의 과학적 합리성을 받아들였다. 표트르 대제는 재임 시기 해외전문가 8천 명을 초빙했으며 이 중에는 군인, 상인, 기술 장인, 예술인, 학자, 전문 관료 등이 있었다. 당시 정부 부서의 차관과 러시아 과학아카데미 교수는 모두 외국인이었다. 대제는 젊은 인재를 뽑아서 유학을 보냈는데 귀국한 유학생을 위해 과학과 의학 실험실, 그리고 작업실을 만들었다. 심지어 황실 소속 전담 작업장에서는 산업 발전을 위한 새로운 기계를 제작했다. 이 모든 노력이 근간이 되어 국가가 흥성했다.

교실은 국가의 혼을 배우는 곳이자 다 함께 살아가는 공동체의 가치와 지혜를 배우는 장소이다. 연구실은 교수와 학생이 지식을 나누는 공간이자 기술을 연마하는 도제(徒弟)식 교육장이다. 실습 위주의 어깨너머 교육이 얼마나 위대한지 보여준다. 또한 교수의 집은 개인 연구실이다. 배우는 자에게 불굴의 의지와 노력이 있느냐가 그 국가의 번영을 좌우한다. 강의만 듣는 건 무의미하고 깊게 토론하는 세미나와 실습이 중요하다. 형식에 함몰되어 잠만 자는 교실에는 미래가 없고 활기찬 교실만이 세상을 창조한다.

3관·3장·3실이 잘 되어있는 국가일수록 부강한 국가이다. 정부가 어디에 어떻게 자원을 배분해야 할지 한눈에 알 수 있다. 이런 세상을 볼 수 있는 안목을 준 곳이 나에게는 모스크바였다. 부자가 망해도 삼대를 간다는데, 제국은 무너져도 삼백 년은 간다. 그 이유가 바로 관, 장, 실이 여전히 살아 있기 때문이다.

나의 모스크바

| 여행의 마침표, 그리고 시작

모스크바국립대학 야경

7일간의 모스크바 여행을 곰곰이 생각해 보니 러시아에 대한 시선이 바뀌었다. 편견을 버리고 그들의 문화를 존중하고 다름을 인정하는 것, 그것이 내 삶을 풍요롭게 하고 존중받는 것이었다. 왜곡된 시선을 승화시켜 다양성을 인정하고 시나브로 예술과 친해지면 그만큼 삶은 아름다워진다.

나에게 모스크바 생활은 왜 사람이 태어나서 큰 도시로 가야 하는지, 그 답을 주었다. 답의 5할이 예술이었다. 이 책의 상당 부분이 우리가 몰랐던, 또는 알았던 예술인에 관한 것이다. 예술은 독자적으로 위대해진 게 아니라 융합하여 창조되면서 빛을 발한다. 인간의 열정을 담은 그릇이기 때문이다.

짧은 인생. 공수래공수거이지 않은가. 삶을 더 유익하고 더 즐겁게 하는 것, 삶이 풍요로워지는 것 말이다. 나에게는 트레티야코프 미술관과 푸시킨 박물관이었고 볼쇼이 극장과 차이콥스키 볼쇼이 홀이었다. 역사박물관을 비롯하여 수없이 많은 박물관은 삶의 지혜와 통찰을 주는 친구였다.

이 책에서 언급하지 않은 박물관과 여행지들이 모스크바에는 모래알처럼 넘친다. 톨스토이 집 박물관, 음악 박물관, 체홉 박물관, 레르몬토프 박물관, 불가코프 박물관, 우주 박물관, 인형 극장, 니쿨린 서커스 등등. 여행객들이 좋아할 만한 장소이다. 재래시장 이즈마일로보와 체료무쉬킨에 가면 사람의 향기를 맡을 수 있다.

모스크바 근교에 있는 톨스토이 생가 툴라, 체호프 영지, 차이콥스키의 클린, 파스테르나크와 오쿠자바의 페레젤키노, 푸시킨의 자하로보, 콜로멘스코에 황실 영지, 차르치노 궁전 등도 의미 있는 여행지가 될 수 있다.

'황금 고리'라고 불리는 세르기예프 포사드, 블라디미르, 수즈달 등 근교 도시를 방문해도 좋다. 고즈넉한 옛 도시의 청취와 아름다운 모습을 볼 수 있고 무엇보다 넓은 평야를 볼 수 있어 자연 속에 흠뻑 젖을 수 있다. 빨간 사과가 익는 황금 가을에 가면 더 좋다.

'모스크바는 눈물을 믿지 않는다'라고 했던가. 하지만 모스크바는 나에게 여유롭고 지혜롭게 인생을 사는 방법을 알려주었다. 명예와 부가 없어도, 주변의 시선이 따가울지라도, 가슴을 조이며 호소하지 않아도 즐겁게 사는 방법 말이다. 그것이 예술이다. 러시아 제국의 예술은 한 분야에서 꽃이 핀 게 아니라 '융합의 꽃'이었다. 예술가와 문학가와 학자가 서로 교류했고, 심지어 과학자와 건축가까지 어우러져 새로움을 창조했다.

예술가들을 아낌없이 격려하고 지원한 사업가의 돈이 예술의 밑거름이었다. 볼셰비키 혁명 전, 기업가들은 '노동을 착취하는 존재'라기보다 오히려 공동체를 위해 다 함께 살아가는 자선활동을 했다. 물론 일부 교활한 기업가가 있었겠지만. 그것만 보면 시대를 통찰할 수 없다. 자선가들은 정부의 손이 닿지 않는 병원과 보육원 등 복지시설을 후원하고 장학금을 마련하여 능력 있는 학생을 후원했다. 미래세대를 위한 전문기술 양성소와 교육 시설을 지원하기도 했다.

모스크바가 하루아침에 세워지지 않았듯, 예술의 힘도, 국가의 힘도 하루아침에 모이지 않는다. 한 국가의 부강(富强)은 어떤 한 분야의 노력으로는 불가능하고 모든 분야에서 서로 통섭하고 융합하여 힘을 모아야 한다. 그 힘의 원천은 3관·3장·3실이었다. 이것이 7일간의 모스크바 여행을 마치고 깨달은 것이었다.

"예술을 풍요롭게 하라! 예술은 나노 반도체보다 더 세밀하다. 소리의 울림과 빛의 찬란함, 그리고 인간의 몸짓은 세상을 전율하게 한다. 그래서 위대한 예술가는 적고 작품은 영원하다."

이제 나의 배낭은 유라시아 초원을 향한다. 언제쯤일까?

책이 나오는 데 많은 분의 헌신이 있었다. 박재영 교수님은 저자의 주례 선생님으로 국제적 시각을 열어주셨고 이 책의 스토리텔링 전 과정을 아낌없이 조언해 주셨다. 한번 통화하면 1시간도 짧았다. 황의열 교수님은 책의 초고를 읽어주시고 아래의 귀한 글귀를 보내주셨다.

"남의 글을 읽을 때 건성으로 읽지 마라. 사람들이 반드시 건성으로 짓지만은 않는다. 나의 글을 지을 때 건성으로 짓지 마라. 사람들이 반드시 건성으로 읽지만은 않는다."

끝으로 나의 일을 자기 일처럼 생각해준 친구 일리야와 그림을 보내준 모스크바 트레티야코프 미술관에 감사하다.

Ars longa, vita brevis

Vita activa, vita contemplativa

2024년 6월 21일 하짓날

아침 햇살이 한강을 비출 때, 강평기 씀

콜로멘스코예 예수 승천교회(Church of the Ascension, Kolomenskoye) | 유네스코 세계문화유산, 예수 승천 교회는 훗날 이반 4세가 되는 왕자의 탄생 기념으로 아버지 바실리 3세가 1532년에 세웠다. 전통 방식대로 돌과 벽돌로 하부구조를 쌓고 그 위에 나무로 천막 모양의 지붕을 만들었다. 이 교회는 정교회 건축의 발전에 지대한 영향을 미쳤다.

모스크바 트래블맵

1. 한 장으로 보는 러시아

국명 | 러시아연방(Russian Federation)
수도 | 모스크바
면적 | 1,709만㎢, 한반도 78배
기후 | 대륙성 기후
인구 | 146,447,400명(2022년)
남녀 비율 | 여자 54%, 남자 46%
평균수명 | 여자 77.7세, 남자, 67.6세
종교 | 러시아 정교, 이슬람교, 불교 등
언어 | 러시아어
연금 생활자 | 41,775,000명
평균 연금 | 17,825루블, 223달러
평균 월급 | 44,937 루블, 562달러
모스크바 평균 월급 | 139,000루블(1,580달러)
1인당 GNP | 1,045,813 루블(13,000달러)
한국과 시차 | 6시간
비자 | 한·러비자 면제국, 무비자 체류 60일
화폐 | 루블(1달러당 88루블)
민족 | 러시아인 80.5%, 타타르인 3.6%,
　　　우크라이나인 0.7%, 고려인 15만 명

인구분포 |
모스크바시 13,104,200명,
상트페테르부르크시 5,600,000명,
연해주 1,820,100명

러시아 5대 박물관(관람자 수)
상트페테르부르크 예르미타시 박물관
모스크바 크렘린궁 박물관
모스크바 트레티야코프 미술관
상트페데르부르크 러시아 박물관
모스크바 푸시킨 박물관

날씨	1월	7월
모스크바	-6.2	20.0
상트페테르부르크	-5.5	18.6
크름	1	23.1
스베르드로프	-13.1	19.1
이르쿠츠크	-19.8	16.9
사하공화국	-34.2	17.9
연해주	-16.7	21.1

이민(2000년: 2022년) |
해외에서 러시아로 359,330명: 730,347명,
러시아에서 해외로 145,720명: 668,430명
한국에서 러시아로 71명: 446명,
러시아에서 한국으로 690명: 486명
북한에서 러시아로 32명: 150명,
러시아에서 북한으로 47명: 351명

국가 법정 공휴일 |
1월 1~5일 | 새해
1월 7일 | 성탄절(구력)
2월 23일 | 조국 수호의 날
3월 8일 | 세계 여성의 날
5월 1일 | 근로자의 날
5월 9일 | 제2차 세계대전 승전 기념일
6월 12일 | 러시아의 날
11월 4일 | 국가 화합의 날

2. 모스크바 트래블맵

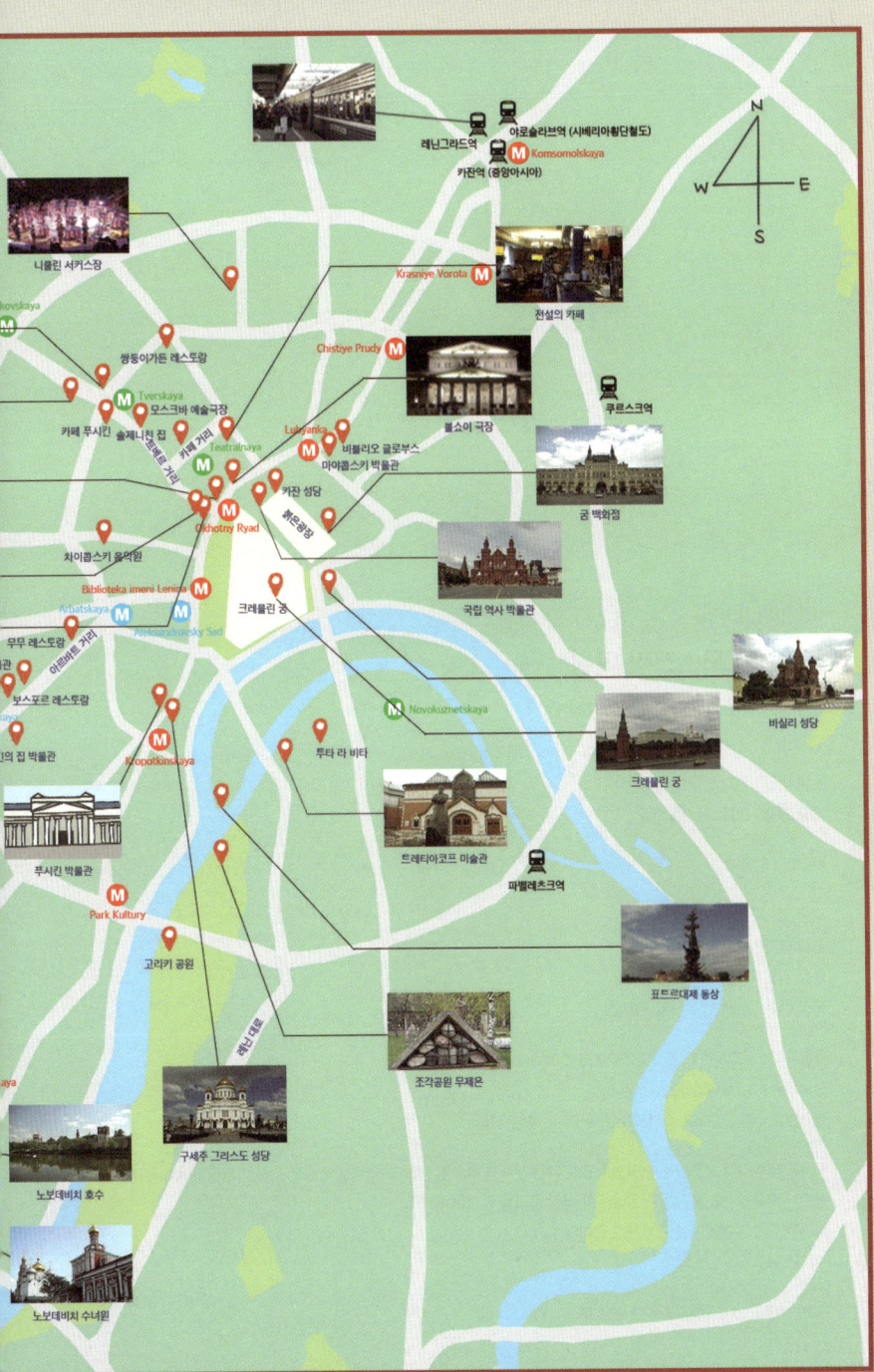

||||||||||||||||||||

7일간의 모스크바 여행
자유와 예술을 향한 인간의 열정

초판 인쇄 | 2024년 9월 2일
초판 발행 | 2024년 9월 9일

지은이 | 강평기

펴낸 곳 | 아르바트
편집 디자인 총괄 | 최새롬
편집·지도 디자인 | 채효정
편집 감수 | 유근종, 서진영, 정여진

출판등록 | 2023년 12월 8일 제2023-000063호
전자우편 | bookarbat@gmail.com
전화번호 | 010-9842-4743(주문·판매·마케팅·편집)

저작권법에 따라 보호받는 저작물이므로 무단 전재와 복제를 금하며 책 내용의 전부 또는 일부를 이용하려면
반드시 저작권자와 출판사 아르바트의 서면 동의를 받아야 합니다.
잘못된 책은 구매처에서 교환해 드립니다.
책값은 뒤표지에 있습니다.

ISBN 979-11-986876-4-7 03920